how to go plant-based

Der definitive Guide für dich und deine Familie

Ella Mills, Gründerin von

deliciously ella

BERLIN VERLAG

INHALT

7 Einleitung
13 Unsere Expertinnen und Experten
15 Die Top Ten der Fragen und Antworten
19 Was sich in Zukunft ändern muss
25 Was bedeutet gesunde Ernährung?
35 Aufbau einer pflanzenbasierten Kost
49 Kinder pflanzenbasiert ernähren
63 So gelingt die Ernährungsumstellung

REZEPTE

73 Leichtes Frühstück
93 Fix gemixt
125 Aus einem Topf
169 Aus dem Ofen
207 Schnelles Abendessen
229 Lieblingsgerichte
263 Etwas Süßes

280 Quellenhinweise
283 Register
286 Über die Autorin
287 Danksagung

LEICHTES FRÜHSTÜCK

74 Gebackener Beeren-Porridge
76 Drei Kompott-Varianten
78 Schoko-Haselnuss-Aufstrich
81 Rosies grüner Smoothie
82 Dattel-Bananen-Pancakes
85 Vanille-French-Toasts
86 Baked Beans
89 Mini-Kartoffelpuffer
90 Cashew-Rührtofu

FIX GEMIXT

94 Knusper-Kichererbsen
94 Kräuterdressing
97 Walnuss-Parmesan
98 Knoblauch-Tahin-Dressing
98 Krosse Croûtons
101 Dukkah-Gewürz
102 Salsa Verde
104 Harissa-Paste
107 Cashewcreme
109 Minze-Gurken-Raita
110 Chermoula-Paste
112 Drei Lieblingspestos
115 Walnuss-Paprika-Dip
116 Erbsen-Minze-Dip
118 Zitronen-Mandel-Hummus
121 Limabohnen-Kräuter-Dip
122 Goldene Paste mit Kokosbrühe

AUS EINEM TOPF

126 Auberginen-Knoblauch-Ragout
128 Orzo-Bohnen-Pfanne
131 Schwarzkohl-Spinat-Spaghetti
132 Rote-Bete-Walnuss-Pasta
134 Kürbis-Salbei-Pappardelle
137 Brokkoli-Pistazien-Pasta
138 Tomaten-Farfalle-Pfanne
141 Erdnuss-Chili-Nudeln
142 Kokos-Gemüse-Reis
145 Warmer Wildreis-Bohnen-Salat
146 Perlgraupen-Sellerie-Taboulé
149 Maispuffer mit Frühlingszwiebeln
150 Krosse Karottenpuffer
153 Zucchini-Kräuter-Puffer
154 Rohinis Mung Dal
157 Shireens Chana Bateta
158 30-Minuten-Kokos-Curry
161 Goldene Soba-Nudeln
163 Süßkartoffel-Linsen-Suppe
164 Alans Sauerkraut-Gemüse-Suppe
166 Herzhafte Minestrone

AUS DEM OFEN

170 Mediterranes Ofengemüse
173 Auberginen-Süßkartoffel-Blech
174 Blumenkohl-Cashew-Pilaw
177 Kartoffel-Mais-Piri-Piri
178 Kürbis-Dal-Auflauf
181 Auberginen-Kürbis-Blech
182 Bohnen-Nachos-Backgemüse
185 Gebackenes Wurzelgemüse
186 Orzo-Zucchini-Backgemüse
189 Gnocchi-Bohnen-Gratin
190 Panierter Blumenkohl mit Kichererbsen
192 Gebackene Ratatouille
195 Gemüsetarte mit marinierten Zwiebeln
197 Kartoffel-Lauch-Crumble
199 Gefüllte Kraut-Kartoffeln
200 Backkartoffeln mit Harissa-Kichererbsen
203 Ofenkartoffeln mit Knuspermais
204 Bohnen-Backkartoffeln

SCHNELLES ABENDESSEN

209 Champignon-Tomaten-Sandwich
210 Harissa-Tofu-Wrap
212 Erbsen-Bohnen-Toasts
215 Schwarze-Bohnen-Toasts
216 Miso-Champignon-Brot
218 Champignon-Knoblauch-Aufstrich
221 Bunter Allround-Salat
222 10-Minuten-Erbsen-Orzo
224 Shiitake-Nudel-Topf
227 Edamame-Erdnuss-Nudeln

LIEBLINGSGERICHTE

230 Tofu-Bratreis
233 Kräuter-Bohnen-Champignons
234 Tofu-Tacos mit marinierten Zwiebeln
237 Paprika-Pilz-Fajitas
239 Wurzelgemüse-Gratin
240 Paulas Linsen-Tomaten-Pie
242 Gemüse-Champignon-Lasagne
244 Veggiedellen mit Tomatensoße
247 Spargel-Spinat-Bolognese
249 Tomaten-Knoblauch-Bolognese
250 Linsen-Champignon-Bolognese
252 Tofu-Gemüse-Bolognese
255 Gemmas Makkaroni-Auflauf
256 Schnelle Lieblingspizza
259 Linsen-Pilz-Schnecken
260 Bohnen-Paprika-Schnecken

ETWAS SÜSSES

264 Kirsch-Mandel-Riegel
266 Bunte Beerenmuffins
269 Bananen-Pflaumen-Brot (ohne Zucker)
271 Kokos-Vanille-Cupcakes
272 Schoko- oder Zimt-Rosinen-Cookies
274 Schokoladen-Kokos-Torte
277 Apfel-Beeren-Kuchen
278 Bananeneis mit Pekannuss-Krokant

EINLEITUNG

Was bedeutet pflanzenbasiert?

Bevor wir uns intensiver mit dem Thema dieses Buches befassen, möchte ich zunächst den Begriff *pflanzenbasiert* genauer erklären. Geprägt wurde er in den 1980er-Jahren von Dr. Thomas Colin Campbell, einem US-amerikanischen Professor für Biochemie an der Cornell University, und beschreibt eine Ernährung, die reich an Ballaststoffen sowie Gemüse und Obst ist. Später ergänzte Campbell in seiner Definition noch das Wort *vollwertig*. Dabei ging es ihm darum, eine rein pflanzenbasierte Kost von veganer oder vegetarischer Ernährung zu unterscheiden. Beide Ernährungsarten sind deutlich älter als die pflanzenbasierte Ernährung und gründen sich auf moralischen, ethischen und ökologischen Erwägungen, die dann auf das Thema Ernährung und deren langfristige gesundheitliche Auswirkungen bezogen wurden. Meiner Ansicht nach sollten diese Überlegungen mit der neuen Bezeichnung keinesfalls infrage gestellt werden, es geht vielmehr darum, die bedeutsamen Auswirkungen unserer Nahrung auf die Gesundheit hervorzuheben.

Heute lassen sich die Begriffe pflanzenbasiert und vegan kaum unterscheiden und sind nur schwer voneinander abzugrenzen. Ich bin jedoch der Meinung, dass sie viel weniger austauschbar sind, als oft angenommen wird. Dies lässt sich anhand von drei einfachen Punkten erläutern:

1. Veganismus reicht weit über das Thema Essen hinaus und umfasst viele andere Lebensbereiche und Entscheidungen. Pflanzenbasiert bezieht sich dagegen ausschließlich auf die Ernährung.

2. Veganismus basiert auf einer moralisch-ethischen Haltung und ist als Ernährungsform nicht per se darauf ausgerichtet, gesundheitsfördernd zu sein. Insofern können vegane und vegetarische Speisen durchaus industriell stark verarbeitete Lebensmittel beinhalten, während dies bei pflanzenbasierter Kost aus meiner Sicht nicht der Fall ist. Das Hauptanliegen pflanzenbasierter Ernährung besteht darin, die Gesundheit zu verbessern und hochverarbeitete Nahrungsmittel möglichst ganz zu vermeiden.

3. Bei der pflanzenbasierten Ernährung gilt keineswegs alles oder nichts. Wie am Wort *basiert* zu erkennen, setzt diese Kost vorwiegend auf pflanzliche Zutaten, schließt jedoch – meiner Meinung nach – andere Lebensmittel nicht komplett aus. Ich halte diese Ernährungsform für eine bewusste Entscheidung, überwiegend pflanzliche Nahrung (etwa 80 bis 90 %) zu sich zu nehmen und dabei frische und vollwertige Produkte vorzuziehen.

Das Unternehmen *deliciously ella* verwendet die Bezeichnung pflanzenbasiert, da sie am besten beschreibt, wer wir sind und worin unsere Mission besteht – nämlich köstliche und gesunde Anregungen zu geben, um mehr Menschen zu motivieren, verstärkt pflanzliche Produkte zu sich zu nehmen und so ihr Wohlbefinden zu verbessern.

Meine Geschichte

Genau vor zehn Jahren habe ich von heute auf morgen meine Ernährung umgestellt und meine bis dahin typisch westlichen Essgewohnheiten (viele Fertiggerichte und zu wenig Obst und Gemüse – was leider in Großbritannien heute der Normalfall ist) durch eine vollwertige, pflanzenbasierte Kost ersetzt. Im Jahr zuvor – ich studierte im zweiten Jahr an der Uni – ging es mir gesundheitlich gar nicht gut. Innerhalb weniger Monate verschlechterte sich mein Zustand so sehr, dass ich kaum noch das Haus verlassen konnte, obwohl ich bis dahin eine ganz normale Studentin gewesen war. Nachdem ich einige Monate überwiegend im Krankenhaus zugebracht hatte, bekam ich die Diagnose: Posturales Tachykardiesyndrom (POTS) – eine Erkrankung, die mein vegetatives Nervensystem massiv beeinträchtigte.

Meine Herzfrequenz und mein Blutdruck gerieten völlig außer Kontrolle. Sobald ich aufstand, schnellte mein Puls auf 150 bis 180 Schläge pro Minute hoch (normal sind 60 bis 100 Schläge pro Minute), und mein Blutdruck fiel so stark ab, dass ich mich kaum noch bewegen konnte. Ich litt unter chronischer Erschöpfung, Benommenheit, Reizdarm, heftigem Sodbrennen, diversen weiteren Verdauungsbeschwerden, zahllosen Infektionen, Kopfschmerzen und anderen Schmerzen, begleitet von zunehmender Depression und Angstzuständen. Diese chronische, mehr oder weniger unsichtbare Krankheit führte dazu, dass ich beinahe ein Jahr im Bett oder zu Hause verbringen und Unmengen von Medikamenten wie z. B. Steroide und Säureblocker nehmen musste, die jedoch kaum etwas bewirkten. Damals war ich gerade einmal 21 und empfand die ganze Situation als unerträglich. Es gab viele Momente, in denen ich mir keine Zukunft vorstellen konnte. Mein gesamtes Leben geriet aus den Fugen, und ich war irgendwann auf einem absoluten Tiefpunkt angelangt. Doch genau dieser Tiefpunkt war es, der schließlich zur Veränderung führte. Mir war bewusst, dass ich so nicht weitermachen konnte. Es gab nur zwei Möglichkeiten – entweder aufgeben oder intensiver recherchieren als bisher, um eine Lösung zu finden. Ich entschied mich für die zweite Option und fing an, mich zu informieren, was mir sonst noch helfen könnte. Ich begann, mich mit dem Thema Ernährung zu beschäftigen und mich mit den neuesten Forschungsergebnissen über die Auswirkungen unseres Lebensstils und unserer Essgewohnheiten vertraut zu machen.

Das war im Frühjahr 2012. Seitdem hat sich viel getan, vor zehn Jahren jedoch waren diese Forschungen noch ein Nischenthema. Die Frage, inwiefern Ernährung sich unmittelbar auf die Gesundheit auswirkt, kam in unserem damaligen öffentlichen Diskurs noch nicht vor. Daher erntete ich anfangs enorm viel Skepsis. Heute ist es völlig normal, weitgehend auf stark verarbeitete Produkte zu verzichten, die Inhaltsangaben von Produkten genau zu studieren (und dabei festzustellen, dass Emulgatoren, Konservierungs- und Zusatzstoffe praktisch überall enthalten sind) und mit pflanzlichen Zutaten kochen zu lernen. Doch damals war das noch nicht üblich. Ich kannte keine einzige Person, die vegan lebte; der Ausdruck *pflanzenbasiert* war nahezu unbekannt (jemand sagte damals, es würde sich anhören, als müsste man Zimmerpflanzen und Kakteen knabbern!); nirgends ließ sich gesundes und leckeres pflanzenbasiertes Essen auftreiben, und es fiel schwer, Freunde und Verwandte davon zu überzeugen.

Bei der pflanzenbasierten Ernährung gilt keineswegs alles oder nichts – sie setzt vorwiegend auf pflanzliche Zutaten, schließt jedoch – aus meiner Sicht – andere Lebensmittel nicht komplett aus.

Freilich existierte seit Langem eine Gemeinschaft veganer Vordenkerinnen und Vordenker, und im Hinduismus, Jainismus, Buddhismus und Sikhismus gab es eine religiöse und kulturelle Tradition auf diesem Gebiet. Das Konzept pflanzenbasierter Ernährung dagegen war in Großbritannien bis dahin völlig unbekannt. Die veganen Rezepte, die ich bei meinen Recherchen fand, bestanden vorwiegend darin, Fleisch oder Fisch durch eine vegane Alternative zu ersetzen, und waren weit davon entfernt, Gemüse, Hülsenfrüchte und Obst in den Mittelpunkt zu stellen.

Und diese Fleischersatzprodukte waren häufig stark verarbeitet und somit überhaupt nicht das, wonach ich suchte. Denn ich wollte meine Lebensweise ja komplett umstellen und dabei Kichererbsen und Brokkoli so genießen, wie ich es in Großbritannien bisher noch nicht kannte. Aus diesem Grund startete ich meinen Blog deliciouslyella.com. Ich wollte es schaffen, mir eine gesunde, natürliche, pflanzenbasierte Ernährung zur neuen Gewohnheit zu machen. Da dies so meilenweit vom damals Üblichen entfernt war, fühlte ich mich anfangs recht allein mit meiner Mission. Doch als ich begann, Rezepte auf meinem Blog zu veröffentlichen, entstand schon bald eine kleine Community von aufgeschlossenen Gleichgesinnten, die ebenfalls nach Rezepten suchten, die ihnen guttaten. Die meisten von ihnen litten genau wie ich unter gesundheitlichen Problemen und versuchten, ihre Lebensweise so zu verändern, dass es ihnen besser ging. Dadurch empfand ich auf Anhieb eine tiefe Verbundenheit, die mich motivierte und inspirierte, weiterhin gegen den Strom zu schwimmen und nach gesunden Alternativen zu suchen.

Je mehr ich erfuhr, desto deutlicher erkannte ich, welchen entscheidenden Einfluss Ernährung, Bewegung, Schlaf und Stressbewältigung darauf haben, wie wir uns fühlen – sowohl körperlich als auch mental. Ich musste also meine gesamte Lebensweise grundlegend ändern. Gleichzeitig war es mein Anliegen, diesen mühsamen Prozess anderen Menschen zu erleichtern.

Das Potenzial pflanzenbasierter Ernährung

Im Jahr 2022 ist die Situation eine ganz andere. Man findet leicht Zugang zu Gesundheitsdiskussionen anhand von zahllosen Podcasts, Kochbüchern, Websites und sonstigen Quellen. Und man ist zunehmend dafür sensibilisiert, welche Rolle Nahrung und Lebensweise für die Gesundheit spielen, obgleich dabei sicher noch viel zu entdecken ist. Wir schöpfen das Potenzial einer gesunden, pflanzenbasierten – bzw. überwiegend pflanzlichen – Ernährung noch nicht ansatzweise aus. Nur 8 % der Kinder und 27 % der Erwachsenen schaffen es, die empfohlenen 5 am Tag[1] zu sich zu nehmen, was im Übrigen wohl eher zu 10 am Tag[2] tendieren sollte. Stattdessen werden immer mehr stark verarbeitete Nahrungsmittel konsumiert. Aktuell sind 56 % der in Großbritannien und den USA gekauften Lebensmittel als stark verarbeitet einzustufen und haben nichts oder nur sehr wenig mit vollwertigen Inhaltsstoffen zu tun.[3] Die Folgen unserer Lebensweise sind daran erkennbar, dass laut WHO 71 % aller weltweiten Todesfälle durch Krankheiten verursacht werden, die auf den Lebensstil zurückzuführen sind.[4]

Eine pflanzenbasierte Ernährung als alleinige Lösung zu propagieren wäre dennoch eine grobe Vereinfachung. Doch aus unzähligen Studien geht klar hervor, dass sich eine pflanzenbasierte Kost sehr vorteilhaft auswirken kann und ein Umstieg zu frischem, nährstoffreichem Essen mit viel Obst und Gemüse auf jeden Fall der richtige Weg ist. Statistischen Auswertungen zufolge ist bei vegan lebenden Menschen ein geringeres Risiko für zu hohen Blutdruck, Diabetes Typ 2 sowie Krebserkrankungen[5] zu verzeichnen (verringert um erstaunliche 15 %[6]). Außerdem leiden sie seltener an Herzerkrankungen[7], weisen geringere Cholesterinwerte[8] auf und neigen seltener zu Übergewicht bzw. Fettleibigkeit.[9]

Gleichzeitig wird aus ökologischen Gründen die Bedeutung einer pflanzenbasierten oder vorwiegend pflanzlichen Ernährung diskutiert. Obwohl es in diesem Buch hauptsächlich um eure Gesundheit und gegebenenfalls um die eurer Familie geht, kann man nicht die Augen davor verschließen, dass die menschliche Gesundheit untrennbar mit dem Zustand des Planeten verbunden ist. Die Produktion von Nahrungsmitteln ist einer der Hauptgründe für die vorliegenden Umweltveränderungen, und eine Studie nach der anderen kommt zu dem eindeutigen Ergebnis, dass eine pflanzenbasierte Ernährung die Lösung für dieses Problem sein kann. Nur so lässt sich nachhaltig genügend Nahrung erzeugen, ohne weitere ökologische Schäden anzurichten.[10, 11] Während Fleischesser durchschnittlich 1730 kg CO_2 verursachen, kommen Veganer nur auf 1040 kg CO_2 pro Jahr.[12]

Auch wenn wir nicht vollständig auf pflanzenbasierte Kost umschwenken müssen, um Verbesserungen zu erzielen, hat sich doch grundlegend etwas zu ändern. In Großbritannien bedeutet dies, dass der Konsum von Schweine-, Rind- und Lammfleisch um 89 %, von Geflügel um 66 % und von Milchprodukten um 60 % verringert werden muss. Nur ein solches Maß an Veränderung würde verhindern, dass der Temperaturanstieg unter der kritischen Marke von 2 °C bleibt.[13]

([1–13] Quellenhinweise siehe ab Seite 280)

Pauschale Antworten gibt es nicht

Zu den hier dargelegten Fakten möchte ich bemerken, dass ich nur äußert ungern anderen vorschreibe, wie sie sich zu verhalten haben. Und dieses Buch möchte gewiss keinen belehrenden Ton anschlagen. Vielmehr setze ich seit jeher darauf, dass vor dem Wie das Warum stehen muss. Meiner Erfahrung nach ist man viel motivierter für Veränderungen und eher bereit, das Wie anzugehen, je besser man das Warum versteht. Warum man mehr Gemüse essen sollte, wie wichtig unsere Darmgesundheit ist und welch große Rolle es daher spielt, was wir unserem Darm zuführen. Seien wir ehrlich: Der Wille, etwas zu verändern, ist das eine. Aber etwas ganz anderes ist es, solche Veränderungen tatsächlich umzusetzen. Der erste Teil ist ganz einfach. Der zweite Teil dagegen umso schwieriger, je mehr neu angepackt werden muss und je turbulenter der Alltag an einem zerrt. Das kenne ich nur allzu gut. Deshalb möchte ich diese Seite so unkompliziert wie möglich gestalten.

Soll eine Ernährungsumstellung machbar erscheinen und langfristig gelingen – da es nicht nur um das Essen selbst, sondern um eine Lebensweise geht, die eurem Wohlbefinden und dem eurer Familie dient –, ist eine gewisse Flexibilität erforderlich, um nicht in eine dogmatische Haltung nach dem Motto »alles oder nichts« zu verfallen.

Ich möchte euch weder überreden noch unter Druck setzen, ab sofort auf 100 % pflanzenbasierte Kost umzuschwenken. Hier geht es vielmehr darum, euch Mut zuzusprechen, mehr zu wagen – mehr Gemüse, mehr vollwertige Produkte, mehr gemeinsame Mahlzeiten mit Freunden und Verwandten und vor allem mehr Menschen anzuregen, regelmäßig pflanzenbasierte Nahrung zu sich zu nehmen. Ihr müsst dazu nicht sämtliche Ernährungsgewohnheiten ändern – weder sofort noch überhaupt.

In meinem allerersten, 2015 erschienenen Buch empfahl ich einst, die Rezepte eurem Geschmack anzupassen. Dazu stehe ich auch sieben Jahre später noch. Mittlerweile habe ich jedoch ein besseres Gespür dafür entwickelt, wie sich unsere Rezepte in euren Alltag integrieren lassen. Seit das kleine Start-up, das ich mit meinem Ehemann Matthew gegründet habe, zu einem mittelgroßen Unternehmen mit 50 Beschäftigten angewachsen ist und ich zudem Mama von zwei Kindern geworden bin, weiß ich nur allzu genau, was Stress bedeutet! Darüber hinaus ist mir inzwischen bewusst, wie wichtig es für viele Leute ist, ein Gericht zuzubereiten, das der ganzen Familie schmeckt, weil sie nicht separat für Kinder und Eltern oder drei verschiedene Geschmäcker kochen können. Ich hoffe, meine hinzugewonnenen Erfahrungen finden sich in diesem Buch wieder und ihr könnt davon profitieren.

Einige von euch experimentieren seit geraumer Zeit mit pflanzenbasierter Kost, andere ernähren sich seit Jahrzehnten komplett vegan und für manche Leserinnen und Leser ist vielleicht alles noch vollkommen neu. Wenn ihr zu den Neulingen gehört oder nur teilweise auf pflanzenbasiertes Essen setzt (also eher Flexitarier seid), jedoch den Anteil pflanzlicher Nahrung erhöhen wollt, ist es vielleicht hilfreich, sich zunächst auf wesentliche Grundfragen zu konzentrieren, zum Beispiel: Wie kann ich mehr fleischfreie Mahlzeiten in meinen Alltag integrieren? Wo finde ich fleischfreie Gerichte, die mir schmecken? Wie mache ich meiner Familie Teile davon schmackhaft? Wie kann ich den Obst- und Gemüsekonsum so steigern, dass wir die Empfehlung von 5 bis 10 pro Tag schaffen, und wie komme ich auf die benötigten 30 g Ballaststoffe am Tag (was nur wenigen Menschen gelingt)? Das ist sinnvoller als der Versuch, alles auf einen Schlag zu ändern.

Wo auch immer ihr euch auf diesem Weg gerade befindet, möchte ich euch versichern, dass es vollkommen normal ist, wenn ihr anfangs von größeren Veränderungen etwas überfordert seid. Vor zehn Jahren hatte ich nicht die leiseste Ahnung, wo ich überhaupt anfangen sollte; es gab keinerlei verlässliche Ratgeber, und zu Beginn hatte ich viel mehr Fragen als Antworten. Ich kann sehr gut nachvollziehen, wenn der Mangel an klaren, leicht umzusetzenden Informationen viele Menschen zögern lässt. Die widersprüchlichen Aussagen im Netz und anderen Medien sind dabei auch nicht gerade hilfreich. Als ich mich in unserer Social-Media-Community erkundigte, welche Hindernisse es gibt, die Essgewohnheiten zu ändern, sah ich mich in meiner Vermutung bestätigt. Allgemeine Unsicherheit hielt viele Menschen davon ab, Veränderungen, die sie sich für ihr Leben wünschten, auch umzusetzen. Es gab viele ungeklärte Fragen: Wie sieht eine ausgewogene Mahlzeit aus? Ist das schnell, einfach und preiswert möglich? Wie begeistere ich meine Freunde und Verwandten dafür? Wo ist viel Eiweiß enthalten? Und was ist mit Kalzium, Eisen und Zink? Was muss ich als Nahrungsergänzung zu mir nehmen? Muss ich mich bei irgendwas vorsehen? Können Kinder rein pflanzenbasierte Kost bekommen? Wie sieht es mit Teenagern aus? Was sind die Vorteile? Und welche Probleme kann es geben?

Ich hoffe, mit diesem Buch für etwas mehr Klarheit sorgen zu können, um den Umstieg auf pflanzliche Kost zu vereinfachen. Ich kenne die größten Hindernisse: Zeitmangel; Unsicherheit, was eine ausgewogene, gesunde pflanzenbasierte Mahlzeit ausmacht; Scheu vor zu hohen Kosten; Skepsis, ob die Speisen abwechslungsreich genug sind, wenn sie nicht alle Lebensmittelgruppen enthalten, sowie mangelndes Selbstvertrauen in der Küche. Jeden einzelnen dieser Aspekte zu überwinden war das wichtigste Ziel beim Schreiben dieses Buches, das ein großes Herzensprojekt für mich ist. Ich bin enorm dankbar, dabei mit so tollen Leuten zusammengearbeitet zu haben. Entstanden ist dieses Projekt in Gemeinschaftsarbeit, denn ihr findet darin Beiträge und Hinweise von sieben hervorragenden Fachleuten aus den Bereichen Medizin, Ernährungswissenschaft, Diätberatung und Psychologie. Auf den folgenden Seiten lernt ihr sie kennen. Insofern unterscheidet sich dieser Titel ein wenig von meinen früheren Kochbüchern, denn es enthält deutlich mehr begleitende Informationen. Ich hoffe, dass es euch und eurer Familie als Ratgeber dient, der es euch ermöglicht, fundierte Entscheidungen für eure Ernährung zu treffen und den Umstieg auf pflanzenbasierte Kost viel einfacher und leckerer zu gestalten, als ihr es je erwartet hättet.

Alles Liebe
Ella x

Soll eine Ernährungsumstellung machbar erscheinen und langfristig gelingen, ist eine gewisse Flexibilität erforderlich, um nicht in eine dogmatische Haltung nach dem Motto »alles oder nichts« zu verfallen.

UNSERE EXPERTINNEN UND EXPERTEN

Dr. Shireen Kassam

Dr. Gemma Newman

Dr. Alan Desmond

Rosemary Martin

Rohini Bajekal

Paula Hallam

Shahroo Izadi

In den vergangenen zehn Jahren hatte ich das Glück, großartige Ärzte und Fachleute für Ernährungswissenschaft, Diätberatung und Psychologie sowie andere Gesundheitsprofis und Forschende zu treffen, die meinen eigenen Lernprozess sehr bereicherten. Als ich mit der Arbeit an diesem Buch begann, stellte ich eine Liste von Expertinnen und Experten zusammen, deren Wissen und Kompetenz ich hier mit einfließen lassen möchte. Diese Zusammenarbeit erfüllt mich mit großem Stolz, und ich hoffe, dass ihr von ihnen genauso viel lernen könnt wie ich.

Shireen Kassam

Dr. Shireen Kassam ist Fachärztin für Hämatologie und Privatdozentin am King's College Hospital. Die promovierte Medizinerin besitzt mehr als 20 Jahre klinische Erfahrung im öffentlichen Gesundheitswesen, hat eine Reihe wissenschaftlicher Beiträge publiziert und verfügt über Zusatzqualifikationen in den Bereichen pflanzenbasierte Ernährung sowie Lebensstilmedizin. Shireen ist auf die Behandlung von Lymphomen (Lymphdrüsenkrebs) spezialisiert. Seit etwa zehn Jahren setzt sie sich engagiert für pflanzenbasierte Ernährung zur Prävention und Therapie chronischer Erkrankungen ein. Im Jahr 2017 rief Shireen die Initiative *Plant Based Health Professionals UK* ins Leben, um in Großbritannien wissenschaftlich fundiert über pflanzenbasierte Ernährung zu informieren. Außerdem gründete sie mit *Plant Based Health Online* die erste interdisziplinäre Anlaufstelle für pflanzenbasierte Lebensstilmedizin.

plantbasedhealthprofessionals.com

@plantbasedhealthprofessionals

Gemma Newman

Dr. Gemma Newman ist seit 18 Jahren niedergelassene Allgemeinärztin und Inhaberin einer familienmedizinischen Praxis. Gemma verfügt über vielfältige Erfahrungen, u. a. in der Altersmedizin, Kinderheilkunde, Geburtshilfe und Psychiatrie. Sie ist Mutter von zwei Söhnen, Gründungsmitglied von *Plant Based Health*

Professionals, Podcasterin, Autorin und engagierte Befürworterin eines lebensstilorientierten Gesundheitskonzepts.

gemmanewman.com

@plantpowerdoctor

Alan Desmond

Dr. Alan Desmond ist Facharzt für Gastroenterologie im öffentlichen Gesundheitswesen. Sein besonderer Schwerpunkt liegt auf einer wissenschaftlich fundierten Ernährungsberatung. Dabei informiert er über das Potenzial vollwertiger, pflanzenbasierter Kost sowie die Bedeutung eines gesunden Darms. Alan hat in Irland und Oxford studiert und ist Fellow am Royal College of Physicians in London. Er hat mehrere wichtige Forschungsarbeiten über entzündliche Darmerkrankungen publiziert und ist auf Diäten für die Behandlung von Morbus Crohn und Colitis ulcerosa spezialisiert.

alandesmond.com

@dr.alandesmond

Rosemary Martin (Rosie)

Rosie ist studierte und staatlich geprüfte Diätspezialistin und arbeitet sowohl im öffentlichen Gesundheitswesen als auch in ihrer Privatpraxis *Rosemary Nutrition & Dietetics*. Sie ist auf pflanzenbasierte Ernährung spezialisiert und begeistert Menschen dafür, weil ihr die Gesundheit von Menschen, Tieren und unserem Planeten am Herzen liegt.

rosemarynutrition.co.uk

@plantdietitianrosie

Rohini Bajekal

Rohini ist Ernährungswissenschaftlerin und zertifizierte Expertin für Lebensstilmedizin. Sie bietet wissenschaftlich fundierte Ernährungs- und Lebensstilberatung für Klientinnen und Klienten in aller Welt an und propagiert die Vorzüge pflanzenbasierter Kost für Prävention, Bewältigung und Behandlung chronischer Erkrankungen. Darüber hinaus gibt sie ehrenamtlich Kochkurse bei *Made in Hackney*, informiert über südasiatische Küche und ist PR-Verantwortliche von *Plant-Based Health Professionals*.

rohinibajekal.com

@rohinibajekal

Paula Hallam

Paula ist Spezialistin für Kinder-Diätberatung mit über 20-jähriger klinischer Erfahrung, u. a. in den Kinderkliniken Great Ormond Street und Evelina Children's Hospital. Paula unterstützt Eltern dabei, pflanzliche Kost ihren Kindern näherzubringen, und weist dabei unermüdlich darauf hin, dass gesunde Essgewohnheiten schon sehr früh etabliert werden müssen. Sie ist Betreiberin von *Tiny Tots Nutrition* und *Plant Based Kids* sowie Mama von zwei kleinen Töchtern.

tinytotsnutrition.co.uk

@tinytotsnutrition;

@plantbasedkids.uk

Shahroo Izadi

Shahroo ist preisgekrönte Expertin für Verhaltenstherapie und Psychologin. Ihre vielfältigen Erfahrungen aus der Suchttherapie, die sie u. a. im staatlichen Gesundheitswesen und bei der Amy Winehouse Foundation sammeln konnte, führten sie zu ihrem unvoreingenommenen und empathischen Ansatz, Verhaltensänderungen zu bewirken. Besonders wichtig ist es Shahroo, Menschen zu vermitteln, wie viel leichter es fällt, das eigene Verhalten zu ändern, wenn man lernt, sich selbst zu stärken, wertzuschätzen und für sich einzutreten.

shahrooizadi.co.uk

@shahroo_izadi

DIE TOP TEN DER FRAGEN UND ANTWORTEN

Dieses Buch ist mit Unterstützung unserer Community von *deliciously ella* entstanden. Dabei werden vor allem Themen besprochen, die unsere Leserinnen und Leser als besonders problematisch empfinden, und auch die Fragen beantwortet, die sie am häufigsten stellen. Bevor wir noch weiter ins Detail gehen, möchte ich auf die Top Ten der Fragen zum Thema pflanzenbasierte Ernährung eingehen:

1. Was unterscheidet vegan von pflanzenbasiert, vegetarisch und flexitarisch?

Der Ausdruck *vegan* wurde 1944 von Donald Watson geprägt, einem englischen Tierschützer und Gründer der *Vegan Society*. Er bezeichnete damit Menschen, die aus ethischen Gründen keine tierischen Produkte zu sich nehmen. Der Veganismus bezieht sich nicht nur auf das, was auf den Teller kommt, sondern umfasst den gesamten Lebensstil.

Die Bezeichnung *pflanzenbasiert* wurde in den 1980er-Jahren von Dr. Thomas Colin Campbell eingeführt, einem US-amerikanischen Professor für Biochemie an der Cornell University. Er beschrieb damit eine ballaststoffreiche Ernährung mit viel Obst und Gemüse, wobei es ihm primär um die menschliche Gesundheit und weniger um ethische Aspekte ging. Die vegetarische Ernährung hat erheblich ältere Wurzeln und wurde erstmals um 500 v. Chr. durch den griechischen Philosophen und Mathematiker Pythagoras von Samos erwähnt. Die erste vegetarische Gesellschaft in England wurde 1847 gegründet – fast 100 Jahre bevor das Wort vegan überhaupt entstand. Während pflanzenbasiert sich auf eine Ernährung bezieht, die überwiegend (oder vollständig) aus pflanzlichen Zutaten besteht, beinhaltet vegetarische Kost zusätzlich Milchprodukte und Eier.

Flexitarische Ernährung ist der jüngste Begriff in diesem Kontext. Der Ausdruck stammt von der US-amerikanischen Ernährungswissenschaftlerin Dawn Jackson Blatner aus dem Jahr 2008. Das Wort selbst ist eine Kombination aus flexibel und vegetarisch und bezeichnet somit Personen, die sich hauptsächlich vegetarisch ernähren, jedoch gelegentlich Fleisch oder Fisch essen.

Vereinfacht kann man sich das Konstrukt als Leiter vorstellen, an deren veganem Ende in sämtlichen Lebensbereichen auf tierische Produkte verzichtet wird, bis hin zu einem flexibleren Ansatz mit vielen pflanzlichen Lebensmitteln sowie zusätzlich auch tierischen Erzeugnissen am flexitarischen Ende.

2. Was gehört zu einer ausgewogenen pflanzenbasierten Ernährung?

Eine pflanzenbasierte Ernährung besteht aus frischen, vollwertigen, pflanzlichen Zutaten: Obst, Gemüse, Nüssen, Vollkorn und Hülsenfrüchten (Bohnen, Erbsen, Linsen, Erdnüsse, Sojabohnen). Vielleicht mag diese Liste etwas eintönig klingen, aber das ist sie keineswegs, wichtig dabei ist eine ausgewogene Zusammenstellung. Jede Mahlzeit sollte einen Mix aus komplexen Kohlenhydraten, Eiweißen und gesunden Fetten enthalten. Diese drei Komponenten halten gemeinsam den Blutzucker stabil und verhindern, dass er abrupt ansteigt und wieder abfällt, was für Lethargie und Heißhunger auf Süßes sorgt. Um den Bedarf an Vitaminen und Mineralstoffen zu decken, sollten die Mahlzeiten möglichst viele Farben des Regenbogens enthalten und im Laufe der Woche variieren. Das Kapitel

»Aufbau einer pflanzenbasierten Kost« (siehe Seite 35–47) wird euch dabei helfen, sicherer darin zu werden, euch eine ausgewogene Mahlzeit zusammenzustellen.

3. Sind Nahrungsergänzungen nötig?

Dies wird detailliert im oben genannten Kapitel (siehe Seite 35–47) beschrieben. Darin erläutert Rosie, auf welche Vitamine und Mineralstoffe ihr achten müsst, worin sie enthalten sind und ob es welche gibt, die ihr ergänzend einnehmen solltet. Kurz, ihr braucht einfach Vielfalt und Abwechslung: Wenn ihr eine breite Palette an Zutaten zu euch nehmt, sorgt ihr besser für euch als mit den immer gleichen Gewohnheitsrezepten. Zusammengefasst bedeutet das: Vitamin C, die B-Vitamine (außer B12), Vitamin E, Folsäure, Kalium und Magnesium sind in pflanzenbasierter Kost reichlich enthalten. Besonders achten solltet ihr auf Kalzium, Eisen, Zink, Jod, Selen und Omega-3-Fettsäuren, die nicht ganz so üppig vorkommen, deren Bedarf aber dennoch problemlos über die Ernährung zu decken ist. Die jeweils besten Quellen findet ihr ebenfalls im Kapitel »Aufbau einer pflanzenbasierten Kost« (siehe Seite 35–47). Ergänzend einzunehmen sind dagegen die Vitamine B12 und D.

4. Was sind die besten Eiweißquellen?

Dass man mit pflanzenbasierter Kost nicht genügend Eiweiß zu sich nimmt, ist ein absoluter Mythos. In der westlichen Welt leidet nahezu niemand unter Eiweißdefizit, und zahlreiche Studien belegen, dass Veganer durchweg die empfohlene Eiweißmenge von durchschnittlich 60 bis 82 g pro Tag[1] konstant erreichen, wenn nicht sogar überschreiten. Der britische NHS empfiehlt 50 g, und die gängigste Formel auch der DGE (Deutsche Gesellschaft für Ernährung) lautet, das eigene Körpergewicht mit 0,75 oder 0,8 zu multiplizieren. Eine 60 kg schwere Person benötigt somit am Tag 45 bis 48 g Eiweiß. Gute pflanzliche Eiweißquellen sind: Tofu, Tempeh, Edamame, Erbsen, Quinoa, sämtliche Nüsse/Samen/Nussmus/Tahin (inkl. Chia- und Hanfsamen etc.), alle Hülsenfrüchte. Fügt am besten eine dieser Quellen zu jeder Mahlzeit hinzu, z. B. Porridge mit Hanfsamen und Mandelmus zum Frühstück, mittags Salat aus Ofengemüse mit Linsen und Knoblauch-Tahin-Dressing und zum Abendessen Tofucurry. Das ist gar nicht schwer, sollte jedoch bedacht werden.

5. Was ist gesünder – flexitarisch oder pflanzenbasiert?

Letztendlich geht es darum, reichlich Ballaststoffe und frische, vollwertige Zutaten zu sich zu nehmen statt stark verarbeiteter Produkte, die heute bei den meisten Menschen mehr als die Hälfte der Nahrung ausmachen. Meiner Meinung nach könnt ihr selbst entscheiden, womit ihr die vielen frischen Produkte ergänzt. Wenn ihr überwiegend Obst, Gemüse, Nüsse, Samen und Hülsenfrüchte zu euch nehmt, wird dies euer Wohlbefinden ganz bestimmt steigern.

6. Ist diese Ernährung nicht riskant für meine Familie?

Nein. Eine Vielzahl von Fachorganisationen, unter anderem der staatliche Gesundheitsdienst NHS in Großbritannien, die British Dietetic Association und die Academy of Nutrition and Dietetics, sind sich einig, dass eine sorgfältig geplante vegetarische oder vegane Ernährung nicht nur risikolos ist, sondern zudem erhebliche gesundheitliche Vorteile haben kann. Entscheidend ist hier der Zusatz »sorgfältig geplant«. Obgleich es bei jeder Art von Kost wichtig ist, den Nährstoffbedarf zu decken, spielt es bei der pflanzenbasierten Ernährung eine besondere Rolle. Was dabei genau zu beachten ist, erläutern wir im Kapitel »Kinder pflanzenbasiert ernähren« (siehe Seite 49–61). Hier könnt ihr euch gut informieren und dann kompetent für euch und eure Familie entscheiden.

7. Essen eure Kinder das Gleiche wie ihr?

Wenn möglich, ja. Durch den Arbeitsalltag gelingen allerdings nicht immer gemeinsame

Mahlzeiten, aber wenn wir zusammen essen, probieren die Kinder viel bereitwilliger von allem und sind weniger wählerisch. Während des coronabedingten Lockdowns konnten wir jeden Abend gemeinsam essen, was wir sehr genossen. Die meisten Rezepte in diesem Buch sind von diesen Mahlzeiten inspiriert – es sind Gerichte, die sowohl Kinder als auch Erwachsene mögen, da niemand von uns die Zeit hat, alle Vorlieben extra zu bedienen. Unsere Kinder sind bestimmt keine perfekten Esser, gelegentlich haben sie auch heikle Phasen und behaupten »Das schmeckt mir nicht«, ohne einen einzigen Bissen gekostet zu haben. Doch je öfter wir gemeinsam am Tisch sitzen, desto entspannter wird es (zumal man dann kein separates Essen für sie zubereiten muss, was sie dann womöglich ablehnen), und umso aufgeschlossener essen sie.

8. Was haltet ihr von Fleischersatzprodukten?

Ich bin kein großer Fan von Fleischimitaten, obwohl ich einsehe, dass sie durchaus ihren Platz haben, um bei fleischloser Ernährung für mehr Abwechslung zu sorgen. Trotzdem müssen wir feststellen, dass sie fast durchweg stark verarbeitet sind und Emulgatoren, Zusätze und Stabilisatoren enthalten. Immer mehr Untersuchungen zeigen, dass diese Inhaltsstoffe gesundheitsschädlich sind und man sie daher nicht in größeren Mengen zu sich nehmen sollte. Emulgatoren können beispielsweise die Bakterien in unserem Darm (unser Mikrobiom) verändern, was zu leichten chronischen Entzündungen führen kann, die wiederum Stoffwechselerkrankungen begünstigen können, u. a. Diabetes Typ 2 und Fettleibigkeit.[2] In Maßen genossen, haben sie langfristig sicher wenig Einfluss auf unser Wohlbefinden.

([1–2] Quellenhinweise siehe ab Seite 280)

9. Wie überzeuge ich meine skeptische Familie von dieser Kost?

Das ist in der Tat eine große Hürde für viele Menschen, die ihre Ernährung umstellen wollen, ist doch das gemeinsame Essen ein wichtiger Teil unserer Kultur. Mir war die Vorstellung zu öde, ständig etwas anderes zu essen als der Rest. Deshalb habe ich viele Überlegungen angestellt, wie ich Freunde und Verwandte motivieren könnte, mehr pflanzenbasiertes Essen zu probieren und sie von ihren Vorurteilen abzubringen, dies sei viel zu langweilig und voller Verbote. Vor zehn Jahren war das alles für sie vollkommen neu, niemand von ihnen hatte Erfahrung mit vegetarischer, geschweige denn pflanzenbasierter Ernährung. Ich habe erlebt, wie skeptisch sie waren, weil sie vor allem befürchteten, es schmecke fade und mache nicht satt. Deshalb wollte ich ihnen von Anfang an das Gegenteil beweisen und zeigen, wie vielfältig, farbenfroh und aromatisch diese Küche ist. Ich ließ also das Essen für sich sprechen und erklärte nur, was ich verwendet und wie ich es zubereitet hatte, ohne zu erwähnen, warum es so gesund war oder dass ich es für besser hielt. Anfangs servierte ich auch manchmal ein pflanzliches Hauptgericht und dazu etwas Geflügelfleisch, Fisch oder Käse als Beilage, um den Einstieg zu erleichtern. Das hat sich sehr bewährt, und die Leute zeigten sich sehr aufgeschlossen. Im Laufe der Zeit ließ ich die Beilagen weg, als die Leute merkten, dass sie gar nicht nötig waren.

10. Tipps fürs Auswärtsessen

Anfangs hatte ich auch Probleme, auswärts zu essen. Oft ist es unangenehm, wenn man immer eine Ausnahme braucht. Im Laufe der Zeit wurde es leichter, denn seit einigen Jahren werden nun fast überall auch pflanzenbasierte Speisen angeboten, die längst kein Nischendasein mehr fristen. Mittlerweile empfinde ich Restaurantbesuche als unkompliziert, weil man auf den meisten Speisekarten etwas Ansprechendes findet. Laden dagegen Freunde oder Verwandte privat zum Essen ein, kann es oft schwieriger sein. Meiner Erfahrung nach hat es sich bewährt, zuerst für die anderen zu kochen, manchmal sogar mehrmals, oder ein Essen gemeinsam zuzubereiten, um zu zeigen, wie einfach und lecker pflanzenbasierte Gerichte sind.

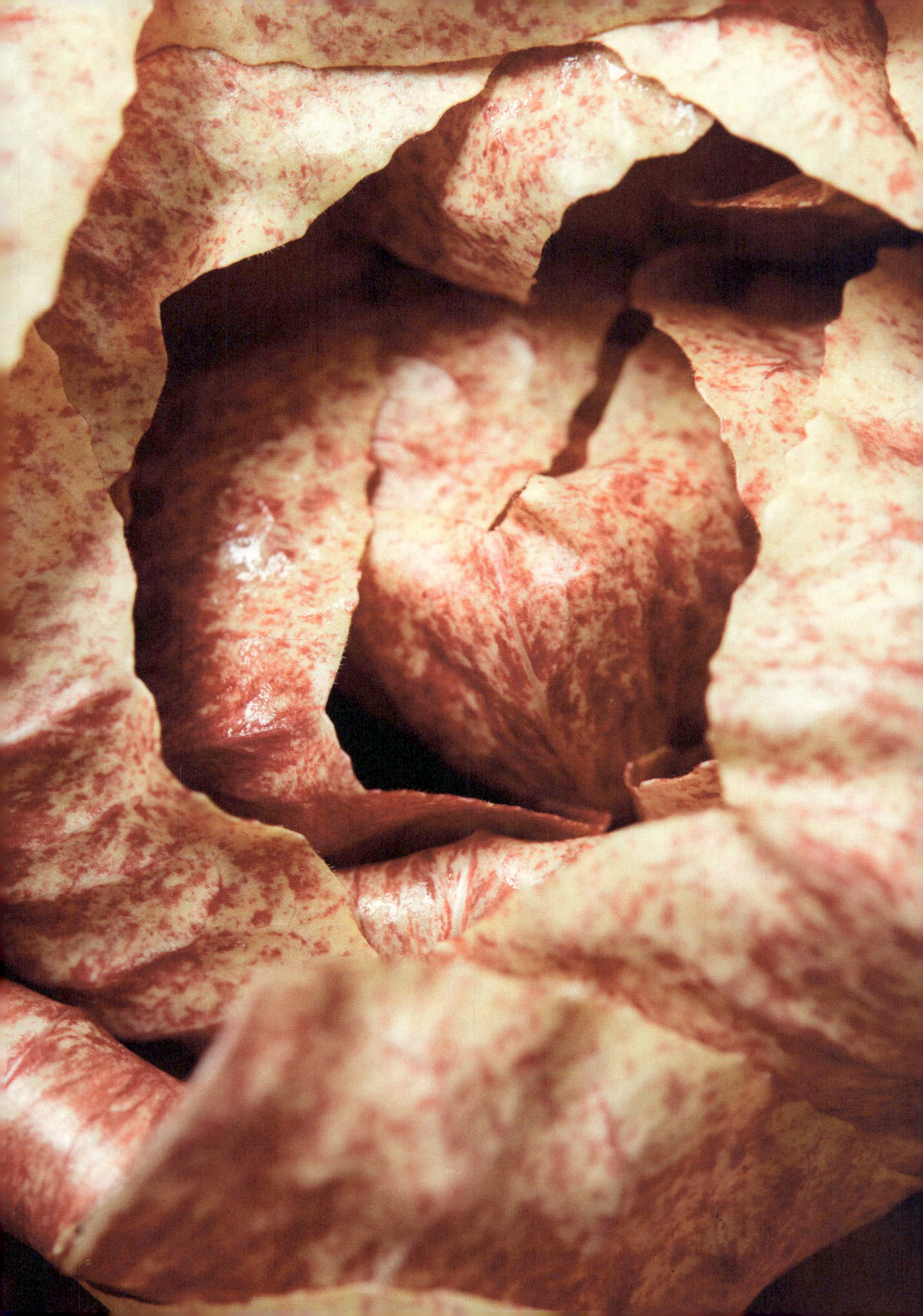

WAS SICH IN ZUKUNFT ÄNDERN MUSS

WAS SICH IN ZUKUNFT ÄNDERN MUSS

In den vergangenen Jahren habe ich so viel gelernt. Vor zehn Jahren wusste ich nichts über die Zusammenhänge von Lebensweise und Wohlbefinden. Als ich diese allmählich begriff und das Gelernte weitergab, begegnete mir große Skepsis und ich musste viel Kritik ertragen. Wie sehr unser Lebensstil unsere Gesundheit beeinflusst, wurde aber von Jahr zu Jahr mehr belegt. Dies gab mir den Mut, mich nicht vor der Kritik zu verstecken, sondern Stellung zu beziehen und alles Erdenkliche zu tun, die wissenschaftlichen Erkenntnisse verständlicher und leichter zugänglich zu machen. Das hätte ich mir sehr gewünscht, als ich im Jahr 2011 erkrankte. Damals fühlte es sich so an, als würde ich durch ein Minenfeld waten. Viele von uns mussten Ähnliches erfahren, so auch **Dr. Shireen Kassam**, die sich darüber Gedanken gemacht hat, wie die Lebensstilmedizin mehr in den Fokus gerückt werden kann.

> Kaum zu glauben, aber 80 % der chronischen Krankheiten könnten durch gesunde Lebensgewohnheiten verhindert oder verzögert werden.

Shireen über Lebensstilmedizin:

»Erst nachdem ich dreizehn Jahre als Ärztin praktiziert hatte, wurde mir klar, dass die Medizin für chronische Krankheiten mehr zu bieten hat als pharmazeutische Interventionen, Operationen und technische Lösungen. Verstehen Sie mich nicht falsch, die Medizin hat im letzten Jahrhundert einige außerordentliche und bahnbrechende Fortschritte gemacht. Die Konzentration der medizinischen Ausbildung, Praxis und Forschung auf ein krankheitsorientiertes Versorgungsmodell führte dazu, dass wir nicht wissen, wie optimale körperliche und geistige Gesundheit tatsächlich zu erreichen sind. Kaum zu glauben, aber 80 % der chronischen Krankheiten könnten durch gesunde Lebensgewohnheiten verhindert oder verzögert werden.[1]

Wir haben uns von der präventiven Medizin weg und zu einem reaktiven Gesundheitsmodell hin entwickelt. Damit haben wir uns selbst entmachtet und eine Situation herbeigeführt, in der wir im Durchschnitt mehr als ein Jahrzehnt unseres Lebens in schlechter Gesundheit verbringen.

Meine Hinwendung zur pflanzenbasierten Ernährung und Lebensstilmedizin begann, als ich mich aus ethischen Gründen für eine vegane Ernährung entschied. Ich ernährte mich bereits seit 2001 vegetarisch, aber im Jahr 2013 erkannte ich, dass der Konsum von Eiern und Milchprodukten mit meinen moralischen und ethischen Werten nicht mehr im Einklang stand. Meine Ernährungsumstellung weckte mein Interesse an der Wissenschaft der pflanzenbasierten Ernährung. Zu meiner Überraschung stieß ich auf eine Fülle von Belegen, die zeigen, wie eine gesunde vegane oder pflanzenbasierte Ernährung die Vorbeugung, Behandlung und sogar Heilung chronischer Krankheiten unterstützt.

Viele Stunden Selbststudium und Zusatzqualifikationen wiesen mir neue Wege medizinischer Praxis. Die Lebensstilmedizin[2] ist das am schnellsten wachsende medizinische Fachgebiet. Sie zielt darauf ab, chronische Krankheiten ursächlich zu bekämpfen, indem Einzelpersonen und Gemeinschaften befähigt werden, gesunde Gewohnheiten sowie eine überwiegend oder ausschließlich pflanzenbasierte Ernährung anzunehmen. Lebensstil-Interventionen sind so erfolgreich, dass immer mehr Ärzte sich diese medizinische Praxis zu eigen machen. Eine der dankbarsten Aspekte des Arztberufs sind die Heilung chronischer Krankheiten und die erfolgreiche Unterstützung der Patientinnen und Patienten.

Die Einbeziehung pflanzenbasierter Ernährung in die klinische Praxis schreitet allerdings nur langsam voran und gilt immer noch als ein Nischenbereich. Dies liegt zum Teil daran, dass die moderne Medizin und das Gesundheitswesen allopathischen Behandlungsmethoden (Medikamente und chirurgische Eingriffe) gegenüber Ernährung und Lebensstil-Interventionen den Vorrang geben. Lehrende und Praktiker sind in den Bereichen Ernährung und Lebensstil-Intervention nicht adäquat ausgebildet und gehen oft davon aus, dass Patienten nicht bereit sind, notwendige Änderungen zur Verbesserung ihrer Gesundheit umzusetzen. Das führt dazu, dass die meisten Patienten nicht die Möglichkeit haben, selbstbestimmt über ihre Gesundheit zu entscheiden. Alternatives Wissen zu Ernährung und Lebensstil müssen sie oft über Massenmedien beziehen, die manchmal ungenaue und widersprüchliche Informationen liefern.

Außerdem werden wir von billigen, nährstoffarmen Lebensmitteln überschwemmt, die mehr krank machen als ernähren. Die großen Lebensmittelkonzerne sind heute so mächtig, dass Regierungen und politische Entscheidungsträger wenig Einfluss auf die Versorgung der Bevölkerung mit Lebensmitteln haben. Dasselbe gilt für die Tierindustrie, deren Vertreter beständig die Ernährungsrichtlinien, die öffentliche Verpflegung und die Lebensmittelpolitik beeinflussen und den Mythos aufrechterhalten, tierische Lebensmittel seien für die Ernährung unverzichtbar. Dies ist alles andere als richtig. Die einzigen Lebensmittel, die gesund sind und Krankheiten vorbeugen, sind Obst, Gemüse, Vollkorn, Bohnen, Nüsse und Samen.

Das Narrativ um pflanzenbasierte und vegane Ernährung verändert sich gerade, da immer mehr Menschen den Einfluss des Ernährungssystems auf die drängensten globalen Krisen erkennen: Gesundheit, Klima und Umwelt. Die Umstellung auf ein gerechtes und nachhaltiges Ernährungssystem gilt als unabdingbar, da sonst die Natur, der Planet und somit auch die Gesundheit von Mensch und Tier zerstört werden. Die Umstellung auf eine pflanzenbasierte Ernährung ist die wirkungsvollste Maßnahme, die wir als Einzelpersonen für die Gesundheit des Planeten ergreifen können. Die damit verbundenen gesundheitlichen Vorteile sind riesig, denn die Belastungen durch chronische Krankheiten werden dramatisch reduziert. Unter anderem wird das Risiko, an Herzkrankheiten, Diabetes Typ 2, Fettleibigkeit, Demenz und bestimmten Krebsarten zu erkranken, signifikant verringert. Dies ist wissenschaftlich eindeutig belegt. Was gut für den Planeten ist, ist gut für die persönliche und die allgemeine Gesundheit.

Die Lebensstilmedizin ist das am schnellsten wachsende medizinische Fachgebiet. Sie zielt darauf ab, die Ursachen chronischer Krankheiten zu bekämpfen, indem Einzelpersonen und Gemeinschaften befähigt werden, gesunde Gewohnheiten anzunehmen.

Die medizinischen Bereiche zusammenführen

Als ich mich systematisch mit pflanzenbasierter Ernährung beschäftigte, stellte ich fest, dass in Großbritannien keine strukturierten, überzeugenden Fortbildungsprogramme angeboten wurden. Die meisten Informationen kamen aus den USA, wo die Pioniere und frühen Befürworter pflanzenbasierter Ernährung als klinische Intervention ansässig waren. Nachdem ich fünf Jahre lang Fortbildungen besucht und Wissen angehäuft hatte, wollte ich endlich auch in Großbritannien eine entsprechende Ausbildung etablieren. Zunächst gründete ich ein Netzwerk von gleichgesinnten Fachleuten aus dem Gesundheitswesen und ein gemeinwohlorientiertes Unternehmen, die Plant-Based Health Professionals UK (PBHP UK). Zum Auftakt führten wir im März 2018 die erste medizinische Konferenz über pflanzenbasierte Ernährung in der Medizin durch. Sie war restlos ausgebucht, was bewies, dass die Ärztinnen und Ärzte mehr über diese Ernährungsweise und ihre tiefgreifenden Auswirkungen auf die Gesundheit wissen wollten. PBHP UK ist eine Mitgliederorganisation, die für alle, die sich für eine evidenzbasierte Weiterbildung in pflanzlicher Ernährung zur Vorbeugung von chronischen Krankheiten einsetzen, offen ist. Ich habe immer versucht, die konventionellen Systeme zu unterwandern, indem ich themenbezogene Fortbildungen angeboten habe, die mit unseren aktuellen medizinischen Ansätzen vereinbar sind. Wir haben auch einen gesetzlich zugelassenen Gesundheitsservice gegründet, den Plant Based Health Online. Dort können Ärzte und Heilpraktiker für pflanzenbasierte Ernährung und Lebensstilmedizin konsultiert und Patienten gesundheitlich betreut und darin unterstützt werden, die Einnahme von Medikamenten zu minimieren oder auch zu beenden.

Die Umstellung auf eine pflanzenbasierte Ernährung ist die wirkungsvollste Maßnahme, die wir als Einzelpersonen für die Gesundheit unseres Planeten ergreifen können.

Was versteht man unter pflanzenbasiertem Lebensstil?

Wir meinen damit eine Philosophie und Lebensweise, die die Gesundheit von Menschen, Tieren und des Planeten als gleichermaßen wichtig und eng miteinander verbunden betrachtet. Für mich resultieren viele der heutigen Probleme aus unserer Abkopplung von der Natur und von uns selbst.«

([1–2] Quellenhinweise siehe ab Seite 280)

WAS BEDEUTET GESUNDE ERNÄHRUNG?

WAS BEDEUTET GESUNDE ERNÄHRUNG?

Diese Frage habe ich mir schon unzählige Male gestellt, und ihr euch sicher auch. Ich arbeitete mich mühsam durch eine riesige Flut an Informationen, als ich im Jahr 2012 meine Ernährung umstellte. Viele von euch können das sicher nachempfinden. Als ich anfing, Fragen zu stellen, sagten einige Ärzte, die Änderungen des Lebensstils würden nichts nützen, wohingegen mir eine Reihe von Ernährungsberatern und Fachleuten unterschiedliche Diäten empfahlen. Wie sollte ich herausbekommen, welche dieser vielen gegensätzlichen Ratschläge wichtig und richtig waren? Auf wen sollte ich hören und wen sollte ich lieber ignorieren? Manchmal schien es mir fast unmöglich, das alles zu verstehen. Wenn ihr auch an diesem Punkt stehen solltet, wisst ihr, dass ihr nicht allein seid, und ich hoffe, dass dieses Buch dazu beiträgt, das Informationschaos zu entwirren.

Ich habe **Dr. Gemma Newman** und **Dr. Alan Desmond**, beide Ärzte im öffentlichen Gesundheitswesen, gebeten, uns zu erklären, was man eigentlich unter gesunder Ernährung versteht.

Gemma über gesunde Ernährung:

»Bestimmt habt ihr im Lauf der Jahre und Jahrzehnte schon unzählige Zeitschriftenartikel, Diätbücher und Fernsehsendungen gesehen, in denen es darum ging, wie man die perfekte Figur erlangt, Übergewicht abbaut oder sich den idealen Waschbrettbauch antrainiert. Die ›Idealfigur‹ hat sich über die Jahrzehnte hinweg verändert, aber der Druck, auf eine bestimmte Weise auszusehen, bleibt bestehen. Von ›Low Carb‹ bis ›Keto heilt alles‹ und allem, was dazwischen liegt, die Ratschläge sind, gelinde gesagt, ziemlich widersprüchlich. Themen rund um den Zusammenhang von Gesundheit und Ernährung sind selten. Nur selten sehen wir Artikel mit brauchbaren Überschriften wie ›Was ist die optimale Ernährung zur Krebsverhütung?‹ oder ›Was braucht unser Körper, um das Risiko einer Herzerkrankung zu verringern?‹ oder ›Welche Lebensmittel verringern das Asthmarisiko Ihres Kindes?‹ Stattdessen erfahren wir, wie wir die ›ideale Bikini-Figur‹ erlangen können. Und wenn man eine Familie gründet, wird der Druck noch höher. Jetzt müssen wir nicht nur ein bestimmtes Aussehen haben, sondern auch unsere Kinder ›richtig‹ aufziehen. Welche Milch für das Baby? Welche Schlaftrainingstechnik? Feste Nahrung oder Breichen? Essen sie auch genug Obst und Gemüse? Ich könnte so weitermachen. Für viele Familien ist es außerdem schwierig, eine gesunde Ernährung umzusetzen. Vielbeschäftigte Eltern, die Vollzeit arbeiten müssen, greifen logischerweise eher zu preiswerten, verpackten Lebensmitteln mit langer Haltbarkeit. Oft sind Zeit und Geld knapp oder es fehlt an der notwendigen Aufgeschlossenheit, selbst zu kochen. Hinzu kommen für jeden von uns, in jeder Phase des Lebens, unüberschaubar viele Ratschläge, Urteile und Verunsicherungen. Der Diätenhype und unser natürlicher Wunsch nach schnellen Lösungen machen neueste Trends sehr verlockend. Darüber hinaus machen die abschreckenden Schlagzeilen, sowohl Erwachsene als auch Kinder würden bei einer pflanzenbasierten Ernährung nicht ausreichend mit Nährstoffen versorgt werden, die Umsetzung unnötig kompliziert.

In Wirklichkeit geht es bei einer gesunden Ernährung darum, wie wir uns tagtäglich fühlen – nicht, wie wir aussehen – und vor allem wie wir die gefährlichsten Gesundheitsrisiken reduzieren können. Das ist viel einfacher, als viele denken. Es ist wissenschaftlich erwiesen, dass der beste Weg zu einer gesunden Ernährung in einfachen Schritten besteht, die dauerhaft Bestand haben und leicht umzusetzen sind. Dazu gehört die Aufnahme von nährstoffreicheren und nachhaltigen Lebensmitteln und die Vermeidung von Lebensmitteln, die leere Kalorien liefern oder die als ›ultraverarbeitete‹ Lebensmittel gelten.

Beeinflusst die Ernährung meine Gesundheit?

Nach Angaben der Weltgesundheitsorganisation[1] werden jedes Jahr 71 % aller Todesfälle weltweit – das sind 41 Millionen Menschen – von Krankheiten verursacht, die mit unserem Lebensstil zusammenhängen (die wissenschaftliche Bezeichnung ist ›nicht übertragbare Krankheiten‹ oder ›nicht ansteckende Krankheiten‹). Allein vier gesundheitliche Beeinträchtigungen – Herzerkrankungen, Krebserkrankungen, Lungenkrankheiten und Diabetes – sind für 80 % der vorzeitigen Todesfälle verantwortlich. Und so unglaublich es klingt, ungefähr 80 % dieser vorzeitigen Todesfälle könnten durch vier Faktoren eines gesunden Lebensstils verhindert werden: gesunde Ernährung, regelmäßige körperliche Betätigung, Nichtrauchen und vernünftiger Umgang mit Alkohol.[2] Seid ihr überrascht? Vielleicht fragt ihr euch, warum ihr noch nie davon gehört habt? In meiner Arztpraxis behandle ich überwiegend Menschen, die bereits unter den oben genannten Erkrankungen leiden. Es ist mein Wunsch, diese Erkenntnisse weiterzugeben, bevor eine lebensgefährliche Erkrankung auftritt.

Welche Lebensgewohnheit wirkt sich am meisten auf unsere Gesundheit aus? Vermutlich die Lebensmittel, die wir täglich zu uns nehmen. Es heißt, ungesunde Ernährung trage zu weltweit mehr Todesfällen und Behinderungen bei als Rauchen, Alkohol- und Drogenkonsum zusammen. Eine umfassende Analyse von ernährungsbedingten Risikofaktoren hat ergeben, dass weltweit jeder fünfte Todesfall auf ungesunde Ernährung zurückzuführen ist.[3] Die fünf wichtigsten Indikatoren einer ungesunden Ernährung waren hohe Salzaufnahme (vor allem aufgrund des Verzehrs ultraverarbeiteter Lebensmittel) und die geringe Aufnahme von Vollkornprodukten, Obst, Nüssen/Samen und Gemüse.

In einem Aufsatz, der Daten aus der Nurses' Health Study und der Health Professionals Follow-up Study in den USA verwendete, an der mehr als 170 000 Männer und Frauen teilnahmen, wurden einige entscheidende, der Gesundheit zuträgliche Gewohnheiten definiert: gesunde Ernährung, Beibehaltung eines normalen Body-Mass-Index (BMI), Nichtrauchen, Verzicht auf übermäßigen Alkoholgenuss und mehr als 30 Minuten moderate bis aktivere Bewegung pro Tag.[4] Während der 34-jährigen Nachbeobachtungszeit wurde festgestellt, dass sich die Wahrscheinlichkeit, chronisch zu erkranken, mit jeder gesunden Angewohnheit signifikant verringerte – und das Sterberisiko insgesamt sank. Wer alle vier Gesundheitsfaktoren beachtete, verringerte die Wahrscheinlichkeit, an Krebs zu sterben, um 65 %, an einer Herzerkrankung um 82 %. Und es ist nie zu spät: Die Einhaltung dieser gesunden Gewohnheiten verlängerte das Leben von über Fünfzigjährigen um ganze 14 Jahre bei Frauen und zwölf Jahre bei Männern. Eine gesunde Ernährung wurde in dieser Studie definiert als eine Ernährung mit einem

Die Daten sind eindeutig: Der Verzehr von mehr Pflanzen und frischen Lebensmitteln ist ein wichtiger Teil von eurer Gesundheit und der eurer Familie.

hohen Anteil an vollwertigen pflanzlichen Lebensmitteln wie Obst, Gemüse, ungesättigten Fetten, Omega-3-Fettsäuren und Vollkornprodukten sowie einem geringen Anteil an verarbeitetem Fleisch, rotem Fleisch, verarbeiteten Lebensmitteln, Salz und gezuckerten Getränken.

Daten aus Großbritannien zeigen ähnliche Ergebnisse.[5] Eine Studie, an der 4886 Männer und Frauen beteiligt waren, definierte vier gesundheitsschädliche Gewohnheiten: Rauchen, geringer Obst- und Gemüsekonsum, minimale körperliche Aktivität und hoher Alkoholkonsum. Bei einer durchschnittlichen Nachbeobachtungszeit von 20 Jahren trug jede ungesunde Gewohnheit zu einem signifikant erhöhten Sterberisiko bei, und diejenigen, die alle vier dieser Gewohnheiten aufwiesen, hatten eine zwölf Jahre geringere Lebenserwartung. Die Daten sind eindeutig: Der Verzehr von mehr Pflanzen und mehr frischen Lebensmitteln ist ein wichtiger Teil von eurer Gesundheit und der eurer Familie.

Muss ich mich rein pflanzenbasiert ernähren?

Diese Frage höre ich sehr oft. Die Antwort ist kurz: Nein. Es gibt nicht nur eine Methode, sich gesund zu ernähren, genauso wie es nicht nur eine Methode der ungesunden Ernährung gibt. Man muss für sich selbst entscheiden, was richtig ist, welche Ernährungsgewohnheiten neu aufgenommen und welche beibehalten werden sollen. Auch hier sind schnelle Lösungen nicht der richtige Weg. Aber wer mehr pflanzenbasierte, vollwertige Nahrung zu sich nimmt, kann nachweislich seine Gesundheit verbessern.

Obst und Gemüse sind reich an Antioxidantien, Vitaminen, Mineralien, Ballaststoffen und sekundären Pflanzenstoffen. Wenn wir den ›Regenbogen‹ der Natur zu uns nehmen, also einen möglichst bunten Strauß an pflanzlichen Lebensmitteln essen, nehmen wir eine große Vielfalt dieser sekundären Pflanzenstoffe auf. Sekundäre Pflanzenstoffe oder Phytochemikalien sind natürlich vorkommende chemische Verbindungen, die von Pflanzen produziert werden und sie gegen Schädlinge, Sonneneinstrahlung, Krankheiten und Infektionen schützen, aber auch den Menschen viel Gutes tun. Es ist erwiesen, dass die Einnahme von sekundären Pflanzenstoffen in Form von Nahrungsergänzungsmitteln nicht dieselbe Wirkung erzielt.

Obst und Gemüse sowie Vollkornprodukte und Hülsenfrüchte sind unsere einzigen Ballaststofflieferanten und spielen eine wesentliche Rolle für die Gesundheit und die Aufrechterhaltung einer gesunden Darmflora. Und welche gesundheitlichen Vorteile gibt es noch? Pflanzenfarbstoffe aus Obst und Gemüse wirken entzündungshemmend. Essen wir viele davon, ist der Körper besser gegen Entzündungen gewappnet, ausgelöst durch sogenannte freie Radikale. Diese Entzündungen wirken wie kleine Brandherde im Körper. Sogenannte Antioxidantien (Radikalenfänger) in Obst und Gemüse sind dann die winzigen Löschfahrzeuge. Die Verringerung von oxidativem Stress verlangsamt auch den Alterungsprozess auf zellulärer Ebene. Es gibt Bevölkerungsgruppen in einigen Regionen der Welt, die eine besonders hohe Lebenserwartung haben und sich zu 95 % rein pflanzlich ernähren. Die Gebiete, in denen sie leben, wurden von dem Forscher Dan Buettner in einem Aufsatz für *National Geographic* als ›Blaue Zonen‹ bezeichnet. Dort – in Okinawa (Japan), auf Sardinien (Italien), in Nicoya (Costa Rica), auf Ikaria (Griechenland) und bei den Sieben-Tage-Adventisten in Loma Linda (Kalifornien) – sind die Menschen in der Regel sehr gesund, bis in ihre Achtziger und Neunziger aktiv und leiden viel seltener unter chronischen Krankheiten. Sie leben also nicht nur länger, sondern auch besser. Es gibt große Unterschiede in ihrer Esskultur, aber Parallelen bei den wichtigsten Zutaten. Allen ist gemein, dass sie Nüsse und Samen, gesundes Vollkorn, viel Gemüse sowie eine Tasse Hülsenfrüchte pro Tag zu sich nehmen. Die Menschen aus den Blauen Zonen teilen auch wichtige Lebensstilmerkmale, wie zum Beispiel mäßige tägliche Bewegung als Bestandteil einer natürlichen Lebensweise, einen Lebenssinn, starke familiäre Bindungen und stressabbauende Alltagsgewohnheiten. Es geht also nicht nur um Ernährung, aber die pflanzliche Vollwertkost ist ein entscheidender Faktor in den täglichen Gewohnheiten, der diesen Menschengruppen ermöglicht, so lange gesund zu bleiben.

Die Kraft der Pflanzen

Wir haben einige Gründe angesprochen, weshalb eine vollwertige pflanzenbasierte Lebensweise Entzündungen, oxidativen Stress und den Alterungsprozess verringert und Ballaststoffe, Vitamine, Mineralien und sekundäre Pflanzenstoffe unsere Gesundheit insgesamt verbessern. Die Forschung zeigt, wie auch einigen spezifischen Gesundheitsproblemen durch tägliche pflanzenbasierte Ernährung vorgebeugt werden kann. Durch erhöhte Aufnahme von pflanzlicher Kost können wir:

- das Risiko von Herzerkrankungen verringern
- das Risiko, an Krebs zu erkranken, minimieren
- die Ausbildung einer Diabetes-Typ-2-Erkrankung verhindern und die Erkrankung sogar beheben
- unsere geistige Gesundheit verbessern
- die Darmgesundheit erhalten, Divertikulitis und bestimmte Formen des Reizdarmsyndroms beheben
- den Hormonhaushalt verbessern und die Schilddrüse gesund erhalten
- das Immunsystem stärken

Das klingt fast zu schön, um wahr zu sein. Eine gesunde, pflanzenbasierte Ernährung ist sicher nicht das Allheilmittel, für das sie manchmal gehalten wird, und einige Menschen leiden trotz eines gesunden Lebensstils an einer chronischen Krankheit. Es gibt also keine Zauberpille, kein Allheilmittel. Aber die Daten sprechen für sich, und ich habe in meiner eigenen Familie und im Leben meiner Patienten einige unglaubliche Veränderungen beobachten können. Von älteren Patienten, deren Arthritis und Blutdruckwerte sich verbessert haben, bis hin zur Rückbildung von Prostatakrebs, Beseitigung von Morbus Crohn, Verbesserung von Endometriose und Schuppenflechte, um nur einige zu nennen. Oft hatten die Veränderungen im Lebensstil auch unbeabsichtigte Nebeneffekte: Eine Frau erhoffte sich die Verbesserung ihres Asthmas, stellte aber fest, dass sich auch ihr chronisches Nierenleiden verbesserte. Eine andere wollte ihre Wechseljahrsbeschwerden eindämmen und bemerkte eine dramatische Verbesserung ihrer Stimmung und ihrer Hautprobleme. Wir sind ganzheitliche Wesen und definieren uns nicht einfach über unsere Krankheiten. Wunderbarerweise führen ganzheitliche Gesundheitsansätze oft auch zu ganzheitlichen Ergebnissen in anderen Bereichen des Lebens.

Es gibt sechs Komponenten der Lebensstilmedizin: gute Ernährung, Bewegung, Vermeidung von Tabakkonsum, Sport, Schlaf, Stressbewältigung und gesunde Beziehungen. In Bezug auf Ernährung definiert die Gründungsorganisation der weltweiten Bewegung für Lebensstilmedizin – das American College of Lifestyle Medicine – die optimale Ernährung als ›einen Ernährungsplan, der überwiegend auf einer Vielzahl von minimal verarbeiteten Gemüsen, Obst, Vollkornprodukten, Hülsenfrüchten, Nüssen und Samen‹ basiert. Dies ist die Essenz einer vollwertigen, pflanzenbasierten Ernährung. Ich hoffe, ihr seid bereit, euch darauf einzulassen und es auszuprobieren – für eure eigene Gesundheit und auch für die Gesundheit eurer Lieben.«

Gemma sagte schon, dass es wirklich einfach ist, sich gesund zu ernähren: mehr Brokkoli, mehr Kichererbsen, mehr Spinat, weniger Lebensmittel mit unaussprechlichen Zutaten. Wie bereits erwähnt, enthalten pflanzliche Lebensmittel viele Ballaststoffe, die wichtig für die Darmgesundheit sind. Diese, sagt **Dr. Alan Desmond**, Facharzt für Gastroenterologie, ist ein wichtiger Aspekt einer gesunden Ernährung.

Alan über die Bedeutung der Darmgesundheit:

»Als auf Darmprobleme spezialisierter Arzt sprechen mich meine Patienten immer wieder auf die Ernährung an. Während meiner gesamten ärztlichen Laufbahn habe ich mich dafür eingesetzt, evidenzbasierte Antworten auf die alles entscheidende Frage zu geben: Was soll ich essen? Nachdem ich mich jahrelang mit der Forschung im Bereich Ernährung und Verdauung beschäftigt habe, kann ich von verarbeiteten Lebensmitteln nur abraten und empfehle, tierische Produkte durch gesündere, pflanzliche Nährstoffquellen zu ersetzen.

Eine Ernährungsweise, die eine Vielfalt an Obst, Gemüse, Vollkornprodukten, Hülsenfrüchten, Nüssen und Samen beinhaltet. Die logische Schlussfolgerung? Eine vollwertige, pflanzenbasierte Ernährung. Heute frage ich meine Patienten als Erstes, welche Lebensmittel sie jeden Tag essen. Evidenzbasierte Ernährungsberatung hilft meinen Patienten, bestmögliche Ergebnisse zu erzielen. Die positiven gesundheitlichen Veränderungen, die ich in meiner Praxis gesehen habe, inspirierten mich dazu, möglichst viele Menschen an den Erkenntnissen über Ernährung und Darmgesundheit teilhaben zu lassen. Ich freue mich sehr, sie hier weiterzugeben.

Die Annahme, dass die Verdauung unser gesamtes Wohlbefinden beeinflusst, ist nicht neu. Schon vor mehr als zweitausend Jahren lehrte Hippokrates, der ›Vater‹ der modernen Medizin, seine Schüler, dass ›alle Krankheiten im Darm beginnen‹. In den vergangenen zwanzig Jahren haben neue Erkenntnisse über das Immunsystem des Darms, die Bedeutung der Darmgesundheit für das Wohlbefinden und die Zusammensetzung der Darmflora gezeigt, dass viel Wahrheit in dieser alten Weisheit steckt.

Darmgesundheit 101

Zunächst aber möchte ich erklären, was die Darmflora eigentlich ist. In unserem Darm tummeln sich bis zu 100 Billionen Mikroben. Diese mikroskopisch kleinen Bakterien, Viren, Hefen und Archaeen bilden unsere Darmflora und enthalten genauso viele Zellen und 100-mal mehr genetisches Material als der übrige Körper. Unser ganzes Leben lang helfen uns diese Mikroorganismen bei der Verdauung unserer Nahrung, der Überwachung unseres Blutzuckers, der Regulierung unseres Gewichts und sogar bei der Verbesserung unserer Stimmung. Sie schützen uns auch vor zahlreichen Darmkrankheiten wie Morbus Crohn, Kolitis und Darmkrebs.

Unsere individuelle Darmflora wird bereits bei der Geburt gebildet. Mit dem ersten Atemzug und der ersten menschlichen Berührung fängt unsere mikrobielle Population an zu wachsen. Sie macht sich sofort an die Arbeit und hilft uns bei der Verdauung der ersten Mahlzeit. Die Muttermilch liefert nicht nur Kalorien, sondern enthält auch nützliche Lebend-Bakterien (Probiotika) und Stoffe, die das Wachstum der eigenen gesunden Bakterien (Präbiotika) fördern.

Die Darmflora wurde einmal als ›Schaltzentrale für die Biologie des Menschen‹ definiert. Aufgrund dieser entscheidenden Erkenntnis wissen wir, dass unsere Darmgesundheit durch unsere Lebensmittelauswahl und unseren Lebensstil unterstützt wird. Überlegt euch bei der Zusammenstellung der nächsten Mahlzeit, welche Art von Darmmikrobiom ihr unterstützen wollt.

Veganer versus Allesfresser

Im Erwachsenenalter sind die Hauptfaktoren für unsere mikrobielle Gesundheit die Lebensmittel, die wir tagtäglich essen. Die typische westliche Ernährungsweise fördert ein Mikrobiom, das auf tierischem Eiweiß gedeiht – das ›proteolytische Darmmikrobiom‹. Diese Bakterien produzieren biologisch aktive Substanzen, darunter Ammoniak, indolische und phenolische Verbindungen, verzweigtkettige Aminosäuren und Trimethylamin – schädliche Stoffwechselprodukte, die das Risiko für Herz-Kreislauf-Erkrankungen, Diabetes Typ 2 und andere chronische Erkrankungen erhöhen.

Tatsächlich gelten die meisten mikrobiologischen Substanzen, die durch die westliche Ernährungsweise erzeugt werden, als schädlich für die Gesundheit und das Wohlbefinden. Mahlzeiten, die auf Obst, Gemüse, Vollkornprodukten, Hülsenfrüchten, Körnern, Nüssen und Samen basieren, unterstützen dagegen ein Darmmikrobiom, das die Produktion von sogenannten ›kurzkettigen Fettsäuren‹ oder SCFAs fördert. Die gesundheitlichen Auswirkungen von SCFAs sind beeindruckend. Sie bekämpfen chronische Entzündungen, kontrollieren den Appetit, gleichen den Blutzuckerspiegel aus und versorgen sogar die Zellschichten der Darminnenwand. Ein pflanzlich genährtes Mikrobiom tut sein Bestes, um seinen menschlichen Wirt so gesund wie möglich zu erhalten.

Finger weg von Junk Food

Besonders gesund ist die pflanzenbasierte Ernährung, wenn sie aus ›Vollwertkost‹ besteht. In Industrieländern wie den USA und Großbritannien machen heute stark verarbeitete Produkte wie Kekse, industriell produzierte Brötchen und Brote, Fleischpasteten, Bratwurst, künstliches Speiseeis, aromatisierte Joghurts und gesüßte Erfrischungsgetränke mehr als die Hälfte aller verzehrten Kalorien aus. Dieses sogenannte ›Junk Food‹ ist lange haltbar, leicht zu lagern und schmeckt oft sogar, aber die darin enthaltenen künstlichen Füllstoffe, Geschmacksverstärker, Emulgatoren und Stabilisatoren haben im menschlichen Verdauungssystem nichts zu suchen.

Auf einer Fläche, ungefähr so groß wie ein großer Garten, agiert die Darmbarriere, die vorderste Verteidigungslinie des Darms. Sie soll verhindern, dass potenziell schädliche Mikroorganismen und andere Substanzen in unseren Blutkreislauf eindringen.

Chemikalien, die in stark verarbeiteten Lebensmitteln enthalten sind, wie z. B. Maltodextrin (ein Zusatzstoff), Polysorbat-80 (ein üblicher Emulgator) und Carboxymethylcellulose (ebenfalls ein Emulgator) greifen diese Barriere von zwei Seiten an: Sie fördern das Wachstum von schädlichen Darmbakterien und mindern aktiv die empfindlichen Abwehrmechanismen des Darms. Dadurch können schädliche Bakterien und ihre Nebenprodukte die Darmbarriere durchdringen, in direkten Kontakt mit dem Immunsystem kommen und krankhafte Entzündungsreaktionen im Darm und im Körper auslösen. ›Weg vom Junk Food‹ ist einer der wichtigsten Ratschläge, die ich meinen Patienten mit Darmproblemen gebe. Ein Rat, der der Darmgesundheit von uns allen dient.

Immunsystem Darm

Ein gesunder Darm und ein funktionierendes Immunsystem hängen voneinander ab. Auch wenn die meisten Menschen den Darm nicht sofort mit ihrem Immunsystem in Verbindung bringen, wissen wir heute, dass sich mehr als 60 % der körpereigenen Immunzellen im Verdauungstrakt befinden. Unsere Darmflora schult unser Immunsystem und verhindert eine Überaktivität, die zu Erkrankungen wie Diabetes Typ 1, rheumatoide Arthritis, Zöliakie und Allergien beiträgt. Durch ballaststoffreiche Mahlzeiten können unsere Darmmikroben mehr ›kurzkettige Fettsäuren‹ bilden, das sind Substanzen, die unserem Immunsystem helfen, effizient zu arbeiten, Infektionen zu bekämpfen und sogar Krebszellen frühzeitig zu erkennen und zu vernichten.

Wie wichtig ein gesundes Immunsystem ist, wurde während der Corona-Pandemie besonders deutlich. Im Jahr 2020 beschrieben Forscher zum ersten Mal, dass hospitalisierte Patienten mit einem ungesunden Darmmikrobiom – also mit weniger gesunden Bakterien, die in einer ballaststoffreichen Umgebung gedeihen – unter stärkeren Lungenentzündungen litten. Weitere Studien wiesen nach, dass in der ersten Welle der Pandemie Ärzte, die an vorderster Front arbeiteten und die ihre Ernährung als ›vegan, vollwertig oder pflanzenbasiert‹ bezeichneten, seltener schwer an COVID-19 erkrankten. Weiter haben Untersuchungen gezeigt, dass Menschen mit einem maximalen Anteil pflanzlicher Nahrung eine

40 % geringere Wahrscheinlichkeit eines schweren Krankheitsverlaufs haben. Für den Schutz unserer Immungesundheit ist die Ernährung also wirklich wichtig.

Fermentierte Lebensmittel: natürliche Verstärker der Darmflora

Fermentierte pflanzenbasierte Lebensmittel gibt es schon seit grauer Vorzeit. Diese uralte Methode nutzt die Fähigkeit von Bakterienkulturen, Lebensmittel aufzuspalten und durch Gärung ihr Geschmacks- und Aromaprofil radikal zu verändern. Fermentierte Lebensmittel wie Tempeh, Miso, Sauerkraut und Kimchi enthalten Dutzende oder sogar Hunderte von Bakterienstämmen. Die meisten fermentierten Lebensmittel liefern vorrangig die für die Darmgesundheit so förderlichen Milchsäurebakterien.

Laut zahlreicher Studien sind fermentierte Lebensmittel sehr gesund. Bei Probanden mit Prädiabetes etwa verbesserte der Verzehr einer täglichen Portion Kimchi die Blutzuckerkontrolle und die Insulinempfindlichkeit. Manche Wissenschaftler sagen sogar, fermentierte Sojaprodukte – wie Nattō, Miso und Tempeh – reduzierten das Körperfett und verbesserten den Cholesterinspiegel. Im Jahr 2021 bestätigten Forscher der Stanford University, dass eine Ernährung mit einem hohen Anteil an fermentierten Lebensmitteln wie z. B. Kimchi, fermentiertem Gemüse, Gemüse-Sole-Getränken und Kombucha-Tee die Darmgesundheit unterstützt. In nur zehn Wochen erzielten ihre Probanden eine signifikante Zunahme der mikrobiellen Vielfalt im Darm bei gleichzeitiger Verringerung entzündungsfördernder Eiweiße.

Für mich sind fermentierte Lebensmittel eine schmackhafte Ergänzung meiner pflanzenbasierten Ernährung, die zusätzlich vorteilhaft für die Darmflora ist. Wem Kimchi oder Sauerkraut nicht schmeckt, muss sich keine Sorgen machen. Auch frisches Obst und Gemüse liefern die gleichen nützlichen Bakterien, die in fermentierten Lebensmitteln vorkommen.

Blähungen besiegen und Hülsenfrüchte lieben lernen

Hülsenfrüchte – Bohnen, Erbsen, Linsen und Spalterbsen – sind ein wichtiger Bestandteil der gesunden Ernährung, da sie die Fermentation und damit ein gesünderes Darmmikrobiom fördern. Dieser natürliche und nützliche Prozess erzeugt Verdauungsgase. Die Gasbildung im Darm sowie das Austreten der Gase aus dem Darm sind normale Verdauungsvorgänge. Bei manchen Menschen führt der erstmalige Verzehr von Hülsenfrüchten zu Blähungen und Unbehagen. Meiner Erfahrung nach legen sich die Verdauungsprobleme, die manchmal mit dem Verzehr von Bohnen einhergehen, in der Regel innerhalb weniger Wochen. Hier sind einige praktische Tipps, die eurem Darm helfen sollen:

1. **Probiert Tofu, Tempeh und Hummus** Diese Lebensmittel werden alle aus Hülsenfrüchten hergestellt, sind aber weniger vergoren und führen zu weniger Blähungen.
2. **Beginnt langsam zu essen** Esst in den ersten Wochen nur einen Esslöffel Bohnen pro Tag, dann steigert ihr langsam die Menge, damit der Magen-Darm-Trakt und die Darmflora sich anpassen können.
3. **Verdauungsenzyme** Die Einnahme einiger Kapseln des Verdauungsenzyms Galaktosidase vor einer Mahlzeit mit Hülsenfrüchten kann sehr hilfreich sein. Es sind viele preiswerte Marken erhältlich.
4. **Einweichen und abspülen** Weicht die getrockneten Bohnen über Nacht in Wasser ein und spült sie vor dem Kochen ab. Dies reduziert die Fermentation.
5. **Hülsenfrüchte gut kochen** Oder vorgekochte und verzehrfertige Hülsenfrüchte in Dosen oder Gläsern kaufen. Die hohen Temperaturen, mit denen in Großküchen gearbeitet werden, brechen die fermentierbaren Kohlenhydrate auf, sodass weniger Blähungen auftreten.
6. **Und schließlich empfehle ich eine Bohnenpause** Konzentriert euch ein paar Monate ganz allgemein auf gesunde Ernährung, ausreichend Schlaf und viel Bewe-

gung. Wenn ihr euch bereit fühlt, probiert es erneut mit Hülsenfrüchten.

Die Darmflora unterstützen

Je mehr wir über die Vorteile einer gesunden Darmflora wissen, desto deutlicher wird, dass die Darmmikroben uns (ihren menschlichen Wirt) so lange wie möglich gesund erhalten wollen. Hier sind einige Verhaltensweisen, die die mikrobielle Gesundheit des Darms Tag für Tag unterstützen:

1. **Pflanzliche Vielfalt** Die gesunden Bakterien lieben Pflanzenfasern über alles. Dies bestätigte das American Gut Project, das die Darmflora von mehr als 11 000 Probanden aus der ganzen Welt analysierte. Der enorme wissenschaftliche Aufwand zeigte, dass der Schlüssel zur Erhaltung einer gesunden und vielfältigen Darmflora in einer abwechslungsreichen pflanzenbasierten Ernährung liegt. Jedes pflanzliche Lebensmittel – seien es Bohnen, Gemüse oder Vollkorn – enthält verschiedene Ballaststoffarten und wichtige sekundäre Pflanzenstoffe. Mehr als 30 verschiedene Pflanzen pro Woche wären ein guter Start. Diese Zahl kann nach der Umstellung auf eine pflanzenbasierte Ernährung leicht überschritten und eine pflanzliche Vielfalt erreicht werden, die in Industrieländern selten ist!
2. **Ausreichend schlafen** Die Darmbakterien arbeiten offenbar in demselben 24-Stunden-Rhythmus wie der Rest unseres Körpers. Einige Wissenschaftler glauben sogar, die Darmflora spiele eine wichtige Rolle bei der Regulierung von unserem Biorhythmus. Schlafmangel, Jetlag und Schichtarbeit sowie eine geringere Mikrobenvielfalt stehen miteinander in Verbindung. Schenkt der Darmgesundheit sieben bis acht Stunden erholsamem Schlaf.
3. **Täglich bewegen** Im Jahr 2014 fand ein irisches Forscherteam heraus, dass Rugby-Elitespieler eine beeindruckend hohe Mikrobenvielfalt aufwiesen. Weitere Studien zeigten, dass regelmäßige Bewegung die Entwicklung gesunder, ballaststoffliebender Bakterien fördert.
4. **Zeit in der Natur** Ein keimfreies Leben in Innenräumen ist für unsere mikrobielle Gesundheit eher abträglich. Wir wissen, dass Menschen, die auf dem Lande leben, tendenziell eine gesündere und vielfältigere Darmflora aufweisen als Stadtbewohner. Wenn ihr nicht in die freie Natur gehen könnt, verbringt Zeit in Parks oder Gärten.
5. **Unnötige Antibiotika vermeiden** Antibiotika haben der Menschheit im Kampf gegen häufige schwere Infektionskrankheiten wie Lungenentzündung und Meningitis einen unglaublichen Nutzen gebracht. Bei einem einfachen Husten oder einer Erkältung, die nach Ansicht des Arztes auch ohne Antibiotika abklingt, tut ihr eurer Darmflora einen Gefallen, wenn ihr die Antibiotikagabe vermeidet, da sie das Gleichgewicht und die Vielfalt der Darmflora dramatisch verändert. Wird doch eine Antibiotikabehandlung nötig, erholt sich die Darmflora, indem ihr die oben genannten Verhaltensweisen beachtet. Wer Fleisch und Milchprodukte aus der Ernährung streicht, braucht weniger Antibiotika. Die meisten Antibiotika weltweit werden an Nutztiere verabreicht. Diese bleiben in der Nahrungskette und können sich negativ auf unsere Darmflora auswirken.

Nicht zufällig klingen diese Tipps für eine gesunde Darmflora sehr ähnlich wie Ellas Ratschläge zur allgemeinen Gesundheit und zum Lebensglück. Eine pflanzenbasierte Ernährung, Bewegung, ausreichend Schlaf und Aufenthalt in der freien Natur gehören zu den gängigen Verhaltensweisen der Bewohner in den ›Blauen Zonen‹, jenen Regionen der Welt, in denen die Menschen am längsten und am gesündesten leben. Unsere Gesundheit und unser Glück können durchaus von unserer Darmflora abhängen. Freundlich zu unseren Darmbakterien zu sein bedeutet, freundlich zu uns selbst zu sein!«

([1–5] Quellenhinweise siehe ab Seite 280)

AUFBAU EINER PFLANZEN-BASIERTEN KOST

AUFBAU EINER PFLANZENBASIERTEN KOST

Wir kennen die positiven Auswirkungen einer pflanzlichen Ernährung, und in diesem Buch finden sich mehr als 100 Rezepte, die euch den Einstieg erleichtern und euch auf eurer weiteren Reise begleiten. Aber die Zeit in der Küche soll viel mehr sein als nur das Befolgen eines Rezepts. Ich möchte gewährleisten, dass ihr eure Mahlzeiten mit einem sicheren Gespür für euren Nährstoffbedarf selbst zusammenstellt. Natürlich wird nicht jede Mahlzeit alle Nährstoffe enthalten und alle Anforderungen erfüllen – das würde die Möglichkeit, zum Beispiel in Restaurants zu essen, sehr einschränken. Essen muss auch Spaß machen. Perfektion ist nicht alles, aber wir wollen unser Wissen erweitern und ein Bewusstsein dafür entwickeln, welche Lebensmittel beispielsweise Omega-3-Fettsäuren oder pflanzliches Eiweiß enthalten. So können wir unserem Nährstoffbedarf über die Woche hinweg bewusst nachkommen. Rosie Martin ist ausgebildete Ernährungsberaterin und darauf spezialisiert, ihre Klientinnen und Klienten bei der Umstellung auf eine gesunde, ausgewogene, pflanzenbasierte Ernährung zu unterstützen. Sie hat für uns einen äußerst umfassenden Leitfaden zusammengestellt.

Rosie über ihre Erfahrung mit pflanzenbasierter Ernährung:

»In meiner Praxis unterstütze ich regelmäßig Menschen bei ihrer Umstellung auf eine pflanzenbasierte Lebensweise. Diese bringt nicht nur Vorteile für unseren Planeten und die Tiere, auch die Liste der gesundheitlichen Vorteile, von denen meine Klienten berichten, wird immer länger. Viele haben mehr Energie, fühlen sich nach den Mahlzeiten leichter, regenerieren schneller nach dem Sport, schlafen besser und können ihr Gewicht besser kontrollieren. Das sind zwar nur anekdotenhafte Berichte, aber die wissenschaftlichen Belege dazu werden immer zahlreicher.

Ich selbst leide unter Zöliakie, einer Krankheit, die beim Verzehr von Gluten schädliche Entzündungen des Dünndarms hervorruft. Obwohl ich seit meinem ersten Lebensjahr glutenfrei ernährt wurde, litt ich während meiner Kindheit und Teenagerjahre unter Verdauungsproblemen. Erst als ich auf pflanzenbasierte Ernährung umstellte und damit mehr Ballaststoffe und eine größere Vielfalt an pflanzlichen Lebensmitteln zu mir nahm, erlebte ich, wie sich ein gesundes Verdauungssystem anfühlt. Diese Erfahrung hat mein Leben verändert! Die Ernährungsumstellung weckte meine Leidenschaft für Lebensmittel, und ich begann, innovative und köstliche Mahlzeiten aus ausschließlich pflanzlichen Lebensmitteln zu kreieren. Aufgrund meines neuen Interesses an der Ernährungswissenschaft ließ ich mich als Ernährungsberaterin ausbilden. Nun konnte ich auch andere dabei unterstützen, die Kraft der Pflanzen zu nutzen.

Bevor wir ins Detail gehen, möchte ich in einem Schaubild einen Leitfaden für eine ausgewogene Ernährung vorstellen. Die gute Nachricht ist, nur wenig Wissen ist nötig, um sich gesund und pflanzenbasiert zu ernähren. Wer seine Mahlzeiten regelmäßig nach den nebenstehenden Prinzipien zusammenstellt, bekommt alle notwendigen Nährstoffe. Natürlich müssen diese Prinzipien nicht bei jeder Mahlzeit strikt eingehalten werden. Und nicht alles, was wir zubereiten oder konsumieren, muss perfekt allen Kriterien entsprechen – Essen soll auch Genuss sein –, aber das Schaubild mag euch als Leitfaden für allgemeine Ernährungsgewohnheiten dienen. Entscheidend ist die Vielzahl vielfarbiger pflanzlicher

Wie eine ausgewogene pflanzenbasierte Ernährung aussieht

Obst & Gemüse	Bananen, Beeren, Weintrauben, Kiwi, Äpfel, Birnen, Ananas, Wassermelonen, Orangen, Pfirsiche, Pflaumen, Feigen, Aprikosen, Mangos, Datteln, Tomaten Auberginen, Karotten, Zucchini, Gurken, Brokkoli, Pastinaken, Spinat, Grünkohl, Sellerie, Kohl, Kürbis, Zwiebeln, Rote Bete, Paprika, Pilze, Fenchel, Frühkohl
Stärkehaltige komplexe Kohlenhydrate	Vollkornbrot, brauner Reis, Vollkornnudeln, Kartoffeln (mit Schale), Süßkartoffeln, Hafer, Couscous, Hirse, Buchweizen, Gerste
Eiweißreiche Lebensmittel	Bohnen, Erbsen, Kichererbsen, Linsen, Tofu, Tempeh, Edamame, Quinoa
Ungesättigte Fette	Mandeln, Pinienkerne, Sesamsamen, Tahin, Pekannüsse, Walnusskerne, Erdnussbutter, Hanfsamen, Kürbiskerne, Leinsamen, Chiasamen, Oliven, Avocado

Lebensmittel in unserer Ernährung. Sie maximiert das Angebot an Mikro- und Ballaststoffen sowie anderen nützlichen Pflanzenstoffen. Dazu zählen auch Antioxidantien und Phytonährstoffe, die, wie Gemma bereits erklärt hat, sich positiv auf unsere Gesundheit auswirken. Wir wollen ein wenig genauer untersuchen, warum diese Lebensmittel so wichtig und wo sie zu finden sind. Ich möchte mit den Makronährstoffen beginnen – Kohlenhydrate, Eiweiß und Fette –, denn sie machen den Hauptteil unserer Ernährung aus.

Makronährstoffe

Sie sind die Hauptbestandteile unserer Nahrungsmittel und lebenswichtiger Brennstoff. Sie versorgen uns mit Energie und Rohstoffen für die Zellstruktur und -funktion. Tag und Nacht verbrauchen wir aus den Makronährstoffen Energie für alle Lebensfunktionen: von der Atmung und der Aufrechterhaltung des Herzschlags bis zur Verdauung der Nahrung, der Regulierung der Körpertemperatur und der Regeneration aller Körperzellen. Einfacher ausgedrückt: Ein ausgewogenes Verhältnis von komplexen Kohlenhydraten, Eiweißen und gesunden Fetten in unseren Mahlzeiten hält unseren Körper in Schwung.

Kohlenhydrate
Kohlenhydrate sind die wichtigste Energiequelle des Körpers und sollten etwa 45 bis 65 % der gesamten Energiezufuhr pro Tag ausmachen. Unser Verdauungssystem spaltet Kohlenhydrate in Zucker auf. Diesen setzt der Körper in Energie um für die lebenswichtigen Prozesse wie Bewegung und Gehirnfunktion. Kohlenhydrate liefern sowohl die Bausteine für die Bildung von Hormonen wie das Glückshormon Serotonin als auch Ballaststoffe, die die gesunden Bakterien im Darm fördern.

Die meisten von uns nehmen viel zu wenige Ballaststoffe zu sich. Anzustreben sind 30 g am Tag. Das entspräche einer Portion Porridge mit Beeren und gehackten Nüssen zum Frühstück, einem Quinoa-Salat mit Gemüse und Hummus zum Mittagessen, einem Apfel mit Erdnussbutter am Nachmittag und einem Dal aus roten Linsen mit braunem Reis zum Abendessen. Im Interesse der Darmgesundheit sollten wir versuchen, über die Woche verteilt 30 verschiedene pflanzliche Lebensmittel zu uns zu nehmen.

Nährstofflieferanten

Zink	Hafer, Kichererbsen, Walnusskerne, Hanfsamen, Kürbiskerne, Cashewkerne, Quinoa, Linsen, Tofu, brauner und wilder Reis, schwarze Bohnen, Pekannüsse, Erbsen, Vollkornbrot, Tempeh und angereicherte Nährhefe
Kalzium	Tofu, Tempeh, Kichererbsen, grüne Bohnen, Cannellini-Bohnen, Limabohnen, schwarze Bohnen, Kidneybohnen, Mandeln, Paranüsse, Tahin, Chiasamen, Leinsamen, Grünkohl, Brunnenkresse, Brokkoli, Feigen, Orangen, Hafer-, Mandel- oder Sojadrink
Eisen	Tofu, Tempeh, Edamame, Kichererbsen, Linsen, schwarze Bohnen, Kidneybohnen, Cannellini-Bohnen, Limabohnen, Kürbiskerne, Tahin, Sonnenblumenkerne, Hafer, Chiasamen, Mandeln, Cashewkerne, Grünkohl, Kartoffeln (mit Schale), Quinoa, Vollkornnudeln, Spinat
Selen	Paranüsse, sowie in kleinen Mengen: brauner Reis, Quinoa, Sonnenblumenkerne, Pilze, Hafer, Spinat, Linsen, Cashewkerne
Jod	Jodsalz, mit Jod angereicherter Hafer-, Mandel- oder Sojadrink, Meeresalgen (eingeschränkt)
Omega-3-Fettsäuren	Walnusskerne (6 Hälften täglich), Leinsamen, Hanf- und Chiasamen (2 Esslöffel täglich)
Nahrungsergänzungsmittel pro Tag	Vitamin B12: mindestens 10 µg täglich, 2000 µg wöchentlich, oder zweimal täglich B12-angereicherte Lebensmittel Vitamin D: 10 µg täglich Jod: 150 µcg täglich aus Nahrungsergänzungsmitteln ohne Seegras oder mit Jod angereicherte Lebensmittel Selen: 60–75 µg oder täglich 2 Paranüsse Omega-3-Fettsäuren (optional): Algenöl mit etwa 450 mg EPA und DHA

Kohlenhydrate sind zwar wichtig, aber für den Energiespiegel und das Wohlbefinden ist entscheidend, welche Art von Kohlenhydraten wir essen. Der Einfachheit halber teilen wir die Kohlenhydrate in zwei Kategorien auf:

Komplexe Kohlenhydrate, die in Obst, Gemüse, Bohnen, Vollkorn und Körnern (Beispiele siehe Seite 37) enthalten sind. In diesen Kohlenhydraten stecken jede Menge nützliche Ballaststoffe, Antioxidantien, Vitamine und Mineralien. Sie sättigen und versorgen uns den ganzen Tag über mit anhaltender Energie.

Einfache Kohlenhydrate, die in Zucker, Weißmehl und Limonaden enthalten sind. Viele dieser Kohlenhydrate sind stark verarbeitet, die vorteilhaften Bestandteile komplexer Kohlenhydrate wie zum Beispiel Ballaststoffe sind ihnen entzogen worden. Sie gelten als für die Gesundheit nicht zuträglich, unter anderem, weil sie viel schneller vom Körper abgebaut werden, was den Blutzucker hochtreibt und rasch wieder abfallen lässt. Dies kann zu Lethargie und Heißhunger führen.

Eiweiß

Eiweiß ist ein weiterer lebenswichtiger Nährstoff, der sich in jeder Zelle des menschlichen Körpers befindet und an allen Prozessen im Körper beteiligt ist. Dazu gehören die Energieerzeugung, der Transport von Substanzen (Vitamine, Mineralien, Sauerstoff) und die Beschleunigung chemischer Reaktionen durch die Bildung von Molekülen, die Enzyme genannt werden, ebenso wie die Bildung von Hormonen und Neurotransmittern (die Stimmung und Gefühle beeinflussen). Sie sorgen auch dafür, dass Hormone und Immunsystem effektiv arbeiten können. Wir brauchen Eiweiß für den Aufbau und die Reparatur von Zellen und Gewebe, einschließlich der Haut, der Haare, Muskeln und Knochen.

Gesunde Erwachsene benötigen etwa 0,75 bis 0,8 g Eiweiß pro Kilogramm Körpergewicht und Tag. Wer also 60 kg wiegt, benötigt täglich etwa 45 bis 48 g Eiweiß. Bei Sportlern oder Menschen mit gesundheitlichen Problemen liegt der Eiweißbedarf möglicherweise höher.

Eiweiß besteht aus 20 verschiedenen Aminosäuren oder ›Bausteinen‹, die je nach Konfiguration Tausende von verschiedenen Zellen und Moleküle bilden, aus denen das Gewebe und die Organe bestehen. Neun der 20 Aminosäuren werden als ›essenziell‹ bezeichnet. Das heißt, sie müssen dem Körper mit der Nahrung zugeführt werden, da er sie nicht selbst herstellen kann.

Ich kann alle beruhigen, die befürchten, dass der Körper bei der Umstellung auf eine pflanzenbasierte Ernährung vielleicht nicht genügend Eiweiß bekommt. Ein gesunder Mensch, der sich abwechslungsreich ernährt, deckt seinen Eiweißbedarf, wenn ein Viertel seiner Mahlzeiten aus proteinhaltigen pflanzlichen Lebensmitteln (siehe Seite 37) besteht.

Zum Frühstück zum Beispiel eine Portion Porridge mit 2 Esslöffeln Hanfsamen, 1 Esslöffel Mandelbutter und 200 ml Sojadrink. Das Mittagessen wird mit 100 g Hummus und 30 g Kürbiskernen ergänzt. Und zum Abschluss des Tages gibt es ein Pfannengericht mit 100 g Tofu und einer Handvoll Edamame. Das macht zusammen mehr als 50 g Eiweiß.

Manche befürchten auch, mit einer pflanzenbasierten Ernährung nicht alle notwendigen essenziellen Aminosäuren zu bekommen. Auch sie kann ich beruhigen, denn alle neun essenziellen Aminosäuren kommen in unterschiedlichen Mengen in pflanzlichen Lebensmitteln vor, tierische Lebensmittel sind also nicht notwendig, um ausreichend Eiweiß aufzunehmen. Diese Bedenken kommen daher, weil tierisches Eiweiß erhebliche Mengen an allen neun essenziellen Aminosäuren liefert und es infolgedessen heißt, es sei ›vollständig‹. Pflanzliche Proteine enthalten von einer Aminosäure eher weniger und werden deshalb als ›unvollständig‹ bezeichnet. Dies ist jedoch kein Grund zur Sorge, denn pflanzliche Proteine enthalten nicht von allen Aminosäuren weniger. Bohnen zum Beispiel enthalten in der Regel weniger Methionin, eine Aminosäure, die in Getreide reichlich enthalten ist. Wer beispielsweise Nussbutter auf Vollkorntoast, geröstete Samen in einem Linsensalat oder Hummus mit braunem Reis und Gemüse isst, dessen Mahlzeit ist ›vollständig‹.

Einfach ausgedrückt: Wer eine Mischung aus Bohnen, Vollkornprodukten, Nüssen, Samen und Sojaprodukten isst, hat kein Problem, alle notwendigen Aminosäuren zu bekommen. Dies zeigt noch einmal deutlich, wie wichtig es ist, eine große Vielfalt an Lebensmitteln über den Tag verteilt zu essen.

Fett

Fett als lebenswichtige Energiequelle spielt eine besondere Rolle für die Funktion des Gehirns, die Hormonproduktion, den Schutz lebenswichtiger Organe und die Aufnahme von Vitaminen. Es gibt zwei Hauptformen von Fett: gesättigt und ungesättigt. Gesättigte Fette stammen vorwiegend aus tierischen Lebensmitteln. Wir sollten unsere Aufnahme von gesättigten Fetten niedrig halten, da sie für den Anstieg des LDL-Cholesterins (Low-Density-Lipoprotein-Cholesterin) im Blut verantwortlich sind. LDL-C ist die ungesunde Form von Cholesterin, die direkt mit der Verengung der Blutgefäße durch Arterienverkalkung zusammenhängt und das Risiko von Herzerkrankungen erhöht. Der britische NHS (National Health Service) empfiehlt, nicht mehr als 30 g pro Tag für Männer und 20 g für Frauen. Auch das Scientific Advisory Committee on Nutrition (SACN: Wissenschaftliche Beratungsausschuss für Ernährung) in Großbritannien und US-amerikanische Ernährungsrichtlinien empfehlen, den Anteil gesättigter Fette auf 10 % oder weniger der täglichen Kalorien zu beschränken.

Bei der pflanzenbasierten Ernährung sind die Hauptquellen gesättigter Fettsäuren Kokosöl und Kakaofett. Als Bestandteil einer gesunden Ernährung ist nichts dagegen einzuwenden, aber nicht zu jeder Mahlzeit und nicht jeden Tag. Obwohl einige Studien nahelegen, dass nicht alle gesättigten Fette gleich schädlich sind, ist bekannt, dass sich der Wechsel zu ungesättigten Fetten positiv auf die kardiovaskuläre Gesundheit auswirkt.

Bei der Umstellung auf eine pflanzenbasierte Ernährung wird die Aufnahme von gesättigten Fetten tendenziell reduziert und die Aufnahme der vorteilhaften ungesättigten Fette (mehrfach ungesättigt und einfach ungesättigt) erhöht, zum Beispiel durch den Verzehr von Avocado, Oliven, Nüssen und Samen.

Transfettsäuren oder Transfette gehören zu den Fetten, deren LDL-C-Wert dem der gesättigten Fette ähnelt. Darüber hinaus enthalten Transfette nachweislich auch weniger der gesunden Form des Cholesterins, dem HDL-C (High-Density Lipoprotein-Cholesterin). Transfette haben keinen Nährwert und schaden der Herzgesundheit. Aufgrund dieser gesundheitlichen Bedenken haben die Hersteller verpackter Lebensmittel den Gehalt an Transfetten in ihren Produkten gesenkt, trotzdem sind Transfette immer noch in Fertigkuchen, Keksen, Margarine, Fast Food, Backwaren und frittierten Lebensmitteln enthalten. Sie werden auf den Verpackungen nicht immer als ›Transfette‹ aufgeführt, sie verstecken sich hinter Begriffen wie ›hydrierte Fette‹ oder ›teilweise gehärtete Pflanzenöle‹.

Omega-3-Fettsäuren

Diese essenziellen Nahrungsfette wirken entzündungshemmend und sind für Gehirn und Immunsystem äußerst wichtig. Die drei hauptsächlichen Omega-3-Fettsäuren sind Alpha-Linolensäure (ALA), Eicosapentaensäure (EPA) und Docosahexaensäure (DHA). Bei der pflanzenbasierten Ernährung wird ALA zum Beispiel durch den Verzehr von zwei Esslöffeln Lein-, Hanf- oder Chiasamen oder sechs Walnusskernhälften pro Tag aufgenommen.

EPA und DHA hingegen können über die pflanzenbasierte Ernährung nicht direkt aufgenommen werden, da sie hauptsächlich in Fettfisch vorkommen. Unser Körper vermag die pflanzlich aufgenommene ALA in EPA und DHA umzuwandeln, doch die Umwandlungsrate ist leider sehr gering, weshalb sich viele Menschen für Nahrungsergänzungsmittel entscheiden. Algen sind kleine, pflanzenähnliche Organismen, die im Meer vorkommen und eine reichhaltige Quelle von EPA und DHA sind, aus der auch Fische sie ursprünglich beziehen. Wer sich pflanzenbasiert ernährt, kann die Nahrungsfette statt aus Fisch direkt über ein Algenöl zu sich nehmen. Empfehlenswert ist eine Menge von etwa 450 mg EPA und DHA pro Tag. Es hat sich gezeigt, dass es im Körper genauso bioverfügbar ist (leicht absorbiert wird) wie Lachs, die ausreichende Menge von Omega-3-Fettsäuren ist von daher gesichert.

Mikronährstoffe

Im Gegensatz zu den Makronährstoffen, die in großen Mengen als Brennstoff benötigt werden, sind von den Mikronährstoffen – Vitaminen und Mineralien – nur geringe Mengen erforderlich. Sie sind jedoch absolut lebenswichtig für den Energiespiegel, die Knochengesundheit, das Wachstum, ein optimales Immunsystem und die Verringerung von Krankheitsrisiken.

Die pflanzenbasierte Ernährung enthält viele der benötigten Vitamine und Mineralstoffe. Vitamin E ist in Avocados, Spinat, Nüssen, Samen und Sonnenblumenöl enthalten und schützt als Antioxidans vor Zellschäden. Auch Vitamin C ist ein Antioxidans, das in vielen Obst- und Gemüsesorten wie Brombeeren, Erdbeeren, Kiwis, Erbsen, Brokkoli und Paprika zu finden ist. Vitamin C schützt die Zellen, fördert die Wundheilung und erhält Haut- und Knochengewebe gesund und hilft beim Aufbau von Kollagen. Folsäure ist in Avocados, Brokkoli, Spinat, Bohnen und Erdnüssen enthalten und wird für die Bildung der DNA und für die Zellteilung benötigt. Das Mineral Kalium unterstützt die Herzfunktion und ist in vielen pflanzlichen Lebensmitteln zu finden, zum Beispiel in Bananen, Datteln, Pastinaken, Mangold, schwarzen Bohnen und Mandeln. Magnesium wird für die Knochengesundheit und den Stoffwechsel gebraucht und ist reichlich vorhanden in Spinat, Tahin, Mandeln und Tofu. Es gibt ein paar Mikronährstoffe, auf die wir bei der Planung einer gesunden pflanzenbasierten Ernährung besonders achten müssen. Sie sind leicht verfügbar, aber wir müssen sicherstellen, dass wir genug davon aufnehmen.

Kalzium

Kalzium ist ein wesentlicher Mineralstoff für die Knochengesundheit, die Muskelfunktionen und die Blutgerinnung. Gute Kalziumquellen sind auf Seite 38 aufgeführt. Ein Tag zur Deckung eures Kalziumbedarfs von 700 mg könnte folgendermaßen aussehen: zum Frühstück 200 ml angereicherter Hafer- oder Mandeldrink im Porridge oder Smoothie und zum Lunch oder Abendessen 100 g Tofu und 70 g Grünkohl.

Eisen

Der Körper braucht Eisen, um zu wachsen und sich zu entwickeln. Außerdem wird das Mineral zur Herstellung eines lebenswichtigen Proteins namens Hämoglobin benötigt, das den Sauerstoff über die Blutgefäße durch den Körper transportiert. Für Männer werden 8,7 mg pro Tag empfohlen, wohingegen Frauen mehr benötigen, nämlich 14,8 mg pro Tag. Eisenmangel ist bei allen Ernährungsarten weit verbreitet, daher sollte man bewusst auf die Aufnahme einer ausreichenden Menge achten. Gute pflanzliche Eisenquellen sind auf Seite 38 aufgeführt.

Die Aufnahme von Eisen aus Pflanzen kann erheblich gesteigert werden, wenn eisenhaltige Lebensmittel zusammen mit einer Vitamin-C-Quelle wie Brokkoli, Paprika, Kiwis oder Erdbeeren verzehrt und Tee oder Kaffee zu den Mahlzeiten vermieden werden.

Zur Deckung des täglichen Eisenbedarfs von 14,8 mg könnte ein Tag beispielsweise so aussehen: zum Frühstück 2 Esslöffel Kürbiskerne und eine Handvoll Cashewkerne, zum Lunch 100 g Quinoa, beträufelt mit 2 Teelöffeln Tahin und zum Abendessen Vollkornnudeln.

Selen

Das Antioxidans Selen ist für gesunde Haare und Nägel, ein gut funktionierendes Immunsystem und eine normale Spermienproduktion bei Männern wichtig. Es findet sich in geringen Mengen in einer Vielzahl pflanzlicher Lebensmittel wie braunem Reis und Linsen. Am einfachsten erreichen wir die Tagesdosis aber mit dem Verzehr von zwei Paranüssen.

Zink

Auch Zink wird für gesunde Haare und Nägel benötigt, aber es unterstützt auch die DNA, die Fruchtbarkeit und die Gehirnfunktionen. Zink ist in vielen vollwertigen pflanzlichen Lebensmitteln enthalten (siehe die Liste auf Seite 38). Mit dem Verzehr dieser gesunden Lebensmittel decken wir unseren Zinkbedarf. Die Zinkaufnahme wird gesteigert, wenn wir fermentierte Sojaprodukte (wie Miso und Tempeh) essen, trockene Bohnen vor dem Kochen einweichen und abspülen und Körner und Samen vor dem Verzehr keimen lassen. Der tägliche Zinkbedarf von 7 mg für Frauen und 9,5 mg für Männer könnte zum Beispiel folgendermaßen gedeckt werden: zum Frühstück eine Handvoll Cashewkerne, zum Lunch 2 Esslöffel Sonnenblumenkerne über einen Salat gestreut oder als Snack und zum Abendessen 1 Esslöffel angereicherte Nährhefe.

Nahrungsergänzungsmittel

Die Einnahme von Nahrungsergänzungsmitteln mag ›unnatürlich‹ erscheinen, aber unser moderner Lebensstil, die Veränderungen in der Lebensmittelproduktion und das zunehmende Ernährungswissen haben dazu geführt, dass sich ein großer Teil der Bevölkerung bereits auf angereicherte Lebensmittel und Nahrungsergänzungsmittel verlässt.
In Großbritannien zum Beispiel sind viele Grundnahrungsmittel wie Weißmehl, Zerealien und Milch mit Nährstoffen wie Kalzium, Eisen und Vitamin D angereichert. Obwohl es besser ist, Nährstoffe aus der Nahrung aufzunehmen, sind manche bei der rein pflanzenbasierten Ernährung schwer zu erhalten und sollten besser ergänzt werden. Dies wird als tägliche Nahrungsergänzung empfohlen:

Vitamin B12

Vitamin B12 benötigen wir für das Nervensystem und die Blutzellen. Es ist das einzige Vitamin, das nicht aus Pflanzen gewonnen werden kann, weil es von Bakterien gebildet wird. Deshalb wird für Menschen, die sich langfristig pflanzenbasiert ernähren, eine Ergänzung von mindestens 10 µg Vitamin B12 täglich bzw. 2000 µg wöchentlich empfohlen. Alternativ können auch mit B12 angereicherte Lebensmittel mindestens zweimal pro Tag gegessen werden, etwa angereicherte pflanzliche Drinks, Hefeflocken oder Hefeextrakte.

Vitamin D

Vitamin D ist für die Knochengesundheit nötig. Ganz unabhängig von der Art der Ernährung wird eine tägliche Dosis von 10 µg Vitamin D empfohlen. Dies gilt besonders für die Wintermonate, da Vitamin D hauptsächlich im Sommer durch die Sonneneinstrahlung in der Haut gebildet wird.

Jod

Wir brauchen Jod für die Funktion der Schilddrüse und zur Unterstützung des Stoffwechsels. Die meisten Menschen nehmen Jod über Milchprodukte auf, das dem Viehfutter beigemengt ist. Algen enthalten viel Jod, aber aufgrund ihres sehr unterschiedlichen Jodgehalts und der gesundheitlichen Folgen von zu viel oder zu wenig Jod können wir uns für die tägliche Jodzufuhr nicht generell auf Algen verlassen. Einige pflanzliche Drinks und Salze sind mit Jod angereichert, das nicht aus Algen stammt, sie stellen eine gute Alternative dar. Wer den Geschmack von Algen mag, kann über entsprechende Gerichte gelegentlich etwas Jod aufnehmen. Wer nicht regelmäßig mit Jod angereicherte Lebensmittel verzehrt, dem empfehle ich ein algenfreies Nahrungsergänzungsmittel mit einer Dosis von 150 µg pro Tag.

Omega-3-Fettsäure

Entweder man isst täglich Chia-, Lein- bzw. Hanfsamen oder Walnusskerne oder man nimmt täglich ein Algenölpräparat mit etwa 450 mg EPA und DHA ein.

Selen
Der tägliche Bedarf wird mit 2 Paranüsse oder 1 Nahrungsergänzungsmittel mit 60 bis 75 µg gedeckt.

Fragen und Antworten

Ich hoffe, dass dieser Überblick hilfreich war und ihr euch für eine gesunde, ausgewogene Ernährung auf pflanzlicher Basis gut gerüstet fühlt. Es gibt drei Fragen, die häufig auf meine Ernährungsratschläge folgen, auf die ich an dieser Stelle gern eingehen möchte:

Wie gehe ich bei einer pflanzenbasierten Ernährung mit dem Reizdarmsyndrom und Blähungen um?

Menschen mit Magen-Darm-Problemen oder einem diagnostizierten Reizdarmsyndrom tun sich bei der Umstellung auf eine pflanzenbasierte Ernährung möglicherweise etwas schwer. Der Verzehr von mehr pflanzlichen Lebensmitteln führt bei vielen Menschen zu Blähungen, Krämpfen und unregelmäßigem Stuhlgang. Die gute Nachricht ist, dass unser Darm sich an veränderte Ernährungsgewohnheiten anpasst. Doch nicht nur Lebensmittel verursachen solche Symptome. Wenn ihr also Bedenken habt, sprecht vor der Ernährungsumstellung mit eurem Hausarzt. Falls ihr durch den Verzehr von mehr pflanzlichen Lebensmitteln Bauchschmerzen bekommen solltet, probiert einige der folgenden Tipps aus:

- Die Umstellung auf eine pflanzenbasierte Ernährung langsamer angehen. Bei der allmählichen Erhöhung des Pflanzenanteils in der Nahrung gewöhnt sich das Verdauungssystem an die neuen, ballaststoffreicheren Lebensmittel. Mit der Zeit werden die nützlichen Bakterien im Darm zunehmen und bei der Aufspaltung der Nahrung effizienter, wodurch die Symptome nachlassen.
- Immer genug trinken, das unterstützt die Verträglichkeit von mehr Ballaststoffen. Ich empfehle im Allgemeinen mindestens 1,5 bis 2 Liter Flüssigkeit täglich.
- Aufrecht sitzen, langsam essen und gut kauen. Verdauung beginnt im Mund.
- Bohnen und Linsen werden leichter verdaulich, wenn sie eingeweicht, abgespült und gekocht werden. Bohnen und Linsen aus der Dose sind bereits eingeweicht und gekocht, sie müssen vor der Verwendung nur noch gut gespült werden.

Einige Arten von fermentierbaren Kohlenhydraten, die in pflanzlichen Lebensmitteln wie Bohnen und Linsen, Weizen und einigen Obst- und Gemüsesorten vorkommen, können Magen-Darm-Beschwerden verschlimmern. Sie werden FODMAPs genannt oder fermentierbare Oligosaccharide, Disaccharide, Monosaccharide und Polyole. Wer ein Reizdarmsyndrom hat und pflanzliche Lebensmittel schlecht verträgt, sollte mit einer Diätassistentin sprechen, die möglicherweise einen Low-FODMAP-Diätplan empfiehlt und bei der Durchführung unterstützt. Trotz kurzfristig auftretender Symptome ist eine dauerhafte ballaststoffreiche Ernährung entscheidend für die Darmgesundheit, die wiederum für viele andere Aspekte von Gesundheit und Wohlbefinden verantwortlich ist.

Kann ich mich auch bei einem sehr aktiven Lebensstil pflanzenbasiert ernähren?

Sportler oder Menschen mit einem sehr aktiven Lebensstil haben einen erhöhten Nährstoffbedarf. Der Eiweißbedarf kann für Ausdauersportler von 0,8 auf bis zu 1,2 g pro Kilogramm Körpergewicht und Tag steigen und für Kraftsportler auf bis zu 1,6 g.

Wenn ihr nicht gerade Hochleistungssportler seid, steigt der Eiweißbedarf wahrscheinlich nicht signifikant von der auf Seite 39 empfohlenen Menge für die gesunde Bevölkerung.

Viele Sportler profitieren von einer pflanzenbasierten Ernährung, weil sie eine Fülle von nährstoffreichen Lebensmitteln enthält, die den Energiespiegel und die Regeneration unterstützen. Trotzdem kann es am Anfang gewisse Anpassungsschwierigkeiten geben. Aufgrund des hohen Ballaststoff- und Wassergehalts der pflanzlichen Lebensmittel ist die pflanzenbasierte Ernährung von Natur aus energieärmer. Viele Menschen, die sich pflanzlich ernähren, insbesondere Sportler, müssen mehr essen, um die notwendigen Makro- und Mikronährstoffe aufzunehmen.

Esst möglichst regelmäßig, achtet dabei besonders auf energiereiche pflanzliche Lebensmittel und plant Zwischenmahlzeiten ein. Dazu gehören Nüsse und Nussbutter, Samen, Bananen, Datteln, Trockenfrüchte, Avocado, Hummus und stärkehaltige Kohlenhydrate. Zusätzliche Eiweißlieferanten sind Tofu, Nüsse, Samen und Sojadrink. Wenn wir körperlich aktiv sind, steigt in der Regel auch unser Appetit. Und wenn wir mehr Hunger haben, nehmen wir ganz automatisch mehr energie- und eiweißhaltige Lebensmittel zu uns.

Ist Soja sicher? Die widersprüchlichen Informationen haben mich verwirrt.
Soja als Bestandteil einer ausgewogenen pflanzenbasierten Ernährung ist absolut sicher und sogar besonders vorteilhaft. Möglichst wenig verarbeitete Sojaprodukte wie Tofu, Tempeh, Edamame, Miso und Sojadrink enthalten alle neun essenziellen Aminosäuren sowie Ballaststoffe, Kalzium und Omega-3-Fettsäuren.

Das Missverständnis um Soja geht auf seinen Gehalt an Phytoöstrogenen (Pflanzenöstrogenen) zurück und den damit verbundenen Bedenken, dass es wie menschliches Östrogen wirken und zu Hormonstörungen führen könnte. Dafür gibt es jedoch keinerlei Belege. Man hat sogar festgestellt, dass Sojalebensmittel neben den ernährungsphysiologischen Vorteilen auch Wechseljahrsbeschwerden lindern, kognitive Funktionen und die Knochengesundheit verbessern sowie das Risiko von Diabetes und Nierenerkrankungen verringern können.«

Zusammenfassung von Ella

Ich hoffe sehr, dass Rosies gegliederte Darstellung über eine ausgewogene Ernährung hilfreich war. Ich finde es immer tröstlich, dass die Umsetzung relativ einfach ist – viel buntes Obst und Gemüse, komplexe Kohlenhydrate, pflanzliches Eiweiß, gesunde Fette und einfache Nahrungsergänzungsmittel. Manchmal kommt das Leben jedoch den besten Plänen in die Quere, und die tagtägliche Umsetzung erweist sich zuweilen schwieriger, als man glaubt – das kann ich als vielbeschäftigte Mutter sehr gut nachvollziehen!

Die Ernährung spielt zwar eine fundamentale Rolle für unsere Gesundheit, sie ist aber nicht isoliert zu betrachten und nicht allein entscheidend. Die Ernährung ist nur ein Teil des Puzzles, andere Aspekte des Lebensstils sind ebenfalls wichtig, etwas, das meiner Meinung nach viele von uns viel zu oft vergessen. Ich beobachte immer wieder, dass Menschen unbedingt ihre Ernährung ändern wollen und dabei die anderen Aspekte ihrer Lebensweise oft übersehen, die alle die geistige und körperliche Gesundheit sowie das tägliche Wohlbefinden beeinflussen. Ich habe diese Erfahrung selbst gemacht. Deshalb ist es mir sehr wichtig, unsere Ernährung in diesen Kontext zu stellen und dies in diesem Kapitel zu vertiefen. Rohini Bajekal ist dafür genau die richtige Person, denn sie hat dies sowohl bei sich selbst als auch in ihrer Ernährungspraxis bei einer Reihe von Klienten erlebt.

Rohini über Gesundheit, die über den Teller hinausgeht:

»Durch eine Veränderung meines Lebensstils habe ich erfolgreich das Polyzystische Ovarialsyndrom (PCOS) bekämpfen können. Es handelt sich um die weltweit häufigste endokrine Störung, von der mindestens eine von zehn Frauen betroffen ist und die sich unter anderem auf die Fruchtbarkeit, die Psyche und den Stoffwechsel auswirkt.

Mit dem Verzehr vollwertiger pflanzenbasierter Lebensmittel hat sich mein Energiespiegel dramatisch verbessert, außerdem wurden die bei PCOS üblichen Symptome wie übermäßige Gewichtszunahme, Akne, Angstzustände und unregelmäßige Perioden gelindert.

Nationale und internationale Leitlinien stimmen darin überein, dass PCOS-Betroffene von einer Ernährungs- und Lebensstilberatung sowie Verhaltensstrategien profitieren.[1,2,3,4]

Meine Klientinnen und Klienten verbesserten auch durch meinen ganzheitlichen Ansatz ihre Gesundheit und ihr Wohlbefinden. Ich habe festgestellt, dass mit der Stärkung eines einzelnen Lebensbereichs auch die anderen Bereiche positiv beeinflusst werden. Yoga zum Beispiel kann das Stressniveau senken und so zu achtsameren Entscheidungen führen. Ich ermutige meine Klienten, Veränderungen, so gut es geht, in ihren Alltag zu integrieren und sich dabei immer von Gesundheits- und Ernährungsberatern begleiten zu lassen. Erkennt man, was dem Klienten wichtig ist und wie er Veränderungen in seinem Leben praktisch umzusetzen vermag, kann man ihm zu einer sinnhaften und nachhaltigen Umstellung verhelfen. Ich betrachte es als ein großes Privileg, meine Klienten darin unterstützen zu können, ihre Ziele für ein gesundes Leben zu erreichen.

Weit mehr als unsere Gene beeinflussen unsere täglichen Gewohnheiten nicht nur unsere geistige und körperliche Gesundheit, sondern auch unsere Lebensqualität, sowohl kurz- als auch langfristig. Sie können entweder gesundheits- oder krankheitsfördernd sein. Wir verzeichnen einen enormen Anstieg chronischer Krankheiten wie Herzerkrankungen, Diabetes Typ 2 und bestimmte Krebsarten, die heute sieben der zehn häufigsten Todesursachen der Welt ausmachen, so die Weltgesundheitsorganisation.[5] Eine Veränderung des Lebensstils verringert signifikant das Risiko für solche Krankheiten. Die Lifestyle-Medizin ist eine der am schnellsten wachsenden Disziplinen innerhalb der Medizin, die durch viele positiv begutachtete medizinische Studien gestützt wird.

Viele nationale und internationale Leitlinien für die Prävention und Behandlung chronischer Krankheiten enthalten evidenzbasierte Empfehlungen zur Veränderung des Lebensstils. Der Welt-Krebs-Forschungsfonds empfiehlt zum Beispiel regelmäßige körperliche Aktivität, eine Ernährung, die reich an Vollkornprodukten, Gemüse, Obst und Bohnen ist, sowie die Einschränkung des Alkoholkonsum zur Krebsprävention und auch nach einer Krebsdiagnose.[6] Der Vorteil der Lebensstilmedizin ist, dass sie die zugrunde liegenden Krankheitsursachen angeht und gleichzeitig mit der Schulmedizin zusammenarbeitet. Auch wenn jemand Medikamente benötigt oder operiert werden muss, können Änderungen des Lebensstils von Vorteil sein. Es geht nicht ausschließlich um das eine oder das andere.

Das American College of Lifestyle Medicine (ACLM) stützt den ganzheitlichen Ansatz für einen gesunden Lebensstil auf sechs Säulen: Ernährung, Bewegung, Stressbewältigung, Vermeidung riskanter Substanzen, Schlaf und Beziehungen.[7]

1. Ernährung

Als Grundstein für optimales Wohlbefinden gilt die Ernährung. Es macht viel mehr Spaß, sich zu überlegen, womit wir unsere Mahlzeiten ergänzen können, anstatt zu überlegen, was wir weglassen können. Shireen, Gemma und Alan haben erklärt, warum das, was wir essen, so wichtig für unsere Gesundheit ist, und Rosie hat aufgezeigt, welche Lebensmittel sich dafür eignen. Ich werde dies also nicht wiederholen. Ich möchte nur betonen, dass schlechte Ernährung weltweit das größte Sterberisiko ist und eine noch größere Gesundheitsbelastung darstellt als Rauchen. Es wird geschätzt, dass durch die Umstellung auf eine pflanzenbasierte Ernährung weltweit bis zu elf Millionen Todesfälle pro Jahr verhindert werden könnten – das ist ein Viertel aller Todesfälle.[8]

Eine gesunde pflanzliche Ernährung wirkt entzündungshemmend und verringert das Risiko für chronische Krankheiten wie Herzkrankheiten[9], Diabetes Typ 2[10] und verschiedene Krebsarten.[11] Sie wirkt sich positiv auf den Blutdruck und den Cholesterinspiegel aus. Die Ernährung kann vieles verbessern, ist jedoch kein Allheilmittel. Auf politischer

Ebene und im Gesundheitswesen gibt es noch viel zu tun. Auch die sozialen Faktoren sind zu berücksichtigen wie Armut, Rassismus, mangelnder Zugang zu angemessenem Wohnraum und gesunden Lebensmitteln, die allesamt das Gesundheitsrisiko eines Menschen erhöhen.

2. Bewegung

So viele von uns verbringen viel Zeit sitzend oder untätig, da ist regelmäßige Bewegung über den Tag verteilt ausgesprochen gesundheitsfördernd. Wir müssen körperliche Aktivität (jede durch Skelettmuskeln erzeugte Bewegung, die Energie erfordert) und strukturiertes Training (jede Aktivität, die körperliche Anstrengung erfordert, die zur Erhaltung oder Verbesserung der körperlichen Fitness beiträgt) in unseren Alltag integrieren. Nach britischen Empfehlungen sollen Erwachsene sich wöchentlich 150 Minuten mäßiger intensiver Bewegung widmen oder 30 Minuten mindestens fünfmal pro Woche.[12] Selbst ein Training von 15 Minuten pro Tag verringert nachweislich das Sterberisiko.[13] Ob Tanzen, Krafttraining, Schwimmen oder Gartenarbeit, entscheidend ist eine regelmäßige Bewegung, die Spaß macht. Bewegung nutzt Körper und Geist nachweislich in vielfältiger Weise, unterstützt das Immunsystem, baut Stress ab, führt zu einem erholsameren Schlaf und verbessert die Stimmung. Körperliche Aktivität verringert das Risiko für häufige chronische Krankheiten wie Herzerkrankungen und Diabetes Typ 2, trägt zur Erhaltung eines gesunden Körpergewichts bei und verringert den Knochenabbau.

Wer noch ungeübt ist, sollte es erst einmal langsam angehen. Es kann hilfreich sein, sich Ziele zu setzen. Zum Beispiel: Bis zum ersten September möchte ich an mindestens fünf Tagen pro Woche eine Stunde spazieren gehen. Wenn ihr einen Schreibtischjob habt, macht etwa alle 20 Minuten eine Pause, um euch zu dehnen oder ein paar einfache Übungen auszuführen. Probiert verschiedene Arten von Übungen aus. Findet heraus, was euch gefällt und was ihr dauerhaft in euren Alltag einbauen könnt. Hört auf euren Körper und baut jede Woche darauf auf.

3. Stressbewältigung

In Großbritannien geben 81 % der Frauen an, dass sie sich regelmäßig überfordert fühlen.[14] Unbewältigter, chronischer Stress kann zu Entzündungen führen und eine Reihe von Gesundheitsproblemen wie Angstzustände, Depressionen, Gewichtszunahme, Schlaflosigkeit und Herzerkrankungen hervorrufen. Werden Stressauslöser wie arbeitsbedingter Stress oder eine schwierige Beziehung identifiziert und anerkannt, können sie besser bewältigt werden. Ein offenes Gespräch mit einer vertrauten Person oder einem Therapeuten kann dabei sehr hilfreich sein. Es ist wichtig, herauszufinden, welche Strategie der Stressbewältigung geeignet ist. Zum Beispiel mit einer Freundin spazieren gehen, Achtsamkeitsübungen, Atemübungen oder mit anderen lachen. Dies alles hilft bei der Stressbewältigung und dem Aufbau von Widerstandsfähigkeit. Wer nicht weiß, wo er anfangen soll, beginnt damit, verschiedene Lebensbereiche zugunsten der psychischen Gesundheit einzuschränken, zum Beispiel auch die Zeit, die man in sozialen Medien verbringt. Mithilfe von Dankbarkeitsübungen und dem Führen eines Tagebuchs nimmt man die positiven Momente im Alltag wahr und bekämpft negative Gedankenmuster. Man sollte daran denken, dass Ruhe ein menschliches Grundbedürfnis ist, das sich positiv auf Gesundheit, Immunsystem und Zufriedenheit auswirkt. Ist man weiterhin angespannt, fühlt sich belastet und nicht in der Lage, den Stress zu bewältigen, sollte man frühzeitig nach Hilfe Ausschau halten.

4. Vermeidung riskanter Substanzen

Bestimmte Giftstoffe wie Alkohol und Tabak erhöhen den Stress für den Körper und beeinträchtigen das Immunsystem. Zigaretten und Alkohol sind beides karzinogene Stoffe der Klasse 1, das heißt, dass sie Krebs verursachen. Die Forschung zeigt immer wieder, dass der Konsum jeglicher Form von Alkohol das Risiko von Frauen, an Brustkrebs zu erkranken, erhöht.[15] Alkoholmissbrauch ist in Großbritannien auch der größte Risikofaktor für Tod, Krankheit und Behinderung bei den 15- bis 49-Jährigen.[16] Man kann sich vom Hausarzt an eine Beratungsstelle vermitteln lassen. Dort wird einem geholfen, von Suchtmitteln oder einem Suchtverhalten wegzukommen und neue Ziele festzulegen. Wer seinen Alkoholkonsum reduzieren will, legt einzelne alkoholfreie Tage fest oder auch einen längeren Zeitraum. Statt zur Zigarette zu greifen, geht man am besten mit einem Freund oder einer Freundin spazieren oder nimmt ein warmes Bad. Ein alkoholisches Getränke ersetzt man durch eine alkoholfreie Variante oder ein Sprudelwasser mit Zitrone.

5. Schlaf

Man geht davon aus, dass etwa ein Drittel der Menschen in den westlichen Ländern mindestens einmal pro Woche unter Schlafstörungen leidet, wobei fast doppelt so viele Frauen wie Männer davon betroffen sind.[17] Unter Schlafstörungen versteht man Schwierigkeiten beim Ein- oder Durchschlafen, frühes Aufwachen oder Aufwachen, ohne sich erholt zu fühlen, obwohl genügend Schlafgelegenheiten bestehen. Viele von uns messen dem Schlaf nicht dem ihm gebührenden Stellenwert bei und mit der Zeit können sich die Auswirkungen von chronischem Schlafmangel akkumulieren und den Blutzuckerspiegel, das Gewicht und den Blutdruck negativ beeinflussen. Ein Mangel an erholsamem Schlaf kann zu einer verminderten Regenerationsfähigkeit bei Infektionen und Krankheit führen, was sich nachteilig auf die geistige und körperliche Gesundheit auswirkt.

Strebt möglichst sieben bis neun Stunden erholsamen Schlaf pro Nacht an. Diese Menge hilft bei der DNA- und Zellreparatur, verbessert die Stimmung und reduziert die Stressbelastung. Vermeidet zu viel oder zu wenig Schlaf, obwohl es Zeiten gibt, in denen dies unvermeidlich ist, zum Beispiel, wenn man einen Säugling zu versorgen hat. Die Schlafqualität kann verbessert werden, wenn man sich morgens dem Tageslicht aussetzt und sich regelmäßig bewegt.

Entwickelt ein entspannendes Ritual vor dem Schlafengehen und reduziert ein paar Stunden vorher Stimulanzien wie Alkohol und Koffein. Dies und eine leichte Abendmahlzeit mindestens einige Stunden vor dem Zubettgehen kann zu einer besseren Nachtruhe beitragen. Ein warmes Bad, ein koffeinfreier Kräutertee, beruhigende Musik, Meditieren oder Lesen hilft beim Abschalten und Einschlafen.

6. Beziehungen

Der Kontakt zu anderen Menschen unterstützt das emotionale und körperliche Wohlbefinden. Bleibt mit Kollegen, Freunden und Familie in Kontakt und pflegt gesunde Beziehungen, die euer Leben bereichern. Auf Bürgerveranstaltungen, bei ehrenamtlichen Tätigkeiten oder in einem Buchclub findet man leicht neue Freunde. Sucht nach Aktivitäten, die euch Spaß machen und bei denen ihr persönlichen Kontakt mit anderen Menschen habt. Etwas Neues lernen, zum Beispiel eine Fremdsprache, trägt auch zur Gesundheit des Gehirns bei. Menschen mit positiven Beziehungen sind in der Regel gesünder, haben ein besseres Immunsystem und leben sogar länger. Einsamkeit und Isolation sind dagegen mit chronischem Stress und schlechter Gesundheit verbunden, insbesondere bei Personen, die bereits gesundheitliche Probleme haben. Konzentriert euch auf die Qualität und nicht auf die Quantität der Beziehungen.

Wer mit der Verbesserung eines Lebensbereichs beginnt, wird fast immer auch in anderen Bereichen Fortschritte wahrnehmen. Änderungen des Lebensstils sind keine Garantie für ein krankheitsfreies Leben, aber sich auf das zu konzentrieren, was man selbst steuern kann, macht mutiger und stärker. Selbst kleine Veränderungen können schon viel bewirken.«

([1–17] Quellenhinweise siehe ab Seite 280)

KINDER PFLANZENBASIERT ERNÄHREN

KINDER PFLANZENBASIERT ERNÄHREN

Wir haben zwei wundervolle Töchter, Skye und May. Wenn das Buch erscheint, wird Skye drei und May knapp zwei Jahre alt sein. Was das Essen angeht, könnten die beiden nicht unterschiedlicher sein. Eine von ihnen ist unkompliziert, setzt sich vergnügt an den Tisch und verspeist alles, was auf den Teller kommt. Süßes mag sie allerdings nicht so gern. Als einziges Kind, das ich kenne, kann sie Geburtstagskuchen überhaupt nichts abgewinnen und bevorzugt stattdessen alles Herzhafte, wovon sie häufig sogar Nachschlag verlangt. Sie liebt gesunde Sachen wie Linsen, Bohnen, Haferflocken, Kartoffeln, grüne Smoothies, Chiapudding und Beeren. Unsere andere Tochter ist dagegen viel wählerischer und findet Essen reichlich uninteressant – ganz egal, was wir ihr vorsetzen (bei Geburtstagskuchen macht sie immerhin eine Ausnahme). Meist will sie viel lieber spielen, als sich zum Essen still an den Tisch zu setzen. Durch ihr Desinteresse können sich Mahlzeiten gelegentlich etwas stressig gestalten. Mittlerweile bin ich fest davon überzeugt, dass Essverhalten bei Kindern angeboren ist. Unsere Mädchen haben einen Altersabstand von nur 14 Monaten und es gibt/gab keinerlei Unterschiede in der Erziehung oder beim Stillen. Dennoch sind beide grundverschieden, was ihren Appetit, ihre Einstellung zum Essen und ihre Vorlieben bzw. Abneigungen betrifft.

Natürlich bin ich mir bewusst, dass ich die beiden nicht miteinander vergleichen sollte – auch nicht mit anderen Kindern. Ich kann ihre Verschiedenheit annehmen, ohne dagegen anzukämpfen. Ich habe viel über schwieriges Essverhalten bei Kindern gelesen und kann inzwischen auf Strategien zurückgreifen, die gut funktionieren. Die größte Erkenntnis ist allerdings: Hinsichtlich der Ernährung von Kindern gibt es keinen allgemeingültigen Weg, und die ideale Erziehung ist ebenfalls eine Illusion. Aus diesem Grund berichte ich auch zu Beginn dieses Kapitels von meinen eigenen Erfahrungen, weil ich nur allzu genau weiß, unter welchem Druck Eltern heute stehen. Fängt man dann auch noch an, das Essverhalten der eigenen Kinder mit dem anderer zu vergleichen, macht man sich unnötigerweise das ohnehin schon herausfordernde Leben schwer! Deshalb möchte ich in diesem Kapitel auch niemanden davon überzeugen, Kinder unbedingt rein pflanzenbasiert zu ernähren, sondern vor allem fundierte Informationen und Fakten vermitteln, auf die bei Bedarf jederzeit zurückgegriffen werden kann.

Am häufigsten werde ich gefragt, ob wir unsere Kinder vegetarisch oder vollständig pflanzenbasiert ernähren würden oder ob wir einen Mittelweg gewählt hätten. Vorerst haben wir uns dazu entschieden, ihnen zu Hause rein pflanzenbasierte Kost anzubieten, und in der Kita und wenn sie bei ihren Freundinnen sind, auf vegetarisches Essen zu setzen. Diese Strategie funktioniert bisher recht gut. Da im Umfeld unserer Kinder, insbesondere in der Kita, niemand ausschließlich pflanzenbasiert isst, war es mir ein großes Anliegen, dass sie sich beim Essen nirgends ausgeschlossen fühlen. Außerdem fand ich es wichtig, für eine möglichst große Auswahl zu sorgen, wenn die Kinder anderswo als zu Hause essen, um eine ausgewogene Kost zu gewährleisten, zumal eine von ihnen so wählerisch ist. Mir ist bewusst, dass einige Leserinnen und Leser diese Herangehensweise kritisch sehen und von uns erwartet haben, dass wir unsere Kinder konsequent pflanzenbasiert ernähren, aber ich möchte hier offen und ehrlich von unseren Erfahrungen berichten, da Transparenz eines unserer Haupanliegen ist.

Was die Kinder essen werden, wenn sie älter sind, ist eine weitere Frage, die immer wieder aufkommt. Das ist dann allein ihre Entscheidung. Natürlich erkläre ich ihnen ausführlich, warum wir uns sehr bewusst für diese Lebensweise entschieden haben, und wir bringen ihnen frühzeitig bei, selbst zu kochen, damit sie in der Lage sind, gesundes und leckeres Essen selbst zuzubereiten. Zugleich vermute ich, dass eine überwiegend pflanzenbasierte Ernährung wohl an der Tagesordnung sein wird, wenn sie Teenager sein werden. In britischen Supermärkten kaufen bereits jetzt 50 % der Kundinnen und Kunden regelmäßig pflanzliche Alternativen. Abgesehen davon ist es natürlich eine sehr persönliche Entscheidung, was und wie wir essen. Wie hoffentlich deutlich geworden ist, halte ich überhaupt nichts von dogmatischen Vorschriften. Deshalb werde ich ihren jeweils eigenen Weg respektieren.

Solange die Kinder noch klein sind, möchte ich sie selbstverständlich so lecker und gesund ernähren wie nur möglich. Anfangs war ich etwas unsicher, wie man Kinder pflanzenbasiert oder vegetarisch großziehen kann, und fragte mich, inwiefern sich ihr Essen von unserem unterscheiden müsste und worauf ich dabei achten sollte. Ich bekomme Tausende von Mails, in denen Eltern mich um Rat fragen, wie man eine rein oder teilweise pflanzliche Kost für Kinder optimal gestaltet. Und noch viel mehr Eltern schreiben mich an, deren Teenager auf vegetarische oder pflanzenbasierte Nahrung umgestiegen sind und die darüber nun Genaueres wissen möchten. Wenn ihr und eure Familie also Rat, Hilfe oder Bestätigung sucht, so hoffe ich sehr, dass ihr in diesem Kapitel fündig werdet. **Paula Hallam** ist eine hervorragende Ernährungsexpertin für Kinder, von deren Kompetenz ich enorm profitiere.

Paula über pflanzenbasierte Ernährung für Kinder:

»Nach Angaben der britischen Vegan Society hat sich die Zahl der Veganer in Großbritannien zwischen 2014 und 2019 vervierfacht. Zudem geht aus einer im Mai 2021 veröffentlichten Studie der Vegan Society hervor, dass seit Beginn der Corona-Pandemie ein Viertel der Britinnen und Briten die Menge an konsumierten Tierprodukten reduziert hat.[1] Viele Eltern stellen sich daher vermutlich die gleichen Fragen wie ihr. Diese Statistiken bestätigen meine eigenen Erfahrungen, da ich einen sprunghaften Anstieg von Anfragen erlebe, in denen sich Familien Beratung für eine vegane/vorwiegend pflanzenbasierte/vegetarische Ernährung ihrer Kinder wünschen.

Meine eigene Familie hat in den vergangenen Jahren ihre Ernährung auf rein pflanzenbasierte Kost umgestellt, und unsere Töchter inspirieren uns dazu, diesen Weg fortzusetzen. Viele junge Menschen sind aufgeschlossen für eine pflanzenbasierte Lebensweise und werden ihre Kinder wohl entsprechend großziehen, wenn sie später eigene Familien gründen.

Wenn es um die Ernährung unserer Kinder geht, sollte eine optimale Versorgung für einen gesunden Verlauf von Wachstum und Entwicklung im Vordergrund stehen und der bestimmende Faktor für sämtliche Entscheidungen sein. Vermutlich habt ihr in den Medien ab und zu beunruhigende Schlagzeilen wahrgenommen, die eine vegane, vegetarische oder pflanzenbasierte Ernährung für Kinder radikal infrage stellen. Daher hat dieses Thema meiner Ansicht nach oberste Priorität.

Ist eine vegane, vegetarische oder pflanzenbasierte Ernährung für Säuglinge und Kinder unbedenklich?

Die Antwort lautet kurz und knapp: Ja! Der britischen Gesellschaft für Ernährungsberatung (BDA) zufolge spricht nichts gegen eine ausgewogene vegane Ernährung für Kinder und Erwachsene, auch während der Schwangerschaft und Stillzeit, sofern die Nährstoffversorgung sorgfältig geplant wird.[2]

Pflanzenbasierte, vegetarische und vegane Kost kann für Kinder also vollkommen unbedenklich und angemessen sein.[3] Wie bei jeder anderen Ernährungsweise sollte die Nahrung, die man den Kindern anbietet, wohlüberlegt zusammengestellt werden.

Weltweit sind sich mehrere Berufsverbände, u. a. die Academy of Nutrition and Dietetics[4], die American Academy of Paediatrics[5], die Canadian Paediatric Society[6], Dietitians of Canada[7] sowie die British Dietetic Association[2], darin einig, dass eine sinnvoll geplante vegetarische bzw. vegane Ernährung nicht nur risikolos ist, sondern durchaus gesundheitliche Vorteile gegenüber fleischhaltiger Kost haben kann.

Die Academy of Nutrition and Dietetics[4] gibt an, dass eine gut zusammengestellte vegetarische bzw. vegane Ernährung gesund und ernährungsphysiologisch vorteilhaft für die Prävention und Behandlung bestimmter Krankheiten ist und diese Ernährungsweisen in allen Lebensphasen, auch in Schwangerschaft, Stillzeit, Säuglingsalter, Kindheit, Jugend, spätes Erwachsenalter sowie für Sportler geeignet sind.

Welche wissenschaftlichen Erkenntnisse gibt es zum Thema Wachstum?

Laut einer 2019 veröffentlichten Studie mit dem Titel *Vegetarian and Vegan Children Study*[8] liefern sowohl eine vegetarische als auch eine vegane Ernährung für kleinere Kinder genügend Energie und Nährstoffe, um ein gesundes Wachstum zu gewährleisten. Es wurden keine signifikanten Unterschiede zu Kindern im gleichen Alter festgestellt, die fleischhaltiges Essen zu sich nahmen. Erwähnt werden muss jedoch, dass es in den vegetarisch bzw. vegan ernährten Gruppen eine geringe Anzahl von Kindern gab, deren Wachstum als ›ungenügend‹ eingestuft wurde. Diese Kinder wurden entweder sehr lange nur gestillt, ohne dass sie dazu feste Nahrung erhielten, oder sie wiesen eine unzureichende Gesamtenergiezufuhr auf.

Dadurch wird deutlich, wie wichtig eine ausreichende Versorgung mit Kalorien und Eiweiß ist, um Wachstum und Entwicklung auf gesunde Weise zu gewährleisten. Im Gegenzug wurde in der fleischhaltig ernährten Gruppe gegenüber den vegetarisch bzw. vegan ernährten Gruppen bei einem höheren Prozentsatz der Kinder Übergewicht festgestellt. In einer weiteren Studie derselben Autorinnen und Autoren, die den Titel *VeChi Youth Study*[9] trägt und 2021 erschien, wurden Kinder und Jugendliche im Alter von 6 bis 18 Jahren untersucht. Darin kam man zu dem Ergebnis, dass eine vegetarische (einschließlich vegane) Ernährung den empfohlenen Nährstoffbedarf in der Kindheit und Jugend decken kann. In dieser Studie wurden zudem zwischen den Gruppen keine Unterschiede bei der Energiezufuhr festgestellt und die Eiweißversorgung war in allen Gruppen (vegan, vegetarisch und fleischhaltig) mehr als ausreichend. Bei den Kindern der veganen Gruppe lag dabei die vorteilhafteste Versorgung mit mehrfach und einfach ungesättigten Fettsäuren und der geringste Anteil an gesättigten Fettsäuren vor.[9] Die vegane Gruppe erreichte zudem die *höchste* Aufnahme von Ballaststoffen, den Vitaminen E, C und B1 sowie Magnesium und Eisen und zugleich die geringste Zufuhr von gesättigten Fettsäuren (was sehr gut ist!), den Vitaminen B2 und B12 (ohne Nahrungsergänzung), Kalzium und Jod. Mit Berücksichtigung von Nahrungsergänzungen wurden die vegan ernährten Kinder am *höchsten* mit Vitamin B12 versorgt.[9] Dies belegt, wie wichtig eine ergänzende Einnahme von Vitamin B12 bei veganen Kindern ist (essenziell sowohl für Kinder als auch für Erwachsene, die sich rein oder vorwiegend pflanzenbasiert ernähren). Die vegetarisch ernährten Kinder zeigten ebenfalls eine zu geringe Versorgung mit Vitamin B12, weshalb die Autorinnen und Autoren auch für vegetarische Kinder eine ergänzende Einnahme von Vitamin B12 empfahlen.

Bei den veganen Kindern wurde zudem die geringste Zufuhr von Kalzium festgestellt, wobei jedoch keine der Gruppen die empfohlene Kalziumversorgung erzielte (vegane Kinder erhielten weniger als die Hälfte der empfohlenen Menge; vegetarische Kinder kamen auf etwas mehr als die Hälfte, und die fleischhaltig ernährten Kinder lagen bei zwei Drittel der empfohlenen Menge).[9]

Daher ist es wichtig, bei *allen* Kindern und Erwachsenen auf eine ausreichende Kalziumversorgung zu achten, um negative Auswirkungen auf die Knochengesundheit zu vermeiden. (Zusätzlich ist eine ergänzende Einnahme von Vitamin D anzuraten, um die Kalziumaufnahme zu verbessern.)

Ganz ähnlich sah es in Bezug auf Jod aus. Die veganen Kinder erhielten davon die geringste Zufuhr, wobei in keiner der untersuchten Gruppen die aufgenommene Menge ausreichte, selbst bei den Fleischessern nicht.[9] Besonders jodhaltig sind Milchprodukte, weißer Fisch und Eier.[10] Manche Ersatzprodukte für Milch und Joghurt sind mit Jod angereichert, doch sollte man unbedingt auf die Nährwertangaben schauen, um ganz sicherzugehen. Wenn ihr oder euer Kind vegan lebt, lässt sich eine ausreichende Jodversorgung am zuverlässigsten durch eine ergänzende Einnahme erreichen (siehe Seite 58).

Wir können somit schlussfolgern, dass vegetarische und vegane Kost ausreichend Energie und Nährstoffe für das Wachstum von Kindern und Jugendlichen liefern kann. Dabei ist jedoch zu beachten, vor allem Babys und Kleinkindern genügend Lebensmittel mit hoher Energie- und Nährstoffdichte anzubieten und vegan ernährte Kinder mit der nötigen Nahrungsergänzung zu versorgen (Informationen und Empfehlungen dazu siehe Seite 54–59).

Überlegungen zur Nährstoffversorgung

Der Bedarf unterscheidet sich leicht je nach Alter der Kinder. Nachfolgend findet ihr eine Übersicht zur jeweiligen Altersgruppe von Säuglingen bis zu Teenagern mit ihren besonderen Anforderungen.

0 bis 6 Monate

In den ersten sechs Lebensmonaten ist Muttermilch die ideale Nahrung für ein Baby, auch wenn sich die Mama vegan/pflanzenbasiert/vegetarisch ernährt.[11] Brustmilch ist für Babys in jeglicher Menge von Vorteil, selbst wenn man nicht voll stillen kann. Sie liefert sämtliche Nährstoffe, die das Baby im ersten halben Jahr braucht, mit Ausnahme von Vitamin D (siehe Seite 54).

Stillende Mütter müssen keine spezifische Kost zu sich nehmen, sollten jedoch darauf achten, dass sie sich ausgewogen ernähren und mit genügend Kalorien/Energie versorgen, um die Milchbildung zu unterstützen. Schätzungen zufolge werden für die Bildung von Brustmilch 25 % der aufgenommenen Energie benötigt – das sind pro Tag 450 bis 500 Kilokalorien.[12] Daher brauchen Stillende in der Regel täglich ein bis zwei zusätzliche Snacks.

In Großbritannien wird für stillende Mütter eine Kalziummenge von 1250 mg pro Tag empfohlen. Das sind 550 mg mehr als die für erwachsene Frauen sonst empfohlene Menge von 700 mg Kalzium.[11] Stillende müssen daher besonders viele kalziumreiche Lebensmittel in ihren Speiseplan aufnehmen, zum Beispiel:

- Milch, Joghurt und Käse (wenn sie Milchprodukte essen)
- mit Kalzium angereicherte Drinks und Pflanzlicher Joghurt
- Tofu mit Kalzium als Gerinnungsmittel*, z. B. von Cauldron
- Brot- und Müslisorten mit Kalziumzusatz
- grünes Blattgemüse mit geringem Oxalatgehalt** (Brokkoli, Pak Choi, Brunnenkresse, Grünkohl, Rosenkohl)
- Orangen und getrocknete Feigen
- Nüsse wie z. B. Mandeln, Paranüsse, Haselnüsse und Pistazien
- Sesam und Tahin

** Ihr könnt auf dem Etikett auf die Bezeichnungen ›Kalziumchlorid‹ (E509) oder ›Kalziumsulfat‹ achten, um festzustellen, ob für diesen Tofu als Gerinnungsmittel Kalzium verwendet wurde. Ist auf dem Etikett ›Nigari‹ angegeben, ist er eine weniger gute Kalziumquelle.*

*** Nicht alle grünen Gemüsesorten sind gute Kalziumquellen, da Oxalate die Aufnahme von Kalzium* *beeinträchtigen können. Spinat ist als Kalziumquelle weniger geeignet, da er einen hohen Oxalatgehalt aufweist und dadurch das im Spinat enthaltene Kalzium nur schlecht aufgenommen werden kann (nur ca. 5 % davon werden absorbiert).*

Wichtiger Hinweis: In manchen Fällen brauchen Stillende eine Nahrungsergänzung mit Kalzium, wenn sie mehrere der oben aufgeführten Lebensmittel nicht in ihren Speiseplan integrieren können. Wendet euch dazu bitte an eine Ernährungsberaterin oder einen Ernährungsberater.

Der Bedarf an Vitamin A steigt in der Stillzeit ebenfalls.[13] Stillende müssen daher besonders viele carotinoidreiche Nahrungsmittel zu sich nehmen, wie z. B. Kürbis, Süßkartoffeln, Karotten, Paprika und grünes Blattgemüse. Carotinoide sind die pflanzliche Vorstufe für Vitamin A, d. h. sie werden im Körper zu Vitamin A umgewandelt. Wenn ihr Milchprodukte und Eier esst, könnt ihr den Bedarf an Vitamin A auch durch Käse, Vollmilch und Eier decken.

Welche Alternativen gibt es für die Ernährung von Babys? Wenn Stillen nicht möglich ist, kann man unter anderem auf gespendete Brustmilch oder Milchpulver zurückgreifen. Derzeit wird in Großbritannien keine vollständig vegane Instant-Säuglingsnahrung angeboten. In Europa gibt es einige vegane Marken, wie z. B. Premiriz, auf Grundlage von hydrolysiertem Reisprotein.[14] Säuglingsnahrung aus Soja (das einzige in Großbritannien erhältliche Produkt ist SMA Soya Infant Formula) ist eine Option für Familien, die sich pflanzenbasiert ernähren. Sie kann risikolos von Geburt an verwendet werden, um eine gesunde Entwicklung des Babys zu gewährleisten.[15,16] Allerdings ist das Produkt SMA Soya Infant Formula nicht vollständig vegan, sondern vegetarisch, da es Vitamin D in Form von Lanolin aus Schafwolle enthält[17] (weitere Informationen über Soja siehe Seite 61).

Wenn ihr vorhabt, eurem Baby vor dem sechsten Lebensmonat Säuglingsnahrung auf Sojabasis zu füttern, solltet ihr dies zuvor mit eurer Ernährungsberaterin oder eurem Ernährungsberater besprechen, da der britische NHS hier derzeit Vorbehalte hat und Soja-Säuglingsnahrung für jüngere Babys nicht empfiehlt (es sei denn, es wurde medizinisch verordnet). In bestimmten Fällen ist Säuglingsnahrung auf Sojabasis für Babys *nicht* geeignet.[18] Dazu gehören: Frühgeburten (in der 36. Schwangerschaftswoche oder früher), Nierenprobleme sowie eine angeborene Schilddrüsenunterfunktion (da Soja die Aufnahme der einzunehmenden Medikamente beeinträchtigen kann). Außerdem vertragen manche Kinder, die allergisch auf Kuhmilcheiweiß reagieren, auch Sojaproteine[19] nicht. Konsultiert dazu bitte eure Ernährungsberaterin oder euren Ernährungsberater.

Unter *keinen* Umständen dürfen Babys selbst hergestellte Säuglingsnahrung, etwa aus Reiskochwasser, bekommen. Diese ist ernährungsphysiologisch unzureichend und für Babys und Kleinkinder nicht geeignet, da sie nicht genügend Energie, Eiweiß, Fette, Vitamine oder Mineralstoffe für eine gesunde Entwicklung enthalten. Leider gab es bei Babys, die mit selbst gemachter Säuglingsnahrung ernährt wurden, bereits tragische Fälle von schwerer Unterernährung, teilweise mit Todesfolge.

Nahrungsergänzung für Babys im Alter von 0 bis 6 Monaten Der britische NHS empfiehlt, dass alle gestillten Säuglinge von Geburt an pro Tag 8,5 bis 10 µg Vitamin D erhalten sollten (zusätzlich zur Einnahme von Vitamin D durch Stillende, siehe unten).[20] Mit Pulvermilch ernährte Babys benötigen keine Nahrungsergänzung, es sei denn, sie trinken innerhalb von 24 Stunden weniger als 500 ml Säuglingsnahrung, weil die Fertigmilch für Säuglinge bereits mit den nötigen Vitaminen angereichert ist.

Nahrungsergänzung in der Stillzeit Der britische NHS empfiehlt allen stillenden Müttern (unabhängig von ihrer Ernährungsweise) die ergänzende Einnahme von 10 µg Vitamin D täglich.[21]

Nachfolgend weitere Empfehlungen für stillende Mütter, die sich pflanzenbasiert ernähren:[22]

- **Vitamin B12** 10 bis 25 µg pro Tag oder zweimal wöchentlich 1000 µg
- **Jod** 150 bis 200 µg pro Tag
- **DHA/EPA** kombiniert (pflanzliche Mikroalgen): 400 bis 500 mg pro Tag, davon mindestens 250 mg DHA

6 bis 12 Monate

Das erste Lebensjahr eines Babys ist durch rasantes Wachstum geprägt – meist verdreifacht sich in dieser Zeit das Geburtsgewicht, und das Baby wächst durchschnittlich 25 cm.[23] Um Wachstum und Entwicklung optimal zu unterstützen, brauchen Säuglinge nährstoff- und energiereiche Nahrung. Wenn Babys etwa 6 Monate alt und von ihrer Entwicklung her dazu bereit sind (indem sie mit minimaler Unterstützung aufrecht sitzen und den Kopf sicher halten können), können sie an feste Nahrung gewöhnt werden. Bei der ersten festen Nahrung ist es wichtig, dass sie viel Eisen enthält, da der Eisenbedarf ab dem siebten Lebensmonat stark ansteigt und gleichzeitig die angeborenen Eisenspeicher nach 6 Monaten abnehmen.[24] Zudem enthält Muttermilch nur wenig Eisen[25], weshalb es enorm wichtig ist, dieses Mineral über die Nahrung zuzuführen. Eisenreiche Lebensmittel sind unter anderem:

- Bohnen jeglicher Art
- alle Linsensorten
- Kichererbsen, Hummus und Tahin
- Nüsse und Samen (inkl. Nuss- und Samenmus oder gemahlene Nüsse)
- mit Eisen angereicherte Müsli- und Brotsorten
- Tofu und Edamame
- dunkelgrünes Blattgemüse
- Samen, wie z. B. Chia-, Lein- und Hanfsamen
- Quinoa und Haferflocken

Da Eisen aus pflanzlichen Quellen weniger gut vom Körper aufgenommen werden kann als aus Fleisch stammendes (was man auch als Bioverfügbarkeit bezeichnet), sollten diese eisenreichen Nahrungsmittel mit solchen kombiniert werden, die viel Vitamin C enthalten, da Vitamin C die Aufnahme von Eisen um das Zwei- bis Vierfache verbessert.[26] Zwiebel und Knoblauch unterstützen die Eisenaufnahme ebenfalls erheblich.[27] Vitamin-C-reiche Lebensmittel sind zum Beispiel Paprikaschoten, Kartoffeln, Tomaten, Kiwis, Erdbeeren, Himbeeren, schwarze Johannisbeeren, Brokkoli, Rosenkohl und Zitrusfrüchte.

Will man Babys an feste Nahrung gewöhnen, sollte man ihnen Lebensmittel mit hoher Energiedichte anbieten. Keine Angst vor Fetten! Da Babys so schnell wachsen, muss man dafür sorgen, dass ihre Mahlzeiten einerseits voller wichtiger Nährstoffe wie etwa Eisen stecken, aber andererseits auch genügend Energie in Form von Fetten enthalten, z. B. Avocado, Nussmus, Tahin, Olivenpaste (Vorsicht vor zu viel Salz), in Oliven- oder Avocadoöl gebratenes Gemüse und Chia-, Lein- oder Hanfsamen.

Abgewandelte Rezepte nach dem Abstillen

Das, was ihr selbst esst, könnt ihr problemlos so anpassen, dass es für euer Baby geeignet ist, um auf diese Weise Zeit und Geld zu sparen. Dabei müsst ihr jedoch beachten, dass bei babytauglichem Essen kein Zucker oder Salz zugesetzt sein sollte und es weder fettreduzierte Zutaten noch große Mengen an Ballaststoffen enthalten darf (eine Gewöhnung muss nach und nach erfolgen).

Hier ein paar praktische Tipps:

1. Wenn ihr Suppe oder Eintopf kocht, zweigt eine Portion für euer Baby ab, bevor ihr Brühe oder Salz hinzufügt.

2. Wenn ihr euch vegetarisch ernährt und Milchprodukte zu euch nehmt, verwendet Vollmilch und Vollfettjoghurt bzw. -käse.

3. Bratet Gemüse in Oliven- oder Avocadoöl an und separiert etwas davon, bevor ihr es salzt. Kräuter, Knoblauch und andere Gewürze sind kein Problem für Babys (solange es keine scharfen Chilis sind!), nur Salz müsst ihr vermeiden. In diesem Buch findet ihr zahlreiche Rezepte, die ihr kindgerecht variieren könnt. Hinweise dazu findet ihr unter ›Tipp für die Kleinsten‹.

Nahrungsergänzung für Babys Ab einem halben Jahr empfiehlt das britische Gesundheitsministerium für alle gestillten Säuglinge eine Nahrungsergänzung mit den Vitaminen A, C und D (nicht nur für vegan/vegetarisch ernährte Kinder). Das Gleiche gilt für Babys, die Säuglingsnahrung erhalten, wenn sie pro Tag weniger als 500 ml davon trinken.[20]

Für vegan bzw. vorwiegend pflanzlich ernährte Babys ist es sinnvoll, in diesem Alter eine Nahrungsergänzung mit Vitamin B12 zu beginnen. Stillkinder werden durch die Muttermilch mit Vitamin B12 versorgt (sofern die Mama es ergänzend einnimmt, siehe Seite 54), doch sobald ein Baby dreimal am Tag feste Nahrung bekommt und weniger Brustmilch/Fläschchen trinkt, ist eine Gabe von 2,5 bis 5 µg Vitamin B12 zu empfehlen.[22]

Kleinkinder (1 bis 4 Jahre)

In der Kleinkindphase kann man förmlich zusehen, wie die Kleinen wachsen und gedeihen und ihre Umgebung entdecken. Für Eltern kann dies außerordentlich bereichernd sein. Während die Kinder immer selbstständiger werden und zunehmend vieles allein bewältigen, kann es vorkommen, dass sie plötzlich Essen verweigern, das sie bisher gut angenommen haben! Dabei fällt auch auf, dass sich das Wachstum gegenüber den ersten 12 Monaten verlangsamt.[29] Dadurch verringert sich auch ihr Appetit, sodass manches Kind, das mit 9 Monaten noch bereitwillig alles verspeist hat, was ihm angeboten wurde, mit 18 Monaten plötzlich nur noch widerwillig auf seinem Teller herumstochert. Lasst euch versichern, so etwas ist völlig normal! In diesem Alter sind vor allem regelmäßige Mahlzeiten und Snacks wichtig, damit Kinder im Laufe des Tages alle 2 bis 3 Stunden etwas zu essen angeboten bekommen. Drei Mahlzeiten und zwei Snacks am Tag tragen dazu bei, dass Kleinkinder keine extremen Hungergefühle entwickeln. (Weitere Tipps für schwieriges Essverhalten findet ihr auf Seite 59.)

Der Bedarf an ***Eisen*** bleibt auch im Kleinkindalter weiterhin sehr hoch (im Verhältnis zum Körpergewicht). Deshalb ist es wichtig, zu den meisten Mahlzeiten nach wie vor eisenreiche Lebensmittel anzubieten (kombiniert mit Vitamin-C-reichen Produkten, um die Aufnahme zu erleichtern). Beispielsweise:

- Hummus mit Paprika
- schwarze Bohnen und Tomaten
- Porridge mit Erdbeeren oder Kiwi
- Tofu und Kartoffeln

Der Bedarf an ***Kalzium***[24] ist nun geringer als im ersten Lebensjahr mit 350 mg Kalzium im Alter von 1 bis 3 Jahren (für Großbritannien). Dies lässt sich sehr leicht mit 300 ml Vollmilch – wenn ihr Milchprodukte zu euch nehmt – erreichen, oder aber durch 300 ml einer mit Kalzium angereicherten Milchalternative auf Basis von Soja, Erbsen oder Hafer. Im Laufe der Kindheit steigt der Kalziumbedarf kontinuierlich an und liegt für 4- bis 6-Jährige bei 450 mg pro Tag und für 7- bis 10-Jährige bei 550 mg täglich.[24] Es ist also durchaus ratsam, Kindern weiterhin eine mit Kalzium angereicherte Milchalternative (oder Vollmilch, wenn ihr vegetarisch lebt) sowie vielfältige kalziumreiche pflanzliche Nahrungsmittel anzubieten, wie etwa Tofu mit Gerinnungsmittel Kalziumsulfat*, Brokkoli, Orangen, Feigen, Mandelmus und Tahin.

Nahrungsergänzung für Kleinkinder Ab etwa einem Jahr brauchen Kleinkinder unter Umständen ergänzend bestimmte Nährstoffe, je nachdem ob die Familie sich vegetarisch, vegan oder überwiegend pflanzenbasiert ernährt. Im ersten Lebensjahr werden die Kleinen durch Muttermilch bzw. Säuglingsnahrung mit vielen wichtigen Nährstoffen versorgt. Dennoch sollten die Vitamine A, C und D (bei Stillkindern ab dem 6. Lebensmonat sowie Babys, die weniger als 500 ml Säuglingsnahrung pro Tag trinken) und zusätzlich Vitamin B12 ab dem 6. bis 8. Lebensmonat (wie oben erläutert) ergänzend gegeben werden.

Ab einem Jahr benötigen vegan ernährte Kinder außerdem Jod und DHA.[28] Am Ende des Kapitels auf Seite 60 findet ihr eine Tabelle, in der Empfehlungen und Dosierungen für verschiedene Altersgruppen aufgelistet sind.

Jugendliche (11 bis 18 Jahre)

Das Jugendalter ist durch starkes Wachstum und gravierende Veränderungen geprägt. Die psychischen und physischen Umstellungen der Teenager erfordern eine Ernährung, die diese Entwicklung berücksichtigt. In diesem Alter geht der zweitschnellste Wachstumsprozess vonstatten – nur im ersten Lebensjahr wächst ein Mensch schneller.[23,30] Dementsprechend steigt auch der Energie- und Nährstoffbedarf rapide an:

Kalzium wird vor allem für das Knochenwachstum benötigt. Der Bedarf schnellt von 550 mg pro Tag bei 7- bis 10-Jährigen auf 800 bzw. 1000 mg (Mädchen bzw. Jungen) täglich für 11- bis 18-Jährige in die Höhe.[24] Daher ist es ratsam, Teenager dazu anzuhalten, eine mit Kalzium angereicherte Milchalternative in ihren Speiseplan zu integrieren, um die Kalziumversorgung zu verbessern. Günstig ist eine Menge von etwa 750 ml am Tag, die auch zu Müsli/Porridge oder in Form von Smoothies und anderen Getränken verzehrt werden kann. Wenn eure Familie vegetarisch lebt, solltet ihr den Jugendlichen etwa 750 ml Kuhmilch oder Joghurt anbieten.

Es gibt auch eine große Auswahl an Joghurtalternativen, die mit Kalzium angereichert sind. Außerdem könnt ihr die im Abschnitt für stillende Mutter aufgeführten sonstigen kalziumreichen Lebensmittel, wie bestimmte grüne Gemüsesorten, Orangen, getrocknete Feigen, Müsli- und Brotsorten, mit Kalziumzusatz und Tofu mit Kalziumsulfat als Gerinnungsmittel zu euch nehmen, die allesamt zur Kalziumversorgung beitragen.

Vitamin D ist wichtig für die Aufnahme von Kalzium. Da wir in Großbritannien in den Herbst- und Wintermonaten nicht genügend Sonnenlicht mit der richtigen Wellenlänge bekommen, ist es für Jugendliche und Erwachsene empfehlenswert, in dieser Zeit 10 µg am Tag ergänzend einzunehmen.[31]

Eisen ist ein weiterer wichtiger Mikronährstoff in diesem Alter – insbesondere für junge Mädchen, deren Eisenbedarf durch die Menstruation massiv ansteigt. Menstruierende Mädchen brauchen knapp 15 mg Eisen pro Tag, gegenüber nur knapp 9 mg für Mädchen im Alter von 7 bis 10 Jahren bzw. reichlich 11 mg für männliche Jugendliche.[24] Eisenreiche Lebensmittel sollten Teenagern daher zu den meisten Mahlzeiten angeboten werden. Dabei ist eine Kombination mit Vitamin-C-reichen Nahrungsmitteln zu empfehlen, um die Aufnahme von Eisen zu verbessern (Beispiele siehe Seite 55). Da Teenager durch ihren Appetit größere Portionen verzehren als kleinere Kinder, nehmen sie mehr Eisen über die Nahrung auf.

Eiweiß Davon benötigen Heranwachsende täglich etwa 40 bis 55 g[24], je nach Alter und Geschlecht (junge Sportlerinnen und Sportler brauchen etwas mehr). Bekommen Teenager im Laufe des Tages vielfältige eiweißreiche pflanzliche Lebensmittel angeboten, so lässt sich ihr Eiweißbedarf problemlos decken. Ausgezeichnete Proteinquellen sind unter anderem Bohnen aller Art, Linsen, Kichererbsen und Hummus, Sojabohnen/Edamame, Tofu, Tempeh, Milchalternativen auf Soja-/Erbsenbasis, Nüsse, Samen, Quinoa, Hafer. Vegetarisch lebende Teenager können ihren Eiweißbedarf auch mit Eiern und Milchprodukten decken. Bei einer pflanzenbasierten Ernährung bekommen Jugendliche jedoch problemlos genügend Eiweiß. Hier einige Beispiele:

- Toast (2 Scheiben) mit 2 EL Erdnussbutter = 16 g Eiweiß
- 600 ml Milchalternative auf Soja-/Erbsenbasis = 18 g Eiweiß
- Nudelpfanne mit Tofu = 13 g Eiweiß
- Burrito mit Linsen und schwarzen Bohnen = 13 g Eiweiß

INSGESAMT = 60 g Eiweiß

Nahrungsergänzungen für pflanzenbasiert ernährte Kinder

Für vegan und vorwiegend pflanzenbasiert ernährte Kinder ist zur ergänzenden Gabe Folgendes zu empfehlen (zusätzlich zu den Vitaminen A, C und D):

Vitamin B12

Alle vegan und vorwiegend pflanzenbasiert ernährten Kinder (ab 6 Monaten) sowie Erwachsene sollten ergänzend Vitamin B12 einnehmen, da dieses Vitamin nur in tierischen bzw. angereicherten Lebensmitteln enthalten ist. Veganerinnen und Veganer, die weder angereicherte Nahrungsmittel noch täglich ein Vitamin-B12-Präparat zu sich nehmen, sind stark gefährdet, in einen Mangelzustand zu geraten.[9] Die empfohlenen Mengen variieren je nach Alter (siehe Tabelle auf Seite 60).

Vegetarierinnen und Vegetarier sollten ebenfalls eine ergänzende Einnahme von Vitamin B12 in Erwägung ziehen, da einigen Studien zufolge bei ihnen eine mangelnde Versorgung mit diesem Vitamin vorliegt.[9]

Jod

Untersuchungen belegen immer wieder, dass viele Kinder, unabhängig von ihrer Ernährungsweise, zu wenig Jod zu sich nehmen. Dabei liegt bei vegan, dicht gefolgt von vegetarisch ernährten Kindern die geringste Jodversorgung vor.[9]

In Großbritannien sind die wichtigsten Quellen für Jod Milchprodukte, Eier, weißer Fisch und Meeresfrüchte. Jodiertes Speisesalz enthält ebenfalls viel Jod, doch britisches Salz ist nicht immer mit Jod versetzt.[32] Zudem raten Gesundheitsbehörden, den Salzverzehr zu reduzieren, sodass jodiertes Salz nicht als verlässliche Jodquelle für Erwachsene oder Kinder empfohlen werden kann.

Meeresalgen stellen eine konzentrierte Jodquelle dar, doch da der Jodgehalt mancher Algen außerordentlich hoch ist (vor allem bei Braunalgen wie Tang), sollten Kinder und Schwangere/Stillende höchstens einmal pro Woche Algen zu sich nehmen.[33] Für Babys unter 12 Monaten ist davon generell abzuraten.[18]

Viele pflanzliche Milchalternativen sind mit Jod (sowie Kalzium und Vitaminen, auf dem Etikett nachzulesen) angereichert. Je nachdem, in welchen Mengen ein Kind angereicherte Milchalternativen zu sich nimmt und wie viel Jod diesen zugesetzt wurde, braucht es möglicherweise eine ergänzende Jodgabe. Wendet euch bitte an eure Ernährungsberaterin oder euren Ernährungsberater, wenn ihr dazu mehr Informationen braucht oder unsicher seid, ob eine Nahrungsergänzung angezeigt ist. In der Tabelle auf Seite 60 findet ihr Angaben zu den empfohlenen Mengen für verschiedene Altersgruppen.

Omega-3-Fettsäuren (ALA, DHA und EPA)

Omega-3-Fette gehören zu den ungesättigten Fetten. ALA (Alpha-Linolensäure) bezeichnet man als ›essenzielle Fettsäure‹, da der Körper sie nicht selbst synthetisieren kann und man ALA daher über die Nahrung zuführen muss. ALA ist in vielen pflanzlichen Lebensmitteln enthalten, z. B. in Walnüssen, Chia-, Lein- und Hanfsamen und deren Ölen sowie in kleineren Mengen in Tofu und Edamame. ALA wird auch als Stammfettsäure bezeichnet und in mehreren Schritten in DHA (Docosahexaensäure) und EPA (Eicosapentaensäure) umgewandelt, die als die ›aktiven‹ Formen gelten.

Untersuchungen zufolge ist DHA ein unverzichtbarer Nährstoff für Babys und Kleinkinder bis zum Alter von zwei Jahren, da er eine entscheidende Rolle für die Entwicklung des Gehirns und der Augen spielt. Omega-3-Fettsäuren, einschließlich DHA, wirken im Körper entzündungshemmend, und DHA ist nachweislich von enormer Bedeutung für das Lernvermögen und das Gedächtnis von Babys. Darüber hinaus tragen diese essenziellen Fettsäuren wohl zur Ausbildung einer normalen Intelligenz bei.[34]

Vor der Geburt werden Babys durch ihre Mutter (über die Plazenta) und nach der Geburt durch die Muttermilch mit Omega-3-Fettsäuren versorgt, sofern der mütterliche Speiseplan dazu geeignet ist.[35]

Vollständig pflanzenbasiert ernährte Kinder, die keinerlei Fisch essen, erhalten über die Nahrung höchstwahrscheinlich nicht genug DHA, daher ist eine ergänzende Gabe von Algenöl empfehlenswert.

Fettiger Fisch enthält deshalb so viel DHA und EPA, weil er sich von Algen ernährt, die einen hohen Gehalt dieser Fettsäuren aufweisen. Daher ist es am sinnvollsten, Kindern eine Nahrungsergänzung in Form von Algenöl zu geben, ohne Umweg über Fisch als ›Zwischenwirt‹.

Strittig ist, ob Kinder ab zwei Jahren und Erwachsene DHA und EPA ergänzend einnehmen sollten. Viele Menschen entscheiden sich jedoch für eine regelmäßige Einnahme aufgrund der potenziellen Vorzüge für Gehirn und Herz.[36] Man sollte möglichst gute ALA-Quellen in den Speiseplan integrieren, z. B. Walnüsse, Chia-, Lein- und Hanfsamen. Für Kinder und Säuglinge unter zwei Jahren sowie Schwangere und Stillende, die keinen fettigen Fisch essen, ist eine ergänzende Einnahme von DHA und EPA sehr empfehlenswert.

Fragen und Antworten

Was kann ich tun, wenn mein Kind am Essen mäkelt?

Schwieriges Essverhalten ist bei Kleinkindern sehr verbreitet. Bis zu 50 % mäkeln in irgendeiner Form.[37] Ich kann euch also beruhigen, ihr seid nicht allein! Mäkelei ist eine Phase in der Entwicklung, die viele Kinder durchmachen. Sie beginnt meist mit etwa 18 Monaten und erreicht ihren Höhepunkt im Alter von etwa drei Jahren. Mit fünf bis sechs Jahren ist sie bei den meisten Kindern ›ausgestanden.[38] Keine Sorge, es gibt viele Tipps und Strategien, wie man mit der Mäkelei zurechtkommen kann …

1. *Regelmäßige Mahlzeiten und Snacks* Der Schlüssel zum Etablieren fester Essgewohnheiten ist das Stichwort ZEIT. Versucht eurem Kleinkind alle zwei bis drei Stunden eine Essgelegenheit anzubieten. Kinder sollten nicht ständig etwas knabbern, da sie sonst Hunger- und Sättigungsgefühle nicht kennenlernen.

2. *Signale erkennen, wann ein Kind satt ist* Kleinkinder signalisieren, wenn sie genug gegessen haben, indem sie:

- Nein sagen
- den Mund geschlossen halten
- den Kopf abwenden
- Löffel oder Gabel von sich wegschieben
- Essen im Mund behalten
- Essen ausspucken

3. *Die Milchmenge überprüfen* Im Alter von ein bis drei Jahren brauchen Kinder maximal 350 ml Milch (Kuhmilch oder eine angereicherte Milchalternative) am Tag bzw. entsprechend weniger, wenn sie andere Milchprodukte wie Joghurt und Käse essen, um ihren Kalziumbedarf zu decken. Milch ist mehr als ein sättigendes Nahrungsmittel anzusehen und weniger als ein Getränk. Kleinkindern sollte man daher nicht zu viel Milch anbieten.

4. *Kleine Portionen anbieten*, damit das Kind sich von der Menge auf dem Teller nicht überfordert fühlt.

5. *So oft wie möglich gemeinsam essen* Achtet darauf, dass eure Kinder Mahlzeiten als positiv und entspannt erleben.

6. *Werdet kreativ* Kocht zusammen mit euren Kindern und bezieht sie möglichst in die Essenzubereitung mit ein. Der direkte Umgang mit Lebensmitteln trägt dazu bei, dass Kinder aufgeschlossener dafür sind. Selbst Kräuter anzubauen ist eine gute Methode, den Sinn für Düfte zu wecken.

7. *Druck vermeiden!* Untersuchungen zufolge bringt es langfristig nichts, wenn man Kinder zum Essen bestimmter Lebensmittel drängt oder gar zwingt.[38] Besser ist es, auf ›geteilte Verantwortung‹ zu setzen, indem ihr als Eltern entscheidet, was ihr eurem Kind anbietet, und das Kind entscheiden kann, wie viel es davon isst.

Empfehlungen zur Nahrungsergänzung für pflanzenbasiert ernährte Kinder

*(*zusätzlich zu den Vitaminen A, C und D für alle unter 5-Jährigen)*

Nährstoff	**Empfohlene Menge pro Tag**
Vitamin B12	
stillende Mütter	10–25 μg (gelegentlich werden auch 100–250 μg pro Tag empfohlen)**
7–12 Monate alt	2,5 μg*
1–3 Jahre alt	2,5–5 μg*
4–8 Jahre alt	5 μg*
9–13 Jahre alt	10–25 μg*
14+ Jahre alt	25–50 μg*
* Plant Based Health professionals UK	
** *Nourish* von Shah und Davis	
Jod (kombinierte Empfehlungen von WHO und Vegan Society (GB)	
stillende Mütter	150–200 μg
1–3 Jahre alt	50–70 μg
4–6 Jahre alt	100 μg
7–12 Jahre alt	120 μg
13+ Jahre alt	150 μg
DHA/EPA (WHO/FAO 2008)	
stillende Mütter	400–500 mg DHA + EPA
1–2 Jahre alt	100 mg DHA
2–4 Jahre alt	100–150 mg DHA + EPA
4–6 Jahre alt	150–200 mg DHA + EPA
6–10 Jahre alt	200–250 mg DHA + EPA
11+ Jahre alt	250 mg DHA + EPA

Bekommt mein Kind ohne Milchprodukte genügend Kalzium?

Es ist ein verbreiteter Irrglaube, dass Kinder unbedingt Kuhmilch brauchen, um ausreichend mit Kalzium versorgt zu werden. Kalzium ist unverzichtbar für die Knochengesundheit, aber es gibt noch eine ganze Reihe weiterer Nährstoffe, wie etwa Eiweiß, Vitamin D, Vitamin K und Magnesium, die dafür ebenfalls von großer Bedeutung sind.[39] Auch Gewichtsbelastungsübungen wirken sich positiv auf die Knochengesundheit aus. Doch das Kalzium muss nicht zwangsläufig aus Milchprodukten stammen. Es gibt eine Vielzahl hervorragender pflanzlicher Kalziumquellen, zum Beispiel:

- Pflanzlicher Joghurt und Drinks, mit Kalzium angereichert
- kalziumhaltiger Tofu (siehe Seite 53)
- Brot und Müsli mit Kalziumzusatz
- einige Sorten grünes Blattgemüse (Grünkohl, Brokkoli, Pak Choi, Brunnenkresse, Rosenkohl)
- Orangen und getrocknete Feigen
- bestimmte Nusssorten, insbesondere Mandeln
- Sesam und Tahin

Ist Soja für mein Kind unbedenklich?
Ja! In einer systematischen Übersichtsstudie und Metaanalyse (d. h. einer wissenschaftlich sehr fundierten Arbeit) aus dem Jahr 2014 wurden Daten aus 25 Studien zum Thema Säuglingsnahrung auf Sojabasis ausgewertet. Daraus geht hervor, dass Wachstum, Knochengesundheit, Verdauung, Nervensystem sowie Fortpflanzungs- und Immunfunktion sich mit jenen Probandinnen und Probanden vergleichbar entwickelten, die Muttermilch oder Säuglingsnahrung auf Kuhmilchbasis erhielten.[16] Die pädiatrische Fachgruppe der British Dietetic Association schreibt dazu in einem Positionspapier, dass für vegane Mütter das Stillen außerordentlich empfehlenswert sei. Sollte dies nicht möglich sein, sei Soja-Säuglingsnahrung eine geeignete Alternative.

Es ist ermutigend, dass Kinder risikolos Nahrungsmittel auf Sojabasis, einschließlich angereicherter Sojamilch, zu sich nehmen können. In Untersuchungen wurde darüber hinaus festgestellt, dass Soja eine vorbeugende Wirkung gegen einige chronische Erkrankungen haben kann, z. B. gegen bestimmte Krebsarten.[40]

Was ist die beste pflanzliche Milchalternative für mein Kleinkind?
Den ›perfekten‹ Pflanzlichen Drink für Kleinkinder gibt es zwar nicht, aber in der Regel sind Produkte auf Soja- oder Erbsenbasis für Kleinkinder besonders geeignet. Eine Alternative ist Haferdrink, dieser enthält jedoch weniger Eiweiß als die beiden erstgenannten Varianten.

Bei der Auswahl von Milchalternativen sollte man Folgendes beachten:

- Energie- und Eiweißgehalt prüfen, da viele Produkte sehr kalorien- und eiweißarm sind. Ideal sind etwa 50 kcal (oder mehr) und 2 bis 3 g Eiweiß pro 100 g.
- Das Produkt sollte mit Kalzium sowie den Vitaminen D und B12 sowie Jod angereichert sein. Vitamin B2 ist ebenfalls wünschenswert. Diese Mikronährstoffe (bis auf Vitamin D) sind normalerweise auch in Kuhmilch enthalten.
- Für ältere Kinder sind auch Pflanzliche Drinks mit einem etwas geringeren Kaloriengehalt geeignet (30–40 kcal pro 100 ml, vergleichbar mit fettarmer Milch). Ich empfehle für die gesamte Kindheit die Verwendung angereicherter pflanzlicher Milchalternativen, um eine gute Versorgung mit Kalzium, Jod und Vitaminen zu gewährleisten.

Hinweis Für Kleinkinder liefert Muttermilch die ideale Versorgung – Stillen wird von der WHO bis zum Alter von zwei Jahren und darüber hinaus empfohlen. Wenn ihr also in der Lage dazu seid und euch wohl damit fühlt, ist es wunderbar, euer Kind länger als ein Jahr zu stillen. In diesem Fall ist ein zusätzlicher kalziumreicher Pflanzlicher Drink nicht nötig, solange das Kind pro Tag drei- bis viermal gestillt wird und ein bis zwei kalziumreiche Lebensmittel verzehrt.

Wie kann ich mein Kleinkind mit genügend Eiweiß versorgen?
Kinder sollten vielfältige pflanzliche Nahrungsmittel angeboten bekommen, darunter auch eiweißreiche wie etwa Bohnen, Linsen, Kichererbsen, Nüsse, Samen, Tofu und andere Sojaerzeugnisse sowie Vollkornprodukte. Babys und Kleinkinder benötigen zum Wachsen und Gedeihen keine riesigen Eiweißmengen. Für Kleinkinder sind etwa 15 g Eiweiß ausreichend, die es wie folgt erhalten kann:

- 200 ml Sojamilch = 5–6 g Eiweiß +
- 1 Scheibe Vollkorntoast mit 1 EL Erdnussbutter = 8 g Eiweiß +
- Pasta mit Pesto = 3–4 g Eiweiß

INSGESAMT = 16–18 g Eiweiß[41]«

([1–41] Quellenhinweise siehe ab Seite 280)

SO GELINGT DIE ERNÄHRUNGS-UMSTELLUNG

SO GELINGT DIE ERNÄHRUNGSUMSTELLUNG

Allgemein bekannt ist, dass wir uns gesünder ernähren sollten. Aber die Gründe dafür zu kennen ist eine Herausforderung, die euch hoffentlich inzwischen gelingt. Eine weitere größere Herausforderung stellt es dar, die gewonnenen Erkenntnisse auch in die Praxis umzusetzen. Und wir sind schnell dabei, uns selbst Vorwürfe zu machen, wenn es uns nicht sofort gelingt, gesunde Gewohnheiten anzunehmen, alle Veränderungen umzusetzen oder auf einen Schlag zu dem Menschen zu werden, der wir vielleicht gern wären. Doch diese Vorwürfe halte ich für kontraproduktiv. Seien wir ehrlich – wenn wir in unserem Leben tiefgreifend etwas verändern wollen, ist das nicht einfach. Das sollten wir uns realistisch eingestehen.

Anfangs fiel es mir wirklich schwer, meine Ernährung umzustellen. Ich wollte zwar etwas ändern und wusste, dass ich das dringend tun musste, aber empfand alles als schrecklich ungewohnt. Es galt immerhin, sämtliche bisherigen Gewohnheiten zu durchbrechen. So dauerte es geraume Zeit, mich darauf einzustellen. Erst als die neuen Gerichte, Einkaufslisten, Snacks und Verhaltensweisen alltäglich geworden waren, begann mein neuer gesunder Lebensstil problemlos zu werden und mir Freude zu machen. Und irgendwann konnte ich mich kaum noch daran erinnern, jemals anders gelebt zu haben. Doch bis dahin dauerte es viele Monate. Wenn ihr also gerade damit zu kämpfen habt, lasst euch versichern: Ihr seid nicht allein! Um euch auf eurem Weg zu unterstützen, möchte ich euch eine erfahrene Psychologin vorstellen, die schon viele Menschen dabei begleitet hat, Veränderungen in ihrem Leben vorzunehmen. Vor vier Jahren habe ich zum ersten Mal mit **Shahroo Izadi** gesprochen und war sofort begeistert von ihrer sanften, empathischen Art. Sie wird nicht müde zu betonen, dass man nur dann wirklich etwas ändern kann, wenn man zuvor an der inneren Einstellung arbeitet, und zwar in positiver Weise.

Bevor wir näher auf Shahroos Erkenntnisse und einige praktische Übungen eingehen, möchte ich von allen Gesundheitsexpertinnen und Gesundheitsexperten, die wir konsultiert haben, jeweils einen ganz persönlichen Rat an euch weitergeben. Sie berichten, was ihnen besonders geholfen hat, die Umstellung leichter zu bewältigen.

Bei mir selbst war es vor allem die Erkenntnis, dass mir Veränderungen nur dann gelungen sind, wenn ich mit Herzblut bei der Sache war und sie wirklich angehen wollte. Ohne Begeisterung funktioniert es auf Dauer nicht, das musste ich mir eingestehen. Da ich gutes Essen sehr liebe, sollte mein neuer Speiseplan unbedingt köstliche Gerichte beinhalten, damit sich der Umstieg nicht wie ein schlechter Kompromiss anfühlte. Und nachdem ich eingesehen hatte, dass ich einige *gesunde* Lebensmittel einfach nicht mag, ging es mir besser.

Shireen

»Mich motivierte immer, dass ich liebevoller und empathischer leben wollte. Dabei half mir sehr die Unterstützung aus meinem unmittelbaren Umfeld. Gemeinsam mit meinen beiden Schwestern bin ich auf vegane Ernährung umgestiegen. Das hat großen Spaß gemacht und dazu beigetragen, dabeizubleiben. Wir haben ständig neue Rezepte und Zutaten ausprobiert und uns über das neue Wissen ausgetauscht.«

Gemma

»Für mich war entscheidend, *warum* ich etwas verändern wollte. Nachdem ich meine Ernährung auf rein pflanzenbasierte Kost umgestellt hatte, stellte ich erfreut fest, dass mein Cholesterinspiegel sank und die Knieschmerzen beim Laufen verschwanden.

Aber ehrlich gesagt hielt mich noch etwas Tiefgreifenderes bei der Stange: Ich schulte meine Empathie und machte es zu meinem Beruf, Patientinnen und Patienten zu mehr Gesundheit zu verhelfen. Es ist sehr erfüllend zu erleben, welch enormen gesundheitlichen Wandel sie erleben. Außerdem hatte meine Entscheidung auch mit meinem Mitgefühl für Tiere und die Umwelt zu tun. Zu wissen, dass ich mit der Wahl meines Essens etwas bewirken kann, hat mir sehr geholfen dabeizubleiben.«

Alan

»Andere zum Essen einzuladen kann ich sehr empfehlen. Hat man sich für eine gesündere, pflanzenbasierte Ernährung entschieden, ist es eine wertvolle Erfahrung, dieses neue Essen mit seinen Liebsten zu teilen. Wenn sie die köstlichen pflanzlichen Gerichte erst einmal probiert haben, verstehen sie viel besser, warum man so begeistert davon ist. Als meine Familie und ich unsere Ernährung umgestellt hatten, achteten wir immer darauf, die Mahlzeiten großzügig zu planen und auch andere zu bekochen.«

Rosie

»Auf Vielfalt setzen. Es liegt allzu nahe, sich bei der Ernährungsumstellung vor allem darauf zu konzentrieren, welche Nahrungsmittel zu reduzieren oder ganz zu vermeiden sind. Doch das Wunderbare an pflanzenbasierter Kost ist, dass man stattdessen in der bunten Vielfalt pflanzlicher Produkte schwelgen kann. Ich liebe es, kreative neue Rezepte, Zutaten und Zubereitungsmethoden auszuprobieren. Wenn man den Umstieg mit Neugier angeht, kann dieser Prozess enorm spannend und beflügelnd sein. Zudem wurden Lebensmittel, auf die ich anfangs nur schwer verzichten konnte, schnell durch neue köstliche Geschmackserlebnisse verdrängt.«

Rohini

»Mir hat besonders geholfen, besser kochen zu lernen. Dadurch bekam ich mehr Selbstvertrauen, um unterschiedliche Rezepte aus aller Welt auszuprobieren – auch aus Ländern, in denen schon immer pflanzliche Kost genossen wird. Ich koche sehr gern für Freunde und Verwandte, um sie mit leckeren Gerichten aus pflanzenbasierten Zutaten zu überraschen.«

Paula

»Für uns als Familie war es sehr hilfreich, behutsam zu beginnen. Ein sofortiger kompletter Umstieg hätte mich vermutlich überfordert. Wir essen nach wie vor noch nicht hundertprozentig pflanzenbasiert, aber das ist für mich vollkommen in Ordnung! Ich denke, es ist wichtig, flexibel zu bleiben, vor allem wenn man Kinder hat.«

Shahroo: Warum Wandel mit Wohlwollen besser gelingt

»Einer der größten Fehler beim Etablieren neuer Routinen kann darin bestehen, dass wir die Schwierigkeiten unterschätzen, die nachhaltige, bedeutsame Veränderungen mit sich bringen.

Die Entscheidungen, die wir in schwierigen Momenten treffen, bestimmen, ob wir unser neues Verhalten so lange durchhalten, dass es zur neuen Gewohnheit werden kann. Allzu oft legen wir uns selbst Steine in den Weg, indem wir uns während des Veränderungsprozesses bestrafen, uns zu viel abverlangen und dann enttäuscht sind, wenn uns alles schwerfällt (oder der Wandel auf sich warten lässt).

Häufig meinen wir, ein bisschen Quälerei und radikale Umerziehung sowie ein aufrichtiger Wille zur Veränderung genügten, um im Handumdrehen neue Gewohnheiten zu etablieren. Ausgestattet mit den umfassenden Informationen und Empfehlungen aus diesem Buch liegt es nahe, sofort enthusiastisch die leckersten Rezepte auszuwählen, wohldurchdachte Speisepläne zu entwerfen, Schränke auszumisten und neue Einkaufslisten zu erstellen.

Doch wenn man Veränderungen durch eine rein praktische Herangehensweise bewirken will (und dabei Aspekte wie die innere Einstellung und Selbstfürsorge vernachlässigt), führt dies nicht selten zum Scheitern oder zu holperigen Fehlstarts. Dann sind wir sowohl desillusioniert, weil sich unsere Pläne als unrealistisch erweisen, als auch von uns enttäuscht, dass wir es trotz aller Informationen und Empfehlungen nicht geschafft haben.

Die gute Nachricht lautet: Das lässt sich vermeiden. Für dauerhafte neue Routinen brauchen wir lediglich eine Art ›Werkzeugkasten des Wohlwollens‹, der einfache Übungen für unsere Persönlichkeitsentwicklung bereithält, die uns bei der Umsetzung unserer Pläne helfen. Sie machen es wahrscheinlicher, dass wir die neuen Gewohnheiten als realistisch, angenehm und nachhaltig empfinden. Außerdem sorgen sie dafür, dass wir mit uns selbst genauso empathisch und rücksichtsvoll umgehen wie mit nahestehenden Menschen.

Und die *noch bessere* Nachricht lautet: Eben diese Werkzeuge und Erkenntnisse, die uns zu neuen Gewohnheiten hinsichtlich Essen und Wohlbefinden verhelfen, können wir dazu einsetzen, auch andere Veränderungen in unserem Leben zu bewirken. Denn sie dienen allgemein dazu, uns selbst besser kennenzulernen und jeden Tag in sämtlichen Lebensbereichen mehr an uns zu glauben. Wir müssen lediglich unsere Vorstellung von Wohlwollen neu definieren, wenn es Schwierigkeiten zu meistern gilt.

Selbstzweifel überwinden

Indem wir das Wort Wohlwollen neu definieren, stärken wir uns vor allem selbst den Rücken. Wenn wir uns etwas Schwieriges vornehmen (zum Beispiel neue Lebensgewohnheiten einführen), beschleichen uns dabei häufig Selbstzweifel. An mühsamen Tagen mit zahlreichen neuen Optionen sind wir oft vollkommen überfordert und vergessen dann, dass wir schon viel größere Herausforderungen gemeistert haben als die Entscheidung, die wir gerade zu treffen haben.

Auch wenn wir gelegentlich stolz auf uns sind, weil wir etwas erreicht haben, übergehen wir oft rasch dieses gute Gefühl; wir wenden uns sogleich der nächsten Herausforderung zu und sehen nur die Schwierigkeiten des neuen Ziels, das zu erreichen wir bezweifeln. Indem wir uns keine Zeit nehmen, uns bereits Erreichtes zu vergegenwärtigen, vertun wir die Chance, künftige Ziele motivierter zu verfolgen.

Im stressigen Alltag erscheint es manchmal unmöglich, uns bewusst zu machen, dass wir den schwierigen Entscheidungen, über die wir morgen froh sein werden, mehr als gewachsen sind.

An dieser Stelle können visuelle Motivationshilfen nützlich sein. Stellt euch vor, ihr habt bei einer neuen Herausforderung in einem beliebigen Lebensbereich, die euch zu überfordern scheint, sofort schwarz auf weiß vor Augen, warum ihr euch damit irrt (und deshalb eure nächste Entscheidung überdenken solltet).

Die erste Übung dient dazu, genau das zu erreichen. Sie beschert euch nicht nur ein gutes Gefühl, sondern ihr habt auch im Nachhinein eine visuelle Gedächtnisstütze an der Hand, die euch dabei hilft, eure Pläne beharrlich weiterzuverfolgen.

10-minütige Schreibübung:
Das habe ich geschafft

Du kannst dazu entweder Papier und Stift, das Handy oder den Laptop benutzen. Ganz oben auf der Seite notierst du zuerst die Überschrift: *Das habe ich geschafft.*

Führe dir nun alles Schwierige vor Augen, was du bis heute in den verschiedensten Lebensbereichen bewältigt hast, und schreib es auf. Mach dir bewusst, was dir gelungen ist und was für heikle Phasen du durchgestanden hast.

Notiere alles, womit du in der Vergangenheit bewiesen hast, wie fähig, stark und resilient du bist und worauf du stolz sein kannst – jene Aspekte, von denen dein 15-jähriges Ich erfreut wäre, dass sie dir gelungen sind.

Lies dir anschließend deine Liste in Ruhe durch und nimm wahr, wie es sich anfühlt, all das so kompakt vor Augen geführt zu bekommen. Frage dich, ob das nach der Beschreibung eines Menschen klingt, der schwierigen Aufgaben nicht gewachsen ist.

Bewahre diese Liste so auf, dass du sie jederzeit griffbereit hast. Immer wenn du in einem beliebigen Lebensbereich an deinen Fähigkeiten zweifelst, ruf dir einfach deine *Das habe ich geschafft*-Liste ins Gedächtnis.

Im Anschluss an diese Übung kann es hilfreich sein, dir im Handy eine wöchentliche Erinnerung einzurichten (z. B. für Sonntagabend), die dich dazu anhält, fünf Minuten lang die vergangene Woche Revue passieren zu lassen und alles zu ergänzen, worauf du stolz bist, dass du es geschafft oder durchgestanden hast. Dabei kannst du auch neue gesunde Gewohnheiten berücksichtigen, die dir trotz Alltagsstress gelungen sind – wenn du etwa deinen Social-Media-Konsum reduziert oder dir trotz Regen Zeit für einen Spaziergang genommen hast.

Wenn du dir angewöhnst, diese Liste kontinuierlich fortzusetzen, wirst du bald ganz automatisch Gelegenheiten für kleine Challenges erkennen, die du anschließend dankbar aufschreiben kannst. Im Laufe der Zeit entfaltet das Notieren neuer *Beweise* (und der Rückgriff auf frühere) eine stärkende Wirkung, und du wirst immer daran erinnert, wie großartig es ist, sich selbst positiv zu überraschen.

Bedingungslose Selbstfürsorge

Allgemein herrscht die Vorstellung, wir dürften uns nur mit neuen Hobbys, Gesten der Selbstfürsorge oder angenehmen Vorhaben belohnen, wenn wir ein angestrebtes Ziel oder eine große Veränderung in unserem Leben erreicht haben. Doch zum einen haben wir jederzeit Wohlwollen verdient (unabhängig von etwaigen Zielen, die wir uns gesetzt haben), und zum anderen ist es die beste Strategie, so liebevoll wie möglich mit uns selbst umzugehen, da sie uns hilft, unsere Gewohnheiten zu verändern.

Das heißt im Klartext: Veränderungen sind nicht einfach, und schwierige Aufgaben werden leichter, wenn wir in unserem Alltag Maßnahmen ergreifen, die dafür sorgen, dass wir ruhiger, positiver gestimmt und resilienter werden. Wir sollten uns selbst regelmäßig daran erinnern, wie wichtig unser Körper, unsere Psyche und unsere Lebensqualität sind – hier und jetzt, vollkommen unabhängig von unseren Plänen und Ambitionen.

10-minütige Schreibübung:
Selbstfürsorge

Stell dir vor, du hättest bereits alle gewünschten Veränderungen hinsichtlich deiner Lebensweise erreicht. Notiere von Hand, im Handy oder auf dem Laptop all das, womit du dich dafür belohnen willst oder was du mit diesem *besseren Menschen* assoziierst, der du dann bist. Das kann alles Mögliche sein – das Anzünden einer außergewöhnlichen Kerze, die du für besondere Anlässe aufgehoben hast, genügend Wasser zu trinken, endlich diese Reise zu buchen oder Grenzen gegenüber Kolleginnen und Kollegen oder nahestehenden Personen zu setzen.

Geh diese Liste durch und überlege, wie viele Punkte du problemlos sofort in die Tat umsetzen könntest (und es auch verdient hast). Beschließe, einen nach dem anderen auszuprobieren, und nimm wahr, wie förderlich sich dies auf deine Resilienz und dein Selbstwertgefühl auswirkt.

Falls du dir beim Durchführen dieser Übung egoistisch vorkommst, denk daran, dass es auch deinem Umfeld zugutekommt, wenn du für dich sorgst und Dinge tust, die sich positiv und beruhigend auf dich auswirken. Für andere da zu sein und mit ihnen umzugehen, ist schwer genug, wenn das Glas halb leer ist, und noch viel schwerer, wenn man gleichzeitig versucht, sich zu verändern. Versuche daher, deinen neuen Speiseplan im Laufe des Tages mit Gesten der psychischen und physischen Selbstfürsorge abzufedern, so klein sie auch sein mögen. Sie erinnern dich daran, dass dein Wohlbefinden und deine Ziele genauso wichtig sind wie die anderer.

Sprich mit dir selbst wie mit einem geliebten Menschen

Wenn wir nahestehenden Personen in schwierigen Zeiten beistehen (wenn sie zum Beispiel Routinen verändern wollen), würden wir ihnen niemals raten aufzugeben, sobald es heikel wird. Wir würden sie keinesfalls als Versager bezeichnen, wenn sie scheitern. Ebenso lassen wir typische Ausreden wie ›Gleich am Montag geht es los!‹ nicht gelten, die bei tiefgreifenden Veränderungen oft geäußert werden, um unvermeidliches Unbehagen zu vermeiden. Stattdessen erinnern wir sie an die Gründe für die angestrebte Veränderung. Wir versichern ihnen, wie sehr wir an sie glauben, und bestätigen sie darin, dass sie Herausforderungen gewachsen sind. Wir geben ihnen konstruktive, vernünftige Ratschläge und erkundigen uns, wie wir sie am besten unterstützen können. Wenn sie etwas tun, womit sie unzufrieden sind, machen wir ihnen Mut, sich Fehler zu verzeihen und sich damit abzufinden. Wir sind freundlich zugewandt, aber bestimmt. Wir raten ihnen entschieden vom bequemeren Weg ab und machen ihnen klar, dass sie Schwierigkeiten meistern können.

Obwohl wir genau wissen, welche Botschaften andere Menschen zu klugen Entscheidungen motivieren, ist es erstaunlich, wie schwer es uns oft fällt, unseren eigenen Rat anzunehmen.

Auf andere Art mit uns selbst zu sprechen kann uns unterstützen, neue Gewohnheiten zu entwickeln und auch in den Momenten durchzuhalten, in denen wir am liebsten das Handtuch werfen und zum bisherigen (unerwünschten, aber bequemen) Status quo zurückkehren würden. Wenn wir uns um einen Soundtrack bemühen, der fairer, wohlwollender und förderlicher ist, lassen sich dadurch tiefgreifende Verhaltensänderungen bewirken. Im Laufe der Zeit können wir lernen, uns selbst zur Seite zu stehen und Kurs zu halten, wenn wir besondere Motivation nötig haben.

Die gute Nachricht ist, dass wir die motivierenden Botschaften bereits kennen, da wir darin geübt sind, nahestehende Menschen dabei zu unterstützen, *ihre* Ziele zu erreichen. Wir müssen diesen Text lediglich auf uns selbst anwenden und nach und nach daran glauben, dass wir es genauso wert sind, solche Worte gesagt zu bekommen.

Einfache Übungen wie die auf der nächsten Seite können uns dabei helfen, empathisch und aufgeschlossen in unseren gegenwärtigen Soundtrack hineinzuhören und gewahr zu werden, wie wir mit uns selbst kommunizieren, wenn wir am dringendsten Zuspruch brauchen.

Sollten wir dabei einen schrofferen Tonfall und fragwürdige Aussagen vernehmen, wie wir sie anderen gegenüber niemals äußern würden, können wir behutsam versuchen, sie zu hinterfragen, sachlich zu überprüfen und anschließend zu aktualisieren. In herausfordernden Situationen (wenn wir den Lebensstil neu ausrichten) lässt sich unser innerer Dialog besonders gut belauschen.

Wir brauchen eine Art ›Werkzeugkasten des Wohlwollens‹ – einfache Übungen, die uns dabei helfen, unsere Pläne zu verwirklichen, und es wahrscheinlicher machen, dass wir die neuen Gewohnheiten als angenehm und nachhaltig empfinden.

Viele Menschen sind erstaunt, wenn sie feststellen, dass wir uns selbst gegenüber viel extremere Ansichten äußern, die zudem oft antiquiert, missgünstig und destruktiv sind (z. B.: ›Ich hab's vermasselt‹, ›Ich bin genauso dämlich, wie es mein Lehrer immer gesagt hat‹ etc.). Nicht selten haben wir seit Kindertagen bestimmte *Wahrheiten* über uns selbst verinnerlicht, die noch im Erwachsenenalter unser Selbstbild und Selbstvertrauen prägen. Obwohl sich unsere Lebenswirklichkeit seitdem gravierend verändert hat, haben wir uns nie Zeit genommen, sie infrage zu stellen.

Bewusstes Gewahrwerden

Wenn du das nächste Mal in Versuchung gerätst, von einer geplanten Veränderung abzuweichen (oder sie komplett aus dem Blick verloren hast und versuchst, zurück auf Kurs zu gelangen), halte einen Augenblick inne und hör zu, wie du mit dir selbst sprichst. Erfindest du Ausreden, die du bei einer nahestehenden Person nicht akzeptieren würdest? Unterschätzt du dich und vergisst alles, was du bereits bewältigt hast, obwohl es viel herausfordernder war als die aktuell anstehende, ungewohnte und schwierige Entscheidung (von der du morgen froh sein wirst, dass du sie getroffen hast)?

Sich selbst bewusst und wertfrei zuzuhören, kann dabei außerordentlich wirkungsvoll sein. Nimmt man erst einmal die destruktiven Botschaften wahr, kann man sie behutsam hinterfragen, bevor sie das eigene Handeln beeinflussen. Die Liste aus der *Das habe ich geschafft*-Übung auf Seite 66/67 kann dabei helfen. Immer wenn du eine selbst limitierende Aussage bemerkst, greif zu deiner Liste. Darauf findest du eine ganze Reihe von Fakten, mit denen du diese überkommene Botschaft entkräften kannst.

10-minütige Schreibübung:

Uns selbst anfeuern

Eine weitere Übung, die uns zu einem faireren, wohlwollenderen und konstruktiveren inneren Soundtrack verhelfen kann, besteht darin, uns den Unterschied bewusst zu machen, wie wir uns selbst helfen und Mut machen und wie wir dies einem nahestehenden Menschen gegenüber tun würden.

Notiere handschriftlich, per Handy oder auf dem Laptop den Namen einer Person, die dir wirklich am Herzen liegt und der du nur das Allerbeste wünschst. Stell dir nun vor, diese Person wendet sich vollkommen demotiviert an dich und vertraut dir an, dass sie dringend etwas Wichtiges verändern wollte, dabei aber völlig vom Kurs abgekommen ist. Deine Aufgabe ist es, sie so schnell wie möglich wieder zurück auf Kurs zu bringen. Schreibe unter den Namen dieser Person all das, was du ihr sagen würdest, um sie zu ermutigen und zu motivieren, damit sie durchhält und an ihren wichtigen Zielen festhält. Anschließend streichst du den Namen der gewählten Person durch (oder löschst ihn) und ersetzt ihn durch deinen eigenen.

Wenn du das nächste Mal bemerkst, dass der Tonfall deines inneren Dialogs schroffer ist als gegenüber nahestehenden Menschen, greif zu dieser Liste und ruf dir in Erinnerung, dass du darauf selbst notiert hast, was jemand gesagt bekommen sollte, um seine Ziele zu erreichen. Lies das Geschriebene am besten laut vor.

Mach dir bewusst, wie viel leichter es dir fällt, neue Verhaltensweisen einzuüben, wenn du dir selbst gegenüber einen ebenso wohlwollenden Tonfall wählst wie im Umgang mit nahestehenden Personen.

Vertrau dir selbst mehr als deinem Plan

Wenn Vorhaben mal nicht nach Plan laufen und du nicht weißt, wie du wohlwollend mit dir umgehen sollst, stell dir folgende Fragen:

- Was würde ich einem nahestehenden Menschen raten?
- Was würde mir jemand, der mir wohlgesonnen ist, empfehlen?
- Über welche Entscheidung werde ich morgen froh sein?

Du schaffst das.«

REZEPTE

LEICHTES FRÜHSTÜCK

GEBACKENER BEEREN-PORRIDGE

Dieser schonend im Ofen gebackene Porridge schmeckt so wunderbar cremig und mit seinem Hauch von Kokos, Vanille und Ahornsirup wie ein Reispudding. Die Beeren lassen sich saisonal variieren: Geriebene Äpfel, Birnenstücke oder Bananenscheiben eignen sich ebenfalls bestens für diese Porridge-Version.

FÜR 4 PERSONEN

200 g kernige Haferflocken
50 g Kokosraspel
900 ml Hafer-, Mandel- oder Kokosdrink
200 g TK-Beeren
6 EL Ahornsirup
2 TL Vanillepaste (oder Vanilleextrakt)

ZUM ANRICHTEN
Pflanzlicher Joghurt (Kokos, ungesüßt)
Ahornsirup
1 Handvoll gehackte Nüsse (z. B. Haselnüsse) oder Nussmus

1. Den Backofen auf 160 °C (Umluft) vorheizen.

2. Haferflocken, Kokosraspel, Hafer- oder Mandeldrink, Beeren, Ahornsirup und Vanillepaste in eine große Schüssel geben und gut verrühren.

3. Alles in eine Backform (ca. 25 x 20 x 6 cm) geben, glatt streichen und den Porridge 45 Minuten backen, bis sich die Masse leicht wölbt und die Flüssigkeit am Rand köchelt.

4. Den Porridge aus dem Backofen nehmen, nochmals durchrühren und 5 Minuten stehen lassen, dann mit Kokosjoghurt in Schälchen anrichten, mit Ahornsirup beträufeln und mit gehackten Nüssen oder etwas Nussmus servieren.

DREI KOMPOTT-VARIANTEN

Fast jede Woche bereite ich eine dieser beliebten Kompott-Varianten zu. Wir kombinieren sie mit Joghurt und Granola oder genießen sie zu Porridge oder Pancakes.

ERGIBT JE 1 KLEINE SCHALE, FÜR 4 BIS 6 PERSONEN

FÜR DAS BIRNEN-DATTEL-KOMPOTT

- 4 reife Birnen, geschält, entkernt, grob zerkleinert
- 6 Medjool-Datteln, entsteint, grob gehackt
- Saft von 1 Zitrone
- 1 Streifen Bio-Zitronenschale
- 2 EL Ahornsirup
- ½ TL Ingwer, gemahlen
- ½ TL Vanillepaste (oder ¼ TL Vanillepulver)
- 6 EL Wasser

FÜR DAS APFEL-ZIMT-KOMPOTT

- 4 Tafeläpfel, geschält, entkernt, grob zerkleinert
- 1 Kochapfel (z. B. Boskoop), geschält, entkernt, grob zerkleinert
- 1 Streifen Bio-Zitronenschale
- 6 EL Ahornsirup
- 1 TL Zimt, gemahlen
- 4 EL Wasser

FÜR DAS BEEREN-CHIA-KOMPOTT

- 450 g TK-Beeren (z. B. Erdbeeren und Himbeeren)
- 1 Streifen Bio-Zitronenschale
- 5 EL Ahornsirup
- 2 EL Chiasamen
- 1 Sternanis

1. Alle Zutaten in einen Topf (mit Deckel) geben, alles gut verrühren und bei mittlerer Hitze zum Kochen bringen. Dann die Hitze reduzieren und das Kompott mit aufgesetztem Deckel 10 bis 15 Minuten köcheln lassen, bis die Früchte weich sind.

2. Die Zitronenschale entfernen und die Früchte durchrühren oder das Kompott nach Belieben pürieren. Beim Beeren-Chia-Kompott vor dem Durchrühren den Sternanis entfernen.

TIPP FÜR DIE KLEINSTEN

Ein fein püriertes Kompott eignet sich super, wenn man das Baby abstillen will.

SCHOKO-HASELNUSS-AUFSTRICH

Lässt sich ganz einfach machen und ist mein absoluter Favorit: der wunderbar dunkelschokoladige Aufstrich. Falls ihr ihn lieber heller mögt, könnt ihr die Kakaomenge einfach reduzieren. Kakao ist enorm gesund und steckt voller Antioxidantien, Polyphenole und Magnesium.

ERGIBT 1 GLAS (ca. 250 g)

250 g blanchierte, geröstete Haselnüsse
20–25 g Kokosblütenzucker
20 g Rohkakaopulver
¼ TL Salz
1 TL Vanilleextrakt oder -pulver

1. Falls die Haselnüsse ungeröstet sind, einfach auf ein Backblech geben und 8 Minuten bei 160 °C im vorgeheizten Backofen rösten, bis sie goldbraun sind. Anschließend herausnehmen und abkühlen lassen.

2. Die Haselnüsse in einen leistungsstarken Mixer oder in die Küchenmaschine geben, 5 bis 10 Minuten zerkleinern und zu einer Masse verarbeiten.

3. Den Kokosblütenzucker, die Hälfte des Kakaos sowie das Salz hinzufügen und weitermixen, bis die Masse glatt und cremig ist und die Konsistenz von Nussmus besitzt. Dies dauert meist etwas länger, als man denkt.

4. Den Aufstrich abschmecken und für einen intensiv-dunklen Schokoladengeschmack den restlichen Kakao dazugeben.

TIPP

Soll der Aufstrich mehr nach Milchschokolade schmecken, reduziert ihr einfach die Kakaomenge auf 15 g. Der Kokosblütenzucker lässt sich durch unraffinierten Rohrzucker ersetzen. Flüssiger Süßstoff ist weniger geeignet, da die Masse dadurch viel fester und nicht so geschmeidig wird.

Gastrezept: Rosie Martin

ROSIES GRÜNER SMOOTHIE

Smoothies bieten sich an, will man Früchte und Gemüse auf clevere Weise zu einem erfrischenden und süßen Getränk kombinieren. Dieser grüne Smoothie, der die Knochen stärkt, pflanzliches Eiweiß und durch das dunkle Blattgemüse zahlreiche Nährstoffe liefert, ist ein optimal gesunder Start in den Tag. Ich verwende dieses Rezept als Grundlage und variiere es gern – je nachdem, was Kühlschrank und Obstschale so hergeben. Also seid kreativ und mixt euch eure eigene Version!

FÜR 2 PERSONEN

150 ml Wasser oder Pflanzendrink nach Belieben
70 g TK-Erbsen
1 reife Banane (am besten TK)
1 Birne, entkernt, zerkleinert
1 Medjool-Dattel (oder 2)
2 Blöcke TK-Spinat (oder 2 Handvoll frischer Spinat)
1 EL Leinsamen, gemahlen
1 EL Erdnussbutter oder Mandelmus
1 kleine Handvoll Eiswürfel (optional)

1. Alle Zutaten in einen Mixer geben und pürieren, bis eine glatte Konsistenz entsteht.

2. Bis die Erbsen vollständig zerkleinert sind, dauert es ein paar Minuten. Also immer weitermixen, bis alles schön cremig ist. Evtl. noch mehr Wasser oder Pflanzendrink dazugeben, bis euch die Konsistenz zusagt.

DATTEL-BANANEN-PANCAKES

Hanf- und Chiasamen liefern gesundes zusätzliches Eiweiß und machen diese Pancakes besonders sättigend. Bananen und Datteln verleihen ihnen eine natürliche Süße.

FÜR 4 PERSONEN

3 reife Bananen (ca. 300 g, möglichst sehr reif, dunkel, fleckig), zerkleinert
Schale von 1 Bio-Zitrone, abgerieben
4 Medjool-Datteln, entsteint und grob gehackt
2 EL Hanfsamen, geschält
1 EL Chiasamen
185 ml Hafer- oder Mandeldrink
150 g Mehl
½ TL Backpulver
Kokosöl zum Braten

ZUM ANRICHTEN
Kompott (siehe Seite 76)
Beeren
Pflanzlicher Joghurt (Kokos, ungesüßt)
Hanfsamen, geschält (oder Nüsse, gehackt)
Ahornsirup

1. Die Bananen, die abgeriebene Zitronenschale, die Datteln, die Hanf- und Chiasamen sowie den Hafer- oder Mandeldrink in eine Küchenmaschine geben und auf höchster Stufe einige Minuten alles zerkleinern, bis keine Klümpchen mehr vorhanden sind.

2. Das Mehl samt Backpulver hinzufügen und erneut mixen, sodass ein glatter Teig entsteht.

3. In einer beschichteten Pfanne das Kokosöl bei mittlerer Hitze zerlassen, dann den Teig esslöffelweise einige Minuten backen, danach wenden. Den Teig dabei etwas breit streichen, damit die Pfannkuchen einen Durchmesser von 8 bis 10 cm erhalten.

4. Die fertigen Pancakes unter einem Geschirrtuch oder im vorgeheizten Backofen warm halten, bis der ganze Teig aufgebraucht ist.

5. Je nach Geschmack die Pancakes mit Kompott oder Beeren, etwas Kokosjoghurt, Hanfsamen oder gehackten Nüssen und Ahornsirup servieren.

TIPP
Falls ihr keine geschälten Hanfsamen bekommt, könnt ihr sie auch durch die entsprechende Menge Erdnussbutter (crunchy) ersetzen.

VANILLE-FRENCH-TOASTS

FÜR 4 PERSONEN

ZUM ANRICHTEN
- 200 g Pflanzliche Schlagcreme (ungesüßt, z. B. von bedda)
- 1 TL Kokosblütenzucker (optional)
- 1 TL Vanillepaste
- 150 g Blaubeeren
- 1 TL Ahornsirup

FÜR DEN TOAST
- 2 TL Kokosöl
- 2 EL Ahornsirup
- 2 EL Kichererbsenmehl
- 2 EL Mandeln, gerieben (oder Mandelmehl)
- 200 ml Mandeldrink
- ½ TL Zimt, gemahlen
- 1 TL Vanillepaste (oder Vanilleextrakt)
- 8 Scheiben Brot (leicht altbacken; siehe Tipp)

1. Zunächst in einer Schüssel die Schlagcreme mit dem Handrührgerät schlagen, bis sie in Form bleibt. Nach Belieben mit etwas Kokosblütenzucker und Vanillepaste vermischen und beiseitestellen.

2. Die Blaubeeren bei mittlerer Hitze mit einem Teelöffel Wasser in eine große Pfanne geben und köcheln lassen, bis sie nach etwa 3 Minuten aufplatzen und den Saft abgeben. Dann Ahornsirup unterrühren und nochmals 1 Minute köcheln lassen, damit die Beeren schön saftig werden. Die Blaubeeren samt Saft in einer kleinen Schüssel beiseitestellen.

3. Nun einen Teelöffel Kokosöl zerlassen und das flüssige Öl anschließend mit den restlichen Zutaten (ohne Brot) in einen Hochleistungsmixer geben und einige Sekunden zu einer glatten Masse verarbeiten. Sie lässt sich auch in einer Schüssel anrühren, wird jedoch glatter, wenn sie im Mixer hergestellt wird.

4. Die Masse in eine Schüssel geben und die Brotscheiben einzeln für jeweils etwa ½ Minute hineintauchen, bis sie vollständig umhüllt und vollgesogen sind.

5. Die Pfanne mit Küchenpapier auswischen, dann 1 Teelöffel Kokosöl hineingeben und bei geringer Hitze zerlassen. Die Temperatur erhöhen und die Brotscheiben bei mittlerer Hitze von beiden Seiten 2 bis 3 Minuten goldbraun braten. Mit den Blaubeeren und der Schlagcreme anrichten und mit etwas Ahornsirup beträufelt servieren.

TIPP

Falls das Brot sehr weich ist, kann es vorher leicht getoastet werden. Verwendet ihr Sauerteigbrot mit fester Rinde, ist es besser, die Rinde zu entfernen.

BAKED BEANS

Herrlich geschmacksintensiv – mit Ahornsirup, Paprika, Rosmarin, Senf und Rotweinessig – und vielseitig: Die Baked Beans eignen sich als Brunch-Beilage, zum Abendessen mit der Familie, für die Füllung von gebackenen Süßkartoffeln oder zu einem einfachen grünen Salat mit unserem Knoblauch-Tahin-Dressing (siehe Seite 98).

FÜR 4 PERSONEN

1 Zwiebel, geschält, grob gehackt
1 Knoblauchzehe, geschält, grob gehackt
1 EL Olivenöl, plus mehr zum Anrichten
1 TL Rosmarinnadeln, fein gehackt (oder 1 TL Rosmarin, getrocknet)
1 EL Tomatenmark
2 TL Räucherpaprika (süß oder scharf)
1 EL Ahornsirup
2 EL Tamari oder Sojasoße
1 TL Senfpulver (oder Senfmehl)
800 g Tomaten (Dose), stückig oder passiert
800 g Bohnen (Cannellini-, Borlotti-, Lima- oder Pintobohnen, Dose), abgegossen, gespült
2 TL Rotweinessig
Meersalz und schwarzer Pfeffer
Sauerteigbrot zum Servieren

1. Den Backofen auf 160 °C (Umluft) vorheizen.

2. Die klein gehackten Zwiebeln und den Knoblauch durch die Knoblauchpresse drücken.

3. In einer ofenfesten Schmorpfanne das Olivenöl erwärmen und das Zwiebel-Knoblauch-Püree darin 5 bis 7 Minuten bei geringer Hitze andünsten. Rosmarin, Tomatenmark, Paprika, Ahornsirup, Tamari und Senfpulver unterrühren. Etwa 1 Minute köcheln lassen, dann Tomaten und Bohnen hinzufügen. Alles aufkochen und anschließend in den Backofen stellen. 25 Minuten garen, bis die Soße leicht eingedickt ist.

4. Die Baked Beans aus dem Backofen nehmen, mit Rotweinessig abschmecken und bei Bedarf nachwürzen. Auf Sauerteigbrot anrichten und mit etwas Olivenöl beträufelt servieren.

TIPP FÜR DIE KLEINSTEN

In Schritt 3 Tamari/Sojasoße und Senfpulver weglassen und erst zum Schluss nur für die Erwachsenen dazugeben.

MINI-KARTOFFELPUFFER

Ob zu einem ausgedehnten Brunch, kombiniert mit unserem herrlich cremigen Cashew-Rührtofu (siehe Seite 90), mit Avocadoscheiben und selbst gemachten Bohnen auf Sauerteigbrot oder als Abendessen unter der Woche mit unseren Schwarze-Bohnen-Toasts (siehe Seite 215) oder Grüngemüse mit Knoblauch und Salsa Verde (siehe Seite 102) – diese leckeren Puffer werden immer willkommen sein.

FÜR 4 PERSONEN (ERGIBT 16 KLEINE PUFFER)

1 große festkochende Kartoffel (ca. 470 g), geschält
1 weiße Zwiebel, geschält
8 EL Kichererbsenmehl
8 EL Haferdrink
1 TL feines Meersalz
Olivenöl zum Braten
schwarzer Pfeffer

1. Die Kartoffel und die Zwiebel mit einer Käsereibe grob auf ein sauberes Geschirrtuch raspeln.

2. Das Geschirrtuch zusammenbinden und über einer Schüssel so viel Flüssigkeit wie möglich aus den Raspeln herauspressen.

3. Das Kichererbsenmehl, den Haferdrink, Salz und etwas Pfeffer in eine Schüssel geben und zu einer glatten Masse verrühren. Kartoffel- und Zwiebelraspel hinzufügen und so lange verrühren, bis alles vollständig vermischt ist.

4. Ein wenig Olivenöl bei mittlerer Hitze in einer beschichteten Pfanne erwärmen. Sobald es heiß genug ist, jeweils einen gehäuften Esslöffel der Masse hineingeben und mit dem Löffel etwas glatt streichen, damit der Puffer gleichmäßig gart.
Von beiden Seiten jeweils 3 Minuten braten und anschließend auf ein Backblech geben. So fortfahren, bis die Masse aufgebraucht ist. (Bei Bedarf die Puffer im Backofen bei 100 °C Umluft warm halten.)

TIPP

Da rohe Kartoffeln schnell an der Luft oxidieren, wenn man sie mehrere Stunden stehen lässt, empfehle ich, die Puffer sofort zu braten und sie später im Backofen aufzuwärmen, falls ihr das Gericht vorbereiten wollt.

CASHEW-RÜHRTOFU

Habt ihr schon mal Rührtofu gegessen? Ich kann euch dieses Rezept nur ans Herz legen. Mit Cashewcreme und Hafermilch schmeckt der Rührtofu wirklich toll und verblüffend nach Ei. Wie die Kartoffelpuffer und die Baked Beans eignet er sich bestens zum Frühstück oder Brunch, aber auch genauso gut für ein Abendessen unter der Woche. Probiert ihn einfach mal aus!

FÜR 2 PERSONEN ALS HAUPTGERICHT, FÜR 4 PERSONEN ZUM BRUNCH

300 g mittelfester Tofu
1 EL Tahin
2 EL Cashewcreme (siehe Seite 107)
6 EL Haferdrink
½ TL Kurkuma, gemahlen
¼ TL Paprikapulver, geräuchert
½ TL feines Meersalz
schwarzer Pfeffer, frisch gemahlen
1 Knoblauchzehe, geschält, fein gehackt
Olivenöl zum Braten

1. Den Tofu mit etwas Küchenpapier trocken tupfen. Mit den Händen in mundgerechte Stücke zerteilen – diese müssen nicht allzu klein sein, da sie beim Braten weiter zerfallen.

2. Die restlichen Zutaten (ohne das Olivenöl) in einer mittelgroßen Schüssel zu einer glatten Masse verrühren.

3. In einer beschichteten Pfanne etwas Olivenöl bei mittlerer Hitze erwärmen. Die Tofustücke hineingeben und 5 bis 6 Minuten goldbraun braten. Von allen Seiten anbraten, jedoch nicht zu oft wenden, da sie sonst nicht genug bräunen. Ihr könnt den Tofu auch noch weiter zerkleinern, je nachdem, welche Konsistenz euer Rührtofu haben soll.

4. Wenn der Tofu goldbraun ist, die flüssige Masse unter Rühren dazugießen, bis sie stockt und gleichmäßig erhitzt ist. 2 bis 3 Minuten garen und sofort servieren.

FIX GEMIXT

KNUSPER-KICHERERBSEN

Diese krosse Chips-Alternative könnt ihr mehrere Tage in einem luftdichten Behälter aufbewahren – falls ihr sie nicht schon geknabbert habt!

FÜR 4 PERSONEN

800 g Kichererbsen (Dose), abgegossen, gespült
2 EL Olivenöl
2 TL Kreuzkümmel, gemahlen
2 TL Meersalz
2 TL Chipotle-Flocken oder 1 TL Chiliflocken, jeweils getrocknet
½ TL Rosmarinnadeln, frisch (oder getrocknet), fein gehackt

1. Den Backofen auf 180 °C (Umluft) vorheizen. Ein Backblech mit Backpapier auslegen.

2. Die Kichererbsen mit dem Olivenöl und den Gewürzen in einer großen Schüssel vermischen, dann gleichmäßig auf dem Backblech verteilen.

3. Das Backblech in den Ofen schieben und die Kichererbsen 40 Minuten rösten, nach der Hälfte der Zeit durchrühren.

4. Die Kichererbsen aus dem Ofen nehmen und vor dem Servieren einige Minuten abkühlen lassen.

KRÄUTERDRESSING

Zum ersten Mal machte ich dieses Dressing für den Panierten Blumenkohl (siehe Seite 190). Seitdem verwende ich es sehr gern sowohl für Ofengemüse oder Wurzelgemüse-Salate als auch für Reste, da es jedem Gericht Farbe und Aroma verleiht.

ERGIBT ETWA 400 ml

140 g Cashewkerne
150 ml Mandeldrink (ungesüßt)
20 g frische Petersilie
20 g frischer Koriander
Saft von 2 Limetten
4 EL Olivenöl
1 Knoblauchzehe, geschält
2 TL Ahornsirup
1 großzügige Prise Meersalz

1. Die Cashewkerne in eine Schüssel geben, mit kochendem Wasser übergießen und 5 bis 10 Minuten einweichen. Falls die Zeit knapp ist, genügen auch 5 Minuten (sofern ihr einen leistungsstarken Mixer habt), doch je länger sie ziehen, desto sämiger wird das Dressing.

2. Die Cashewkerne abgießen und zusammen mit den restlichen Zutaten in einem Mixer zu einer cremigen Masse pürieren. Dabei etwas Wasser hinzufügen, falls nötig. Nach Geschmack würzen.

TIPP
Für den Salat auf dem Foto eine Handvoll Grünkohl in eine Schüssel geben und im Kräuterdressing wälzen, bis die Blätter weich sind. Mit Knusper-Kichererbsen garnieren.

WALNUSS-PARMESAN

Dieser nussige »Parmesan« lässt sich blitzschnell herstellen und hält sich ewig – wir haben immer welchen im Kühlschrank vorrätig. Walnüsse enthalten viele Nährstoffe und reichlich Omega-3-Fettsäuren, wovon wir oftmals zu wenig zu uns nehmen. Ich streue diesen Parmesan gern über Pasta aller Art und verwende es für Ofengemüse, Risotto und Getreidegerichte.

ERGIBT ETWA 200 g

100 g Walnusskerne
100 g Macadamianüsse oder Cashewkerne
20 g Nährhefe
⅓ TL Knoblauchpulver
⅓ TL Meersalz

1. Den Backofen auf 170 °C (Umluft) vorheizen.

2. Die Nusskerne auf ein Backblech geben und im heißen Ofen 5 Minuten rösten, danach abkühlen lassen.

3. Nach dem Abkühlen die Nüsse mit der Nährhefe, dem Knoblauchpulver und dem Meersalz in der Küchenmaschine etwa 30 Sekunden zerkleinern, sodass grobes Mehl entsteht. Im Kühlschrank ist der Walnuss-Parmesan bis zu zwei Wochen haltbar.

TIPP

Eignet sich bestens als Pasta-Topping, zusammen mit einem der Pesto-Rezepte auf Seite 112.

TIPP FÜR DIE KLEINSTEN

Schnelle Pastagerichte lassen sich dadurch kinderleicht mit zusätzlichen Nährstoffen aufpeppen.

KNOBLAUCH-TAHIN-DRESSING

Unter der Woche kommen bei mir oft einfache Salatbowls auf den Tisch: Getreide, Wurzelgemüse aus dem Ofen, frisches Grüngemüse, Bohnen oder Kichererbsen mache ich besonders gern mit diesem cremigen Dressing an.

ERGIBT 1 KLEINE SCHALE, ETWA 150 ml

2 Knoblauchzehen, geschält, zerdrückt
Saft von 1 Zitrone
4 EL Tahin
2 TL Ahornsirup
Meersalz

1. In einem Rührbecher Knoblauch und Zitronensaft mischen. Tahin dazugeben und alles verquirlen, sodass es dickflüssig und heller wird. Dann 3 bis 4 EL Wasser hinzufügen und weiterhin rühren, bis eine flüssigere Konsistenz entsteht. Den Ahornsirup unterrühren und nach Geschmack würzen.

2. Das Dressing in ein Schraubglas füllen und verschließen. Im Kühlschrank bis zu 3 Tage haltbar.

KROSSE CROÛTONS

Croûtons sind nicht nur ideal, um altbackenes Brot zu verbrauchen und ganz einfach selbst herzustellen, sondern werten auch einfache Gerichte auf, indem sie ihnen Biss verleihen. Ich verwende diese Croûtons gern als Topping für unsere Herzhafte Minestrone, die Süßkartoffel-Linsen-Suppe und den Bunten Allround-Salat (siehe Seiten 166, 163 und 221).

ERGIBT 200 g

200 g Sauerteigbrot (einige Tage alt), in 2 cm große Würfel geschnitten
6 EL natives Olivenöl extra
1 Knoblauchzehe, geschält, fein geschnitten
1 TL Meersalz
1 EL Nährhefe (optional)

1. Den Backofen auf 180 °C (Umluft) vorheizen. Die Brotwürfel mit Öl, Knoblauch und Salz sowie ggf. der Nährhefe in einer Schüssel vermischen, bis das Brot rundum mit Öl überzogen ist.

2. Die Würfel auf einem Backblech verteilen und 8 bis 10 Minuten im Ofen goldbraun rösten, dann abkühlen lassen. Die Croûtons halten sich bis zu 1 Woche in einem luftdichten Behälter.

TIPP
Manche Tahinsorten sind fester und bitterer als andere. Verwendet daher möglichst eine weiche und cremige Variante. Für einen blitzschnellen Salat (siehe nebenstehendes Foto) nehmt ihr einfach Salatblätter, Avocadostücke, die Knusper-Kichererbsen von Seite 94 und die Croûtons, beträufelt alles mit dem Knoblauch-Tahin-Dressing und streut etwas Schnittlauch darüber.

DUKKAH-GEWÜRZ

Ich habe immer reichlich Suppen, Soßen und Toppings vorrätig, wie zum Beispiel Dukkah. Diese Mischung aus Nüssen, Samen und Gewürzen, die ursprünglich aus Ägypten stammt, verleiht selbst einfachen Gerichten ein reichhaltiges Aroma – ganz unkompliziert. Streut es z. B. über die Schwarze-Bohnen-Toasts auf Seite 215 oder den Kokos-Gemüse-Reis auf Seite 142.

ERGIBT 300 g

100 g Sesamsamen
50 g Erdnüsse, gesalzen
50 g Walnusskerne
50 g Sonnenblumenkerne
50 g Kürbiskerne
1 EL Koriandersamen, ganz
1 EL Fenchelsamen, ganz
½ EL Kreuzkümmel, ganz
2 TL Meersalz

1. Eine große Pfanne bei mittlerer Hitze erwärmen und alle Zutaten darin zusammen 5 bis 10 Minuten rösten, dabei häufig umrühren.

2. Sobald der Sesam goldbraun ist (er dient als Orientierung, damit nichts verbrennt), die Pfanne vom Herd nehmen und die Mischung in eine Küchenmaschine geben.

3. Einige Minuten grob zerkleinern und nach dem Abkühlen in einen luftdichten Behälter füllen. Die Gewürzmischung ist darin bis zu 2 Wochen haltbar.

SALSA VERDE

Diese vielseitige Soße verleiht vielen Gerichten mehr Geschmack und Würze. Ich empfehle sie zu unserem Gebackenen Wurzelgemüse (siehe Seite 185), zu den Gefüllten Kraut-Kartoffeln (siehe Seite 199) oder zu unseren Zucchini-Kräuter-Puffern oder den Krossen Karottenpuffern (siehe Seiten 153 und 150).

ERGIBT ETWA 200 g

2 Knoblauchzehen, geschält
25 g Petersilie
25 g Minze
25 g Basilikum
1 EL Dijon-Senf
2 EL Kapern, abgegossen, grob gehackt
2 EL Apfelessig
120 ml Olivenöl
Meersalz und schwarzer Pfeffer

1. Den Knoblauch und die Kräuter fein hacken. In einen Rührbecher geben und den Senf, die Kapern sowie den Essig hinzufügen.

2. Langsam und unter Rühren das Öl dazugießen, bis eine löffelbare Soße entsteht. Nach Geschmack würzen.

3. In einem Schraubglas ist die Soße gekühlt 2 bis 3 Tage haltbar.

HARISSA-PASTE

Diese aromatische Würzpaste aus Nordafrika eignet sich für Dips und Dressings, Ofengemüse, Suppen und Schmorgerichte. Traditionell verwendet man dafür Guajillo-Chilis, die jedoch in den wenigsten Supermärkten erhältlich sind, daher haben wir in diesem Rezept darauf verzichtet.

ERGIBT 125 BIS 150 ml

2 TL Koriandersamen, ganz (oder gemahlen)
2 TL Kreuzkümmel, ganz (oder gemahlen)
1 TL Paprikapulver, geräuchert
4 Knoblauchzehen, geschält, gehackt
4 rote Chilischoten, halbiert, entkernt
Saft von ½ Zitrone, nach Belieben
75 ml Olivenöl, plus mehr zum Lagern
Meersalz und schwarzer Pfeffer

1. Koriander, Kreuzkümmel und Paprikapulver ohne Fett in einer Pfanne 1 bis 2 Minuten rösten, bis es aromatisch duftet.

2. Die Gewürze im Mörser zerkleinern, anschließend zusammen mit den restlichen Zutaten im Mixer zerkleinern, sodass eine glatte Paste entsteht. Würzen und nochmals mit Zitronensaft abschmecken.

3. Die Paste in ein Schraubglas füllen und mit etwas Olivenöl bedecken. Im Kühlschrank ist sie 2 bis 3 Wochen haltbar.

TIPP

Harissa ist normalerweise recht scharf, lässt sich aber familienfreundlich etwas abmildern. Dazu die Chilis einfach durch eine halbe rote Paprikaschote ersetzen. Ich verwende die Harissa-Paste gern zu unserem Blumenkohl-Cashew-Pilaw auf Seite 174 und dem Kartoffel-Mais-Piri-Piri auf Seite 177.

CASHEWCREME

Von dieser vielseitig einsetzbaren Creme haben wir immer einen Vorrat zu Hause. Sie ist ideal für alle Gerichte, bei denen man Sahne ersetzen möchte. Ich verwende sie ständig, zum Beispiel für eine ganz simple Pastasoße – nur Spaghetti, Erbsen und gedünsteten Spinat hinzufügen, für das Bohnen-Nachos-Backgemüse (siehe Seite 182), die Paprika-Pilz-Fajitas (siehe Seite 237) oder unser Champignon-Tomaten-Sandwich (siehe Seite 209).

ERGIBT ETWA 400 g

250 g Cashewkerne, ungeröstet, ungesalzen
125 ml Wasser oder Mandeldrink, ungesüßt
4 EL Olivenöl
1 EL Nährhefe
½ EL Ahornsirup
2 große Knoblauchzehen, geschält, zerdrückt
1 große Prise Meersalz
Zitronensaft, nach Belieben

1. Die Cashewkerne in eine Schüssel geben, mit kochendem Wasser übergießen und 5 bis 10 Minuten ziehen lassen. Falls die Zeit knapp ist, genügen auch 5 Minuten (sofern ihr einen guten Mixer habt), doch je länger sie eingeweicht werden, desto glatter wird die Soße. Ihr könnt sie auch schon über Nacht im Kühlschrank einweichen.

2. Wenn die Cashewkerne weich genug sind, durch ein Sieb abgießen und das Einweichwasser entsorgen. Zusammen mit den restlichen Zutaten in einen Hochleistungsmixer geben und zu einer glatten, cremigen Masse pürieren.

3. In einen luftdichten Behälter füllen und im Kühlschrank lagern. Innerhalb von 3 Tagen aufbrauchen.

TIPP

Ab und zu füge ich auch gern einen Teelöffel Dijon-Senf hinzu, der für etwas mehr Intensität sorgt. Allerdings sind unsere Mädchen davon weniger begeistert.

MINZE-GURKEN-RAITA

Dieser kühlende Joghurtdip eignet sich perfekt für jedes scharf-würzige Gericht. Probiert es zu Rohinis Mung Dal auf Seite 154 oder zu Shireens Chana Bateta auf Seite 157.

ERGIBT 1 SCHÜSSEL

⅓ Gurke
150 g Pflanzlicher Joghurt (Kokos, ungesüßt)
2 EL frische Minze, fein gehackt
½ TL feines Meersalz
1 TL Olivenöl

1. Die Gurke halbieren und die Kerne herausschaben. Dann die entkernte Gurke grob raspeln und in eine mittelgroße Schüssel geben.

2. Die restlichen Zutaten hinzufügen und alles gut verrühren.

CHERMOULA-PASTE

ERGIBT 1 GLAS

2 TL Paprikapulver, geräuchert
2 TL Kreuzkümmel, gemahlen
25 g frische Korianderblätter
25 g frische Petersilienblätter
4 Knoblauchzehen, geschält, grob gehackt
Saft von 1 Zitrone
1 rote Chili, halbiert, entkernt, grob gehackt (optional)
4 EL Olivenöl, plus mehr zum Lagern

1. Paprikapulver und Kreuzkümmel ohne Fett in einer Pfanne 1 bis 2 Minuten rösten, bis es aromatisch duftet. Vom Herd nehmen und zum Abkühlen beiseitestellen.

2. Die abgekühlten Gewürze zusammen mit Koriander, Petersilie, Knoblauch, Zitronensaft und ggf. Chili in einen Mixer geben. Nach und nach das Olivenöl dazugießen und alles zu einer groben Paste pürieren.

3. Die Paste in ein Schraubglas geben, mit etwas Olivenöl übergießen und in den Kühlschrank stellen. Hält sich 3 bis 4 Tage.

DREI LIEBLINGSPESTOS

Mit Pesto lässt sich wunderbar schnell ein Essen zaubern, das garantiert allen schmeckt. Ich habe daher immer ein Glas davon im Kühlschrank stehen. Gerne variiere ich auch die jeweiligen Zutaten. Unser klassisches Basilikumpesto darf hier aber natürlich nicht fehlen. Ich verwende es für die Linsen-Pilz-Schnecken auf Seite 259 oder die Zucchini-Kräuter-Puffer auf Seite 153.

JEDES PESTO REICHT FÜR 4 PERSONEN

RUCOLA-PISTAZIEN-PESTO
- 60 g Pistazien, geschält
- 2 Knoblauchzehen, geschält, grob gehackt
- 100 g Rucola, grob gehackt
- 100 ml natives Olivenöl extra, plus mehr zum Lagern
- 3 EL Nährhefe
- Saft von ½ Zitrone

MANDEL-TOMATEN-PESTO
- 60 g ganze Mandeln
- 2 Knoblauchzehen, geschält, grob gehackt
- 100 g Basilikum, feste Stiele entfernt, Blätter grob zerkleinert
- 100 ml natives Olivenöl extra, plus mehr zum Lagern
- 8 getrocknete Tomaten in Öl (Glas), abgegossen, grob gehackt
- 2 EL Nährhefe
- Saft von ½ Zitrone

BASILIKUMPESTO
- 60 g Pinienkerne
- 2 Knoblauchzehen, geschält, grob gehackt
- 100 g Basilikum, feste Stiele entfernt, Blätter grob zerkleinert
- 100 ml natives Olivenöl extra, plus mehr zum Lagern
- 3 EL Nährhefe
- Saft von ½ Zitrone

1. Die Nüsse (oder Kerne) in einer kleinen Pfanne bei niedriger Hitze 2 bis 3 Minuten goldbraun rösten. Vom Herd nehmen und zum Abkühlen beiseitestellen.

2. Die Nüsse (oder Kerne) zusammen mit Knoblauch, Kräutern oder Rucola und Olivenöl (sowie getrockneten Tomaten für das Mandel-Tomaten-Pesto) im Mixer pürieren. Die Nährhefe hinzufügen und alles mit Zitronensaft abschmecken.

3. Das Pesto in ein Schraubglas füllen und mit Olivenöl übergießen, sodass die Oberfläche bedeckt ist. Das Pesto ist im Kühlschrank bis zu 1 Woche haltbar.

WALNUSS-PAPRIKA-DIP

Auch dieser Dip lässt sich gut vorbereiten, hält sich gut im Kühlschrank und erleichtert damit den stressigen Alltag. Er ist herrlich reichhaltig und eignet sich bestens für Gerichte wie unsere Gemüsetarte mit marinierten roten Zwiebeln auf Seite 195.

ERGIBT ETWA 400 g

2 rote Paprikaschoten
150 g Walnusskerne
2 Knoblauchzehen, geschält, ganz
80 ml natives Olivenöl extra
2 EL Rotweinessig
Meersalz und schwarzer Pfeffer

1. Den Backofen auf 180 °C (Umluft) vorheizen.

2. Die Paprikaschoten auf ein Backblech legen und 20 Minuten im Backofen rösten. Dann die Walnüsse und die Knoblauchzehen hinzufügen und alles nochmals für 10 Minuten in den Ofen schieben.

3. Das Blech aus dem Ofen nehmen, die Paprikaschoten in eine Schüssel geben und mit einem Geschirrtuch abdecken. 5 Minuten ausdampfen lassen – dies erleichtert das Schälen.

4. Von den Paprikaschoten Haut, Kerne und Stiele entfernen und das Fleisch zusammen mit den Walnüssen, dem Knoblauch, dem Öl und dem Essig in eine Küchenmaschine geben. Mit Salz und schwarzem Pfeffer würzen.

5. Auf hoher Stufe zum Dip pürieren; falls die Konsistenz flüssiger sein soll, noch einen Spritzer Wasser hinzufügen.

ERBSEN-MINZE-DIP

Dieser Dip gehört zu meinen Favoriten. Wenn die Zeit knapp ist und mir die kreativen Ideen fehlen, serviere ich ihn einfach zu einem Blech Ofengemüse. Die Reste lassen sich super anderweitig verwenden. Er ist im Handumdrehen zubereitet, enorm vielseitig und außerdem wirklich gesund – denn Erbsen liefern reichlich Eiweiß, Ballast- und Mineralstoffe.

ERGIBT ETWA 400 g

250 g TK-Erbsen
100 g Cashewkerne
2 EL frische Minze, Blätter fein gehackt
2 EL natives Olivenöl extra
etwas Haferdrink
½ Limette
Meersalz und schwarzer Pfeffer

1. Die Erbsen und die Cashewkerne in eine Schüssel geben und mit kochendem Wasser übergießen. Beiseitestellen und 5 Minuten ziehen lassen.

2. Die Erbsen und die Cashewkerne durch ein Sieb abgießen, dann zusammen mit den restlichen Zutaten in einen Mixer geben und nach Geschmack würzen. Auf hoher Stufe zu einem glatten Püree mixen.

TIPP
Ich bereite den Dip im Mixer zu, weil das Püree dann glatter wird, aber ihr könnt ebenso gut eine Küchenmaschine verwenden.

ZITRONEN-MANDEL-HUMMUS

Die Kombination aus geröstetem Knoblauch, Mandelmus und Zitrone verleiht diesem Hummus-Klassiker eine ganz besondere Note. Er schmeckt frischer und pikanter und eignet sich perfekt als Füllung für schnelles Pitabrot oder Veggie-Wraps.

ERGIBT ETWA 350 g

3 EL Kichererbsenwasser
400 g Kichererbsen (Dose), abgegossen, gespült
1 große Knoblauchzehe, geröstet (siehe Seite 115), geschält, grob gehackt
1 EL Mandelmus
Schale von ½ Bio-Zitrone, abgerieben
Saft von ½ Zitrone
60 ml natives Olivenöl extra
Meersalz und schwarzer Pfeffer

1. Alle Zutaten inklusive Kichererbsenwasser in einen Mixer geben und auf hoher Stufe zu einer glatten Masse pürieren.

2. Falls nötig, etwas mehr Olivenöl oder Wasser hinzufügen, bis die gewünschte Konsistenz entsteht. Nach Geschmack würzen.

TIPP

Auch ohne Tahin – dank Zitronenschale und Knoblauch ist der Hummus trotzdem mehr als köstlich. Variieren könnt ihr hier, indem ihr statt der Knoblauchzehe 1 TL schwarze Knoblauchpaste oder 1 EL fein gehackte Kräuter hinzufügt.

TIPP FÜR DIE KLEINSTEN

Die Zitronenschale weglassen, da der Geschmack für Kinder etwas zu intensiv ist.

LIMABOHNEN-KRÄUTER-DIP

Mit diesem cremig-pikanten Dip mit seinem Kräuteraroma, der sich gut in größerer Menge zum Beispiel am Sonntagabend vorbereiten lässt, könnt ihr ganz einfach unter der Woche Sandwiches, Wraps, Getreide-Bowls oder Ofengemüse aufpeppen.

ERGIBT ETWA 350 g

100 ml natives Olivenöl extra
2 Zweige Rosmarin, Nadeln abgestreift, fein gehackt
2 Knoblauchzehen, geschält, fein geschnitten
½ TL Thymianblätter
1 kleiner Bund glatte Petersilie, fein gehackt
400 g Limabohnen (Dose), abgegossen, gespült
Schale von 1 Bio-Zitrone, abgerieben
etwas Zitronensaft zum Abschmecken
Meersalz und schwarzer Pfeffer

1. Das Olivenöl mit Rosmarin, Knoblauch und Thymianblättern einige Minuten bei niedriger Hitze erwärmen, beiseitestellen und durchziehen lassen.

2. Die Petersilie, die Limabohnen, Zitronenschale und -saft, Salz und Pfeffer sowie etwas Wasser in eine Küchenmaschine geben und einige Minuten auf hoher Stufe zerkleinern.

3. Das Öl mit den Kräutern und dem Knoblauch dazugießen und erneut pürieren, bis eine glatte Masse entsteht.

4. Falls der Dip flüssiger sein soll, noch etwas Wasser hinzufügen.

TIPP

Sehr lecker auf Toast als schnelles Mittagessen, aber auch perfekt als Aufstrich für Crostini, mit den Knusper-Kichererbsen von Seite 94 oder unserem Dukkah-Gewürz von Seite 101 als Topping.

TIPP FÜR DIE KLEINSTEN

Meine Mädchen sind begeistert davon. So bekommen sie nach der Kita im Handumdrehen etwas Gesundes auf den Teller – einfach als Toast-Aufstrich oder zum Dippen mit Reiswaffeln.

GOLDENE PASTE MIT KOKOSBRÜHE

Dieses Rezept mit seinen entzündungshemmenden Zutaten ist Löffel für Löffel lecker und supergesund. Sehr zu empfehlen, falls ihr euch mal schlapp fühlt. Ich verwende diese Paste für mehrere Rezepte, zum Beispiel für die Goldenen Soba-Nudeln, das 30-Minuten-Kokos-Curry oder die Süßkartoffel-Linsen-Suppe (siehe Seiten 161, 158 und 163). Die Goldene Paste ist in zehn Minuten hergestellt und verfeinert vier Gerichte.

FÜR 4 PERSONEN

FÜR DIE GOLDENE PASTE

2 Schalotten
40 g Ingwer
5 Knoblauchzehen
3 rote Thai-Chilis
2 TL Kurkuma, gemahlen
1 TL Koriander, gemahlen
1 TL Kreuzkümmel, gemahlen
1 TL Paprikapulver
3 TL Sesamöl
Saft von 1 Limette

FÜR DIE BRÜHE

1 EL Sesamöl
1 Schalotte (für einen süßlichen Geschmack oder 1 Zwiebel), fein geschnitten
4 Knoblauchzehen, geschält, fein geschnitten
Meersalz
800 ml Kokosmilch (Dose)
1 TL Kokosblütenzucker
Limettenspalten, zum Anrichten

1. Für die Paste die Schalotten, den Ingwer und den Knoblauch schälen, alle Zutaten in eine Küchenmaschine geben und zu einer Paste pürieren. In einen luftdichten Behälter gefüllt kann sie bis zu 2 Wochen im Kühlschrank gelagert werden.

2. Für die Brühe das Sesamöl in einen Topf mit Deckel gießen. Bei mittlerer Hitze die Schalotten darin etwa 2 Minuten andünsten, dann den Knoblauch und eine Prise Salz hinzufügen. Weitere 5 Minuten braten, bis alles weich ist.

3. Nun 5 EL von der Goldenen Paste dazugeben und nochmals 2 Minuten garen.

4. Inzwischen in einem weiteren Topf 500 ml Wasser zum Kochen bringen. Dann das kochende Wasser zur Paste gießen. Dabei wird alles vom Topfboden gelöst und die Flüssigkeit nimmt alle Aromen auf. Anschließend die Kokosmilch und den Kokosblütenzucker hinzufügen.

5. Alles zum Kochen bringen, den Deckel aufsetzen und die Brühe bei geringer Hitze 45 Minuten bis 1 Stunde köcheln lassen – je länger die Kochzeit, desto intensiver der Geschmack. In große Tassen oder Schalen füllen und mit etwas Limettensaft und Salz abschmecken.

TIPP FÜR DIE KLEINSTEN

Wenn kleinere Kinder mitessen, die Chilis in der Paste weglassen. Stattdessen streue ich in die Portionen für die Erwachsenen zum Schluss gern eine Prise Chiliflocken.

AUS EINEM TOPF

AUBERGINEN-KNOBLAUCH-RAGOUT

Dieses Gericht ist bei uns sehr beliebt. Und unsere Tochter May isst immer blitzschnell ihren Teller leer und ruft dann sofort nach mehr. Das Ragout lässt sich hervorragend in größeren Mengen vorbereiten und schmeckt köstlich zu Spaghetti, Orzo-Pasta, als Füllung für Ofenkartoffeln oder mit einer beliebigen Getreidebeilage, z. B. Quinoa (für eine Extraportion Eiweiß), Gerstengraupen oder Reis.

FÜR 4 PERSONEN

2 mittelgroße Auberginen
1 EL Olivenöl
1 rote Zwiebel, geschält, fein geschnitten
1 weiße Zwiebel, geschält, fein geschnitten
5 große Knoblauchzehen, geschält, zerdrückt
1–2 TL Paprikapulver, geräuchert
2 TL Ahornsirup
400 g braune Linsen (Dose), abgegossen, gespült
400 g Tomaten (Dose), stückig
4 Portionen Spaghetti (pro Person 75 g)
1 TL Vollkornreis-Misopaste
½ TL Apfelessig
Meersalz und Pfeffer
1 Handvoll frische Petersilie, fein gehackt, zum Anrichten
Walnuss-Parmesan (siehe Seite 97), zum Bestreuen

1. Den Backofen auf 210 °C (Umluft) vorheizen.

2. Die Auberginen mit einem Messer ringsum einstechen – damit beim Garen der Dampf entweichen kann – und auf ein Backblech legen. In den Ofen schieben und die Auberginen etwa eine Stunde rösten, sodass die Haut Blasen wirft, sich dunkel verfärbt und das Fruchtfleisch weich wird. Am Ende der Garzeit ist die Haut runzelig, und die Auberginen fallen in sich zusammen.

3. Sobald 30 Minuten der Auberginen-Garzeit vergangen sind, mit dem Ragout beginnen.

4. Dazu in einer großen Pfanne bei mittlerer Hitze die Zwiebeln mit einer reichlichen Prise Salz in Olivenöl andünsten. Nach 5 Minuten, wenn die Zwiebeln allmählich weich werden, den Knoblauch hinzufügen. Alles 2 bis 3 Minuten braten.

5. Das Paprikapulver dazugeben und nochmals etwa 2 Minuten braten, dann Ahornsirup unterrühren und die Linsen hinzufügen. Alles gut mischen und nach einigen Minuten die Tomatenstücke hinzufügen.

6. Die Auberginen aufschneiden, sobald sie gar sind, und mit einem Löffel das Fleisch herausschaben – es sollte glatt und weich sein.

7. Das Auberginenfleisch unter die Linsenmasse heben und alles weitere 10 Minuten köcheln lassen. Inzwischen die Spaghetti nach Packungsanweisung kochen.

8. Zum Schluss das Ragout mit Misopaste und Apfelessig abschmecken und bei Bedarf nachwürzen. Die Pasta in den Topf geben und mit dem Ragout mischen. Jede Portion mit frischer Petersilie und etwas Walnuss-Parmesan bestreut servieren.

ORZO-BOHNEN-PFANNE

Dieses schlichte, aber herrlich cremige Abendessen liefert extraviel Gemüse und pflanzliches Eiweiß. Reste davon eignen sich bestens als schnelles Mittagessen unter der Woche. Dazu die Reste einfach in etwas Olivenöl bei geringer Hitze aufwärmen.

FÜR 4 PERSONEN

1 EL Olivenöl
1 weiße Zwiebel, geschält, gewürfelt
1 kleine rote Zwiebel, geschält, gewürfelt
3 Knoblauchzehen, geschält, zerdrückt
1 süße Spitzpaprika, gewürfelt
1 TL Paprikapulver, geräuchert
400 g Limabohnen (Dose), abgegossen, gespült
300 g Orzo-Nudeln
400 ml Gemüsebrühe
400 ml Kokosmilch (Dose)
100 g TK-Erbsen
200 g Kirschtomaten, geviertelt
20 g Basilikum, fein gehackt
Saft von ½ Zitrone
Salz und Pfeffer

1. In einer hohen Pfanne mit Deckel das Olivenöl mit einer reichlichen Prise Salz bei mittlerer Hitze erwärmen. Die Zwiebeln hineingeben und 5 Minuten darin anbraten, bis sie weich sind.

2. Den Knoblauch und die Paprikawürfel hinzufügen und weitere 5 Minuten braten, bis die Paprikawürfel weich werden.

3. Das Paprikapulver und die Limabohnen dazugeben und etwa 1 Minute schmoren, dann Orzo-Nudeln, Gemüsebrühe und Kokosmilch hinzufügen. Alles aufkochen lassen, dann die Hitze reduzieren, den Deckel aufsetzen und 15 Minuten köcheln lassen. Dabei alle 5 Minuten umrühren.

4. Die Erbsen und die Kirschtomaten dazugeben und alles gut durchrühren. Weitere 5 Minuten köcheln lassen, bis die Tomaten weich werden und die Erbsen gar sind. Zuletzt das Basilikum und den Zitronensaft unterrühren und nach Geschmack würzen.

TIPP FÜR DIE KLEINSTEN

Für sehr kleine Kinder die Limabohnen am besten halbieren.

SCHWARZKOHL-SPINAT-SPAGHETTI

Sobald die Schwarzkohl-Saison beginnt, steht dieses leckere und unkomplizierte Gericht bei mir wöchentlich auf dem Speiseplan. Falls ihr das Gericht etwas schärfer mögt, könnt ihr etwas Chili für einen intensiveren Geschmack hinzufügen. Wenn die Mädchen mit uns essen, verzichte ich auf Chili.

FÜR 4 PERSONEN

FÜR DIE SOSSE
75 g Pinienkerne
Saft von 1 Zitrone
2 EL Pflanzlicher Joghurt (Kokos, ungesüßt)
2 EL Nudelwasser
2 EL Olivenöl
20 g Basilikum
20 g Petersilie

FÜR DIE PASTA
1 EL Olivenöl, plus mehr zum Anrichten
2 Schalotten (oder Zwiebeln)
6 Knoblauchzehen
1 Prise getrocknete Chiliflocken
400 g Schwarzkohl
100 g Spinat
4 Portionen Spaghetti (pro Person 75 g)
Meersalz

1. Für die Soße in einer großen Pfanne die Pinienkerne bei mittlerer Hitze etwa 3 Minuten goldbraun rösten. Aus der Pfanne nehmen und beiseitestellen (die Pfanne wird gleich wieder für das Gemüse gebraucht).

2. Die Pfanne mit etwas Olivenöl und einer Prise Salz zurück auf die Herdplatte stellen. Sobald sie erwärmt ist, die Schalotten darin anbraten und 5 bis 10 Minuten schmoren, dann Knoblauch und Chili hinzufügen.

3. Währenddessen den Schwarzkohl und den Spinat entweder sehr fein schneiden oder in der Küchenmaschine zerkleinern und ebenfalls in die Pfanne geben.

4. Inzwischen die Spaghetti nach Packungsanweisung in Salzwasser kochen.

5. Die Soßenzutaten in der Küchenmaschine oder im Mixer pürieren (damit warten, bis die Spaghetti fast fertig sind, da etwa 3 EL Kochwasser dafür verwendet werden).

6. Die Spaghetti durch ein Sieb abgießen, etwa 3 EL Kochwasser zurückbehalten und die Pasta mit der Soße zum Gemüse in die Pfanne geben. Alles gut durchmischen, sodass die Spaghetti mit Soße umhüllt sind. Falls nötig, noch etwas Kochwasser dazugießen. Zum Schluss einen großzügigen Schuss Olivenöl hinzufügen und sofort servieren.

ROTE-BETE-WALNUSS-PASTA

Hier kommt der absolute Hingucker aus diesem Buch – die knallpink gefärbten Spaghetti sehen wirklich fantastisch aus. Die Walnüsse, die Pinienkerne und die weißen Bohnen sorgen für angenehmen Biss, während die Kokosmilch eine herrlich cremige Note verleiht. Und der Knoblauch mit der Petersilie runden den tollen mild-süßlichen Geschmack ab.

FÜR 4 PERSONEN

100 g Walnusskerne
50 g Pinienkerne
300 g Rote Bete, gekocht, abgegossen, geschält, grob gehackt
25 g glatte Petersilie, grob gehackt
3 EL Olivenöl
1 rote Zwiebel, geschält, fein geschnitten
1 Knoblauchzehe, geschält, fein geschnitten
400 g kleine weiße Bohnen (Cannellini oder Haricot, Dose), abgegossen, gespült
200 ml Kokosmilch (Dose)
Zitronensaft, nach Belieben
4 Portionen Spaghetti oder andere lange Pasta (pro Person 75 g)
Meersalz und schwarzer Pfeffer

1. Die Walnuss- und Pinienkerne ohne Fett bei großer Hitze in einer Pfanne rösten, bis die Pinienkerne goldbraun sind. Dann zusammen mit Roter Bete, Petersilie, 2 EL Olivenöl und einer kräftigen Prise Salz in eine Küchenmaschine geben und pürieren.

2. Den restlichen EL Olivenöl in einem großen Topf erhitzen und darin die Zwiebeln 5 bis 7 Minuten anbraten, bis sie weich sind. Den Knoblauch hinzufügen und alles nochmals 1 Minute braten.

3. Das Rote-Bete-Püree zusammen mit den Bohnen und der Kokosmilch mit in den Topf geben und alles verrühren. Aufkochen und einige Minuten köcheln lassen, um alles gleichmäßig zu erwärmen.

4. Bei Bedarf nachwürzen und mit Zitronensaft abschmecken.

5. Die Pasta (Spaghetti) nach Packungsanweisung in Salzwasser kochen, dann durch ein Sieb abgießen und zurück in den Topf geben.

6. Die Soße unter die Pasta heben und sofort servieren.

KÜRBIS-SALBEI-PAPPARDELLE

Herrliches Nudelgericht mit cremiger Soße, kross gebratenen Salbeiblättern und aromatischen Knoblauchscheiben, das sich ganz unkompliziert zubereiten lässt: Einfach den Kürbis im Backofen rösten, Knoblauch und Salbei in reichlich Olivenöl anbraten, den Spinat kurz in der Pfanne zusammenfallen lassen und alles zusammen anrichten.

FÜR 4 PERSONEN

1 kg Kürbis (Butternut, Kronprinz oder Hokkaido)
2 EL Olivenöl
1 kleine Zwiebel, geschält, geviertelt
4 Knoblauchzehen, geschält
50 ml natives Olivenöl extra
1 kleine Handvoll Salbeiblätter
25 ml Haferdrink
150 g Babyspinat, grob gehackt
Muskat, abgerieben, nach Geschmack (max. ½ TL)
4 Portionen Pappardelle (oder Tagliatelle, pro Person 75 g)
Meersalz und schwarzer Pfeffer

1. Den Backofen auf 190 °C (Umluft) vorheizen.

2. Den Kürbis halbieren und die Kerne herausschaben. Das Fleisch leicht salzen und mit 2 EL Öl beträufeln, dann mit der aufgeschnittenen Seite nach unten – zusammen mit den Zwiebeln – auf ein Backblech legen. In die ausgehöhlten Kürbishälften je eine Knoblauchzehe stecken und 45 bis 50 Minuten backen, bis sich auf der Schale Blasen bilden und das Fleisch weich ist.

3. Die restlichen Knoblauchzehen in feine Scheiben schneiden. In einer großen Pfanne das native Olivenöl leicht erwärmen, den Knoblauch und die Salbeiblätter darin einige Minuten andünsten, bis der Knoblauch goldbraun und die Blätter kross sind. Knoblauch und Salbei mit einem Schaumlöffel aus der Pfanne nehmen und beiseitestellen. Das Öl in der Pfanne belassen.

4. Wenn der Kürbis gar ist, das Fleisch samt Knoblauch aus der Schale schaben und zusammen mit den gebackenen Zwiebeln und dem Haferdrink in einen Mixer oder eine Küchenmaschine geben. Kräftig mit Salz und Pfeffer würzen und alles zu einem glatten Püree mixen.

5. Das Kürbispüree in die Pfanne geben und mit dem darin verbliebenen Öl verrühren. Den Spinat hinzufügen, nach Geschmack etwas Muskat darüberreiben und alles schmoren, bis der Spinat zusammengefallen ist und die Soße aufkocht.

6. Die Pappardelle nach Packungsanweisung in Salzwasser kochen. Durch ein Sieb abgießen und in der Soße schwenken, danach mit dem gebratenen Knoblauch und den Salbeiblättern garniert servieren.

TIPP FÜR DIE KLEINSTEN

Ein beliebtes Kindergericht, wenn man die Salbeiblätter und das Muskatgewürz (weitestgehend) weglässt.

BROKKOLI-PISTAZIEN-PASTA

Ein würziges, scharfes und frisches Gericht, gut ausbalanciert und schnell zubereitet, das nicht nur mit al dente gekochter Pasta köstlich schmeckt, sondern auch mit Orzo-Nudeln oder Ofenkartoffeln.

FÜR 4 PERSONEN

4 Portionen Fusilli (Orecchiette oder Casarecce, pro Person 75 g)
600 g Brokkoli, Stiel fein gehackt, Röschen grob zerkleinert (1–2 cm)
2 EL natives Olivenöl extra, plus mehr zum Anrichten
2 große Knoblauchzehen, geschält, fein geschnitten
1 rote Chili, entkernt, fein geschnitten (optional)
50 g Pistazien, geschält, fein gehackt
Schale von ½ Bio-Zitrone, abgerieben
20 g Petersilie, Blätter und Stiele fein gehackt
Meersalz und schwarzer Pfeffer

1. Die Pasta nach Packungsanweisung in Salzwasser kochen.

2. Die Brokkoliröschen und die zerkleinerten Stiele in einen Topf mit kochendem Salzwasser geben und 3 Minuten blanchieren – sie sollen noch bissfest sein.

3. Den Brokkoli durch ein Sieb abgießen, dabei einige Esslöffel vom Kochwasser zurückbehalten und beiseitestellen.

4. In einer großen Pfanne das native Olivenöl erwärmen und darin Knoblauch und ggf. Chili einige Minuten andünsten, dann Pistazien und Zitronenschale unterrühren und von der Herdplatte nehmen.

5. Nun den Brokkoli in die Pfanne geben. Kräftig würzen, dann die Pfanne zurück auf den Herd stellen und einige Esslöffel Brokkoli-Kochwasser hinzufügen.

6. Alles einige Minuten schmoren, dabei den Brokkoli zerdrücken und die gehackte Petersilie unterrühren.

7. Zusammen mit reichlich nativem Olivenöl unter die fertige Pasta heben.

TIPP FÜR DIE KLEINSTEN

Für kleinere Kinder einfach Chili weglassen. Ihr könnt die Soße auch in der Küchenmaschine oder im Mixer mit etwas mehr Brokkoli-Kochwasser oder Haferdrink pürieren, damit sie weniger stückig und dafür sämiger wird.

TOMATEN-FARFALLE-PFANNE

Wollt ihr nicht stundenlang nach dem Kochen die Küche aufräumen, ist dieses leckere Pfannengericht die Rettung im stressigen Alltag. Kapern, Oliven, Chili, Petersilie und Essig runden dieses Gericht pikant ab. Und hier kommt das Beste daran: Fertig ist es in knapp 30 Minuten.

FÜR 4 PERSONEN

2 EL Olivenöl
4 Knoblauchzehen, geschält, fein geschnitten
2 EL Kapern, gespült, abgetrocknet
1 Handvoll Kalamata-Oliven, entsteint, geviertelt
1 Paprikaschote (rot, orange oder gelb), fein geschnitten
1 TL Chiliflocken, getrocknet
8 getrocknete Tomaten, fein gehackt
20 g Petersilie, Stiele und Blätter separat, fein gehackt
2 EL Tomatenmark
2 EL Balsamessig
400 g Tomaten (Dose), stückig
4 Portionen Farfalle (Conchiglie oder Penne, pro Person 75 g)

1. In einer großen Kasserolle oder hohen Pfanne mit Deckel das Öl erwärmen und darin bei mittlerer Hitze den Knoblauch, die Kapern, die Oliven, die Paprikastreifen, Chili und die getrockneten Tomaten 10 Minuten anbraten, bis die Paprikastreifen weich sind.

2. Die Hitze erhöhen und die Petersilienstiele, das Tomatenmark und den Balsamessig unterrühren.

3. Einige Minuten schmoren, dann die Tomatenstücke und 550 ml Wasser hinzufügen. Die Pasta unterrühren und alles zum Kochen bringen.

4. Die Hitze reduzieren, den Deckel auf die Kasserolle oder Pfanne setzen und alles 12 Minuten köcheln lassen. Dabei regelmäßig umrühren, damit nichts anhaftet.

5. Zuletzt die Petersilienblätter unterheben und die Pasta sofort servieren.

TIPP FÜR DIE KLEINSTEN

Chili und Oliven (je nach Alter der Kinder) weglassen und erst am Ende für die Erwachsenen hinzufügen.

ERDNUSS-CHILI-NUDELN

FÜR 4 PERSONEN

FÜR DIE NUDELN
200 g Glasnudeln
300 g fester Tofu
Olivenöl, zum Braten
1 rote Zwiebel, geschält, fein geschnitten
2 Knoblauchzehen, geschält, fein gehackt
1 daumengroßes Stück Ingwer, geschält, fein gehackt
125 g TK-Erbsen
2 Frühlingszwiebeln, fein geschnitten, zum Anrichten

FÜR DIE SOSSE
3 EL Tamari
2 EL Reisweinessig
2 EL Erdnussbutter (crunchy)
2 TL Ahornsirup
4 EL Wasser
1 TL Currypulver
½ TL Kurkuma, gemahlen
½-1 TL Chiliflocken, getrocknet

FÜR DIE CHILI-PICKLES
2 rote Chilischoten, entkernt, fein gehackt
Saft von 2 Limetten
1 TL Ahornsirup

1. Die Glasnudeln nach Packungsanweisung kochen. Durch ein Sieb abgießen, mit kaltem Wasser abschrecken, damit sie nicht weiter quellen, beiseitestellen.

2. Den Tofu mit Küchenkrepp abtrocknen und in mundgerechte Stücke schneiden.

3. Alle Soßenzutaten in eine mittelgroße Schüssel geben und sorgfältig verrühren, bis die Soße glatt ist, dann beiseitestellen.

4. Für die Pickles die Chilischoten in eine kleine Schüssel geben und mit Limettensaft und Ahornsirup übergießen. Anschließend beiseitestellen.

5. Etwas Olivenöl in einer beschichteten Pfanne bei mittlerer Hitze erwärmen. Den Tofu hineingeben und darin 7 bis 8 Minuten von allen Seiten goldbraun und knusprig anbraten. Dabei nicht zu oft wenden, damit eine krosse Kruste entsteht, aber darauf achten, dass alle Seiten mit dem heißen Öl in Berührung kommen, damit sie goldbraun werden.

6. Wenn der Tofu gebräunt und knusprig ist, Zwiebeln, Knoblauch und Ingwer dazugeben und 1 bis 2 Minuten anbraten. Dann die Erbsen hinzufügen und nochmals 1 Minute garen. Anschließend die beiseitegestellte Soße dazugießen und unter gelegentlichem Rühren etwa 3 Minuten garen, bis alles schön heiß und die Soße leicht eingedickt ist.

7. Die Nudeln mit einer Zange oder zwei Gabeln vorsichtig unter die Soße heben. Sind alle Nudeln mit Soße überzogen, den Herd ausschalten, die Chili-Pickles samt Marinade darübergießen und alles verrühren. Mit Frühlingszwiebeln bestreut sofort servieren.

TIPP FÜR DIE KLEINSTEN

Die Chili-Pickles erst ganz zum Schluss hinzufügen und zuvor die Kinderportionen servieren. Je nach Alter der Kinder weniger Tamari hinzugeben oder ganz weglassen und cremig-glatte Erdnussbutter verwenden.

KOKOS-GEMÜSE-REIS

Dieses Gericht aus einem einzigen Topf ist schlicht, schnell zubereitet und dennoch sehr aromatisch und liefert eine Menge gesunde pflanzliche Zutaten. Wollt ihr den Geschmack noch intensivieren, könnt ihr das Kräuter-Relish unserer Kräuter-Bohnen-Champignons von Seite 233 darüberträufeln.

FÜR 4 PERSONEN

1 EL Kokosöl
1 kleine Zwiebel, geschält, fein gehackt
1 Stück Ingwer (2 cm), geschält, gerieben
2 Knoblauchzehen, geschält, gerieben
1 EL Koriander, gemahlen
1 kleiner Bund Koriander, Stiele fein gehackt, Blätter zum Garnieren
3 EL Kokosraspel
200 g Basmatireis
400 ml Kokosmilch (Dose)
200 ml heiße Gemüsebrühe
200 g grüne Bohnen, halbiert
200 g Zucker- oder Kaiserschoten, geputzt
200 g TK-Erbsen
200 g TK-Edamame
Meersalz und schwarzer Pfeffer
2 Limetten, in Spalten geschnitten, zum Anrichten
Dukkah-Gewürz (siehe Seite 101), zum Anrichten

1. Das Kokosöl bei mittlerer Hitze in einer Kasserolle (Ø 28–30 cm) mit Deckel zerlassen.

2. Die Zwiebeln hinzufügen und 5 Minuten darin anbraten, bis sie leicht gebräunt sind, dann den Ingwer, den Knoblauch, den gemahlenen Koriander, die Korianderstiele und die Kokosraspel dazugeben. Alles weitere 2 bis 3 Minuten braten.

3. Den Reis und die Kokosmilch hinzufügen; die Kokosmilchdose mit der heißen Gemüsebrühe ausspülen und ebenfalls dazugießen. Mit Salz und Pfeffer kräftig abschmecken und alles kurz durchrühren, damit es sich miteinander verbindet.

4. Den Kokos-Reis zum Kochen bringen und dann vorsichtig die Bohnen, die Zuckerschoten, die Erbsen und die Edamame auf den Reis schichten. Den Deckel aufsetzen, die Hitze so niedrig stellen wie möglich und alles 15 Minuten dämpfen.

5. Den Kokos-Gemüse-Reis vom Herd nehmen und 5 Minuten beiseitestellen.

6. Den Kokos-Gemüse-Reis mit den Limettenspalten garnieren. Mit den Korianderblättern und reichlich Dukkah bestreut servieren.

WARMER WILDREIS-BOHNEN-SALAT

FÜR 4 PERSONEN

1 EL Olivenöl
1 Fenchelknolle, gehackt
100 g Wildreis
500 ml heiße Gemüsebrühe
100 g Vollkorn-Basmatireis
50 g Quinoa
400 g grüne Bohnen, geputzt, gedrittelt
100 g Pinienkerne
75 g grüne Oliven, entsteint, grob gehackt
2 EL Kapern, gespült und grob gehackt
250 g Rote Bete, gegart, grob gehackt
1 kleiner Bund Dill, fein gehackt
Meersalz und schwarzer Pfeffer

FÜR DAS DRESSING
Schale von 1 Bio-Zitrone, abgerieben
Saft von 1 Zitrone
2 EL Dijon-Senf
2 Knoblauchzehen, geschält, zerdrückt oder fein gerieben
100 ml natives Olivenöl extra

1. In einer großen Kasserolle mit Deckel das Olivenöl erwärmen und den Fenchel darin bei großer Hitze 5 Minuten unter Rühren anbraten, bis er weich wird und zu karamellisieren beginnt.

2. Den Wildreis und die heiße Gemüsebrühe hinzufügen, mit Salz und Pfeffer abschmecken, kurz durchrühren und zum Kochen bringen und 5 Minuten kochen.

3. Den Basmatireis dazugeben, kurz verrühren und erneut zum Kochen bringen.

4. Den Deckel aufsetzen, die Hitze so weit wie möglich reduzieren und alles 25 Minuten köcheln lassen.

5. Die Quinoa dazugeben und mit dem Reis verrühren, dann die grünen Bohnen darüber verteilen, den Deckel wieder schließen und alles weitere 10 Minuten garen. Damit der Reis nicht anbrennt, kurz durchrühren. Sobald die Quinoa gar ist, den Topf von der Herdplatte nehmen und weitere 10 Minuten ziehen lassen – dabei wird die restliche Flüssigkeit vom Reis und der Quinoa aufgenommen.

6. Die Pinienkerne bei großer Hitze ohne Fett in einer Pfanne kurz rösten, dabei darauf achten, dass sie nicht verbrennen. Anschließend beiseitestellen.

7. Den Reis und die Bohnen in eine Servierschale geben. Für das Dressing alle Zutaten in einer Schüssel verrühren, über den Salat gießen und zusammen mit den Oliven und den Kapern verrühren. Zuletzt vorsichtig die Rote-Bete-Stücke unterheben (damit sich nicht der gesamte Salat verfärbt) und die Pinienkerne und den Dill darüberstreuen. Sofort servieren.

TIPP

Falls ihr keinen Wildreis bekommt, könnt ihr einfach 200 g Basmati-Vollkornreis nehmen. Auch roter Camargue-Reis oder schwarzer Reis eignen sich gut für diesen Salat.

PERLGRAUPEN-SELLERIE-TABOULÉ

Vielleicht mögt ihr die Perlgraupen in diesem Salat ebenso gern wie ich – sie sorgen für Biss und eine tolle Textur. Besonders köstlich schmecken dazu unser Zitronen-Mandel-Hummus (siehe Seite 118) und ein großer grüner Salat. Die Reste von diesem Salat eignen sich bestens zum Mitnehmen für die Mittagspause.

FÜR 4 PERSONEN ALS HAUPTGERICHT, FÜR 8 PERSONEN ALS BEILAGE

200 g Perlgraupen (auch Perlgerste genannt)
200 g Gurke, gewürfelt
200 g Kirschtomaten, geviertelt
2 Selleriestangen, geputzt, fein geschnitten
50 g frische Minze, gehackt
50 g Petersilie, fein gehackt
½ rote Zwiebel, geschält, fein gehackt
Kerne von 1 Granatapfel
90 ml natives Olivenöl extra
Saft von 2 Zitronen
1 EL Granatapfelmelasse oder Ahornsirup
Meersalz und schwarzer Pfeffer

1. Die Perlgraupen in einen Topf geben und mindestens 3 cm hoch mit Wasser bedecken. Salzen, zum Kochen bringen und 30 Minuten köcheln lassen, bis die Graupen weich sind. Falls nötig, mehr Wasser dazugießen.

2. Inzwischen die Gurken würfeln, die Tomaten, den Sellerie, die Minze, die Petersilie, die rote Zwiebel und die Hälfte der Granatapfelkerne in einer großen Schüssel vermischen.

3. Das native Olivenöl mit dem Zitronensaft und der Granatapfelmelasse oder dem Ahornsirup verrühren und über das Gemüse-Gemisch gießen.

4. Die Perlgraupen durch ein Sieb abgießen und unter das Gemüse rühren – die warmen Graupen nehmen das Dressing gut auf.

5. Mit den restlichen Granatapfelkernen bestreut sofort servieren.

TIPP

Wenn es besonders schnell gehen soll, könnt ihr statt Perlgraupen auch Quinoa verwenden, die in nur 12 bis 15 Minuten fertig ist.

MAISPUFFER MIT FRÜHLINGSZWIEBELN

Diese köstlichen Maispuffer lassen sich in einer Viertelstunde zubereiten. Dazu passt wunderbar ein einfacher Salat als Beilage, angerichtet mit dem Knoblauch-Tahin-Dressing (siehe Seite 98) oder Avocadocreme, scharfer Soße und Limettenspalten.

ERGIBT 20 STÜCK (FÜR 4 PERSONEN)

75 g Mehl
25 g Maisgrieß
1½ TL Backpulver
½ TL feines Meersalz
340 g Mais (Dose), abgegossen, abgetrocknet
2 Frühlingszwiebeln, fein geschnitten
1 Knoblauchzehe, geschält, zerdrückt
1 rote Chilischote, entkernt, gewürfelt
8 Stiele Koriandergrün, fein gehackt
1 EL Nährhefe
150 ml Haferdrink
1–2 EL Olivenöl, zum Braten

1. Das Mehl und den Maisgrieß mit dem Backpulver und Salz in einer großen Schüssel vermischen. Kräftig würzen und dann die Maiskörner, die Frühlingszwiebeln, den Knoblauch, die Chiliwürfel (nach Geschmack), den Koriander und die Nährhefe hinzufügen und alles verrühren.

2. Nach und nach den Haferdrink unterrühren, sodass ein dicker, löffelbarer Teig entsteht.

3. In eine große Pfanne etwas Öl geben und bei mittlerer Hitze erwärmen. Dann den Teig esslöffelweise mit etwas Abstand hineingeben und 2 bis 3 Minuten braten. Sobald an der Oberfläche Blasen erkennbar sind und die Ränder fest werden, die Puffer wenden und nochmals etwa 1½ Minuten braten, bis sie goldbraun und knusprig sind. Herausheben und auf Küchenkrepp abtropfen lassen.

4. Mit dem restlichen Teig so verfahren, bis er aufgebraucht ist.

TIPP FÜR DIE KLEINSTEN

Die Chilis weglassen und stattdessen die Puffer für die Erwachsenen mit getrockneten Chiliflocken bestreuen.

KROSSE KAROTTENPUFFER

Diese geschmacksintensiven und vielseitigen Puffer eignen sich hervorragend für die Lunchbox oder für ein schnelles Essen unter der Woche. Kombiniert sie mal zu einem großen Salat mit dem cremigen Knoblauch-Tahin-Dressing (siehe Seite 98) oder zu einem Ofengemüse mit Salsa Verde, Chermoula-Paste oder Mandel-Tomaten-Pesto (siehe Seiten 102, 110 und 112).

ERGIBT 15 STÜCK

75 g Kichererbsenmehl
1½ TL Backpulver
1 TL Kreuzkümmel, gemahlen
300 g Karotten geschält, grob geraspelt
2 Frühlingszwiebeln, geputzt, fein geschnitten
10 g Koriandergrün, fein gehackt
1 EL Sonnenblumen- oder Kokosöl

1. Das Mehl durchsieben und zusammen mit dem Backpulver und dem Kreuzkümmel in eine große Rührschüssel geben. Die Karottenraspel, die Frühlingszwiebeln und das Koriandergrün hinzufügen und nach Geschmack würzen. Alles zu einer dicken, relativ trockenen Masse verrühren und 10 Minuten beiseitestellen.

2. In einer großen beschichteten Pfanne etwas Öl erhitzen. Den Teig esslöffelweise mit etwas Abstand hineingeben und flach drücken, sodass die Puffer etwa 1 cm hoch sind.

3. Die Puffer von jeder Seite 3 bis 4 Minuten goldbraun und knusprig braten. Herausheben und warm halten. Mit dem restlichen Teig genauso verfahren, bis er aufgebraucht ist.

TIPP

Keine Sorge, wenn der Teig beim Anrühren etwas zäh wirkt – die Feuchtigkeit der Karotten sorgt dafür, dass die Puffer in der Mitte schön mürbe werden.

ZUCCHINI-KRÄUTER-PUFFER

Auch für stressige Tage kann ich euch dieses Rezept sehr empfehlen. Durch Minze, Petersilie, Frühlingszwiebeln und Knoblauch werden die Zucchini herrlich aromatisch, und das Kichererbsenmehl sorgt für reichlich pflanzliches Eiweiß.

ERGIBT 16 STÜCK

400 g Zucchini, geputzt, grob geraspelt
70 g Kichererbsenmehl
1½ TL Backpulver
1 EL Nährhefe
2 Frühlingszwiebeln, geputzt, fein geschnitten
1 Knoblauchzehe, geschält, zerdrückt
1 kleine Handvoll glatte Petersilie, fein gehackt
2 Zweige frische Minze, Blätter fein gehackt
1 EL Sonnenblumen- oder Kokosöl
Meersalz

ZUM ANRICHTEN
Salsa Verde, Chermoula-Paste oder Pesto (siehe Seiten 102, 110 und 112).

1. Die Zucchini leicht salzen, in ein Sieb geben und zum Abtropfen mindestens 15 Minuten beiseitestellen.

2. Das Mehl durchsieben und mit dem Backpulver in eine große Rührschüssel geben. Die Nährhefe, die Frühlingszwiebeln, den Knoblauch, die Petersilie und die Minze hinzufügen.

3. So viel Flüssigkeit wie möglich aus den Zucchini pressen und diese anschließend mit in die Schüssel geben. Nach Geschmack würzen und alles sorgfältig verrühren, sodass keine trockenen Stellen im Mehl verbleiben.

4. In einer großen beschichteten Pfanne etwas Öl erhitzen. Den Teig esslöffelweise mit etwas Abstand hineingeben und flach drücken, sodass die Puffer etwa 1 cm hoch sind. Die Puffer von beiden Seiten 4 bis 5 Minuten goldbraun und knusprig braten. Unter einem Geschirrtuch warm halten und mit dem restlichen Teig genauso verfahren, bis er aufgebraucht ist.

TIPP
Zucchini enthalten reichlich Wasser, daher ist es wichtig, so viel Flüssigkeit wie möglich herauszupressen, bevor man sie in den Teig rührt. Das vorherige Salzen hilft ebenfalls beim Entwässern, daher diesen Schritt nicht überspringen!

Gastrezept: Rohini Bajekal

ROHINIS MUNG DAL

FÜR 4 PERSONEN

200 g Mung Dal, getrocknet (gespaltene gelbe Linsen)
1 TL natives Olivenöl extra oder Rapsöl
1 TL schwarze Senfkörner
1 TL Kurkuma, gemahlen
¼ TL Asantpulver (optional)
4–5 Curryblätter, frisch oder getrocknet
3 Knoblauchzehen, geschält, zerdrückt
1 Stück Ingwer (4 cm), gerieben
1 große Zwiebel, geschält, fein gehackt
3 grüne Chilischoten, halbiert (entkernt, wenn ihr es nicht so scharf mögt)
3 mittelgroße Tomaten, gehackt
100 g Spinatblätter (optional)
40 g Korianderblätter
Saft von 1 Zitrone
Meersalz und schwarzer Pfeffer
Minze-Gurken-Raita (siehe Seite 109), zum Anrichten

1. Die Linsen in eine Schüssel geben, mit Wasser übergießen und 1 bis 2 Stunden einweichen. Sorgfältig spülen, bis das Wasser klar bleibt, dann abgießen. (Auf das Einweichen kann man auch verzichten, dadurch verlängert sich jedoch die Garzeit etwas.)

2. In einem großen Topf 1,5 l Wasser zum Kochen bringen, die gespülten Linsen dazugeben und die Hitze reduzieren. Die Linsen 20 bis 30 Minuten köcheln lassen, bis sie sehr weich sind, dabei alle 10 Minuten umrühren.

3. Inzwischen das Öl in einem tiefen Topf (mit Deckel) erwärmen, bis es heiß ist, jedoch nicht raucht. Die Hitze reduzieren und die Senfkörner, mit Kurkuma und ggf. Asantpulver darin etwa 15 Minuten anbraten.

4. Curryblätter, Knoblauchzehen und Ingwer sowie 2 EL Wasser hinzufügen und 1 Minute schmoren. Dann Zwiebeln und Chilischoten dazugeben und bei mittlerer Hitze einige Minuten weiterschmoren.

5. Nun die Tomaten unterrühren und für etwa 5 Minuten den Deckel aufsetzen.

6. Die gekochten Linsen in den Topf geben und alles zum Kochen bringen, dabei gut durchrühren. Nach dem Aufkochen die Hitze reduzieren und das Ganze weiter köcheln lassen. Falls ihr das Dal nicht sofort servieren wollt, könnt ihr noch 1 bis 2 Kellen kochendes Wasser dazugeben, da es beim Abkühlen etwas eindickt. 5 Minuten kochen lassen.

7. Den Topf von der Herdplatte nehmen. Nach Geschmack mit Salz und Pfeffer würzen. Sobald das Dal leicht abgekühlt ist, den Koriander, den Zitronensaft und ggf. den Spinat hinzufügen.

8. Das Dal entweder solo als Suppe oder mit Vollkorn-Basmatireis, Quinoa oder Vollkorn-Chapati servieren. Es harmoniert auch wunderbar mit unserer Minze-Gurken-Raita (siehe Seite 109).

Gastrezept: Dr. Shireen Kassam

SHIREENS CHANA BATETA

FÜR 4 PERSONEN

500 g Kartoffeln, geschält, in mundgerechte Stücke geschnitten
1 TL Oliven- oder Kokosöl
1 TL schwarze Senfkörner
4 Curryblätter, frisch oder getrocknet
2 rote Chilischoten, fein gehackt, entkernt (optional)
400 g Tomaten (Dose), stückig
1 EL Tomatenmark
¼ TL feines Meersalz
½ TL Kurkuma, gemahlen
Chiliflocken, getrocknet (optional)
2 EL Kichererbsenmehl
2 EL kaltes Wasser
1 EL Tamarindenpaste
800 g Kichererbsen (Dose), abgegossen, gespült
Saft von 1 Zitrone
1 TL Kokosblütenzucker (optional)
Minze-Gurken-Raita (siehe Seite 109), zum Anrichten

1. Die Kartoffeln in einen großen Topf mit kaltem Wasser geben, sodass sie damit bedeckt sind. Bei mittlerer Hitze köcheln lassen, bis man ohne Widerstand mit der Gabel hineinstechen kann, sie jedoch noch nicht zerfallen. Gut abgießen und auf einem großen Teller ausbreiten und abkühlen lassen. Inzwischen die Soße zubereiten.

2. Das Öl in einem großen Topf mit schwerem Boden bei mittlerer Hitze erwärmen. Die Senfkörner, die Curryblätter und die Chilischoten hineingeben und erhitzen, bis die Senfkörner zu platzen beginnen. Die Tomaten, das Tomatenmark, Salz, Kurkuma und Chiliflocken nach Geschmack hinzufügen. Unter häufigem Rühren 10 bis 15 Minuten die Soße einkochen, bis sie dunkler wird.

3. Zum Andicken das Kichererbsenmehl mit 2 EL kaltem Wasser in einer kleinen Schüssel gut verrühren und dann unter die Soße rühren.

4. Die Tamarindenpaste ebenfalls unterrühren. Die gekochten Kartoffeln und die Kichererbsen hinzufügen und alles einige Minuten garen. Etwas heißes Wasser dazugeben, um die Soße zu verlängern. Mit Zitronensaft abschmecken und den Topf von der Herdplatte nehmen. Wenn die Soße zu herb ist, mit etwas Zucker abschmecken.

5. Die Chana Bateta kochend heiß mit Minze-Gurken-Raita sofort servieren.

30-MINUTEN-KOKOS-CURRY

Bei diesem herrlich frischen Curry-Gericht wird eine Kokossoße mit der Goldenen Paste verwendet. Von der Paste wird nur die halbe Menge benötigt – die andere Hälfte könnt ihr später für die Goldenen Soba-Nudeln oder die süß-scharfe Süßkartoffel-Linsen-Suppe (siehe Seiten 161 und 163) verwenden.

FÜR 4 PERSONEN

300 g fester Tofu
1 EL Sesamöl, geröstet
1 rote Zwiebel, geschält, gewürfelt
5 EL Goldene Paste (halbe Menge; siehe Seite 122)
200 g Baby-Maiskolben, in mundgerechte Stücke geschnitten
400 ml Kokosmilch (Dose)
1 TL Kokosblütenzucker
150 g Zuckerschoten, geputzt
75 g TK-Edamame
Saft von 2–3 Limetten
Meersalz

ZUM ANRICHTEN
Jasminreis
Koriandergrün
1 Limette, in Spalten geschnitten
etwas Pflanzlicher Joghurt (Kokos, optional)

1. Den Tofu abgießen und abtrocknen. Einfach den Tofu in ein Geschirrtuch wickeln, auf ein Küchenbrett legen und von oben mit einer Pfanne oder einem Buch beschweren. 10 Minuten liegen lassen – dabei wird überschüssige Flüssigkeit herausgepresst. Anschließend den Tofu in mundgerechte Stücke schneiden.

2. Während der Tofu entwässert, das Sesamöl bei mittlerer Hitze in einer großen Pfanne erwärmen. Sobald es heiß ist, die Zwiebelwürfel darin mit etwas Meersalz 5 bis 10 Minuten anbraten, bis sie weich sind.

3. Nun die Goldene Paste hinzufügen und 2 bis 3 Minuten schmoren, dann die Maiskolben, die Tofuwürfel, die Kokosmilch und den Kokosblütenzucker dazugeben. Alles zum Kochen bringen, dann die Hitze reduzieren. Die Zuckerschoten hinzufügen. Etwa 10 Minuten köcheln lassen, bis der Mais gar ist. Die Edamame dazugeben und etwa 3 Minuten köcheln lassen, bis die Bohnen ebenfalls gar sind.

4. Mit dem Limettensaft abschmecken, nach Geschmack würzen und mit Jasminreis, Limettenspalten, reichlich Koriander und ggf. etwas Kokosjoghurt servieren.

GOLDENE SOBA-NUDELN

Diese cremig-leckeren Nudeln habe ich als erstes Rezept für dieses Buch entwickelt. Die Vorbereitung dauert nur 10 Minuten, danach köchelt das Gericht einfach vor sich hin, und ihr könnt inzwischen anderes im Haushalt erledigen. Da die Paste für zwei Gerichte reicht, könnt ihr entweder dieses Rezept im Laufe der Woche noch einmal mit anderem Gemüse variieren oder das 30-Minuten-Kokos-Curry bzw. die Süßkartoffel-Linsen-Suppe zubereiten (siehe Seiten 158 und 163).

FÜR 4 PERSONEN

1 EL Sesamöl
1 Schalotte (oder Zwiebel, Schalotten sorgen für einen leicht süßlichen Geschmack), geschält, fein geschnitten
4 Knoblauchzehen, geschält, fein gehackt
5 EL Goldene Paste (siehe Seite 122)
800 ml Kokosmilch (Dose)
1 TL Kokosblütenzucker
180 g Soba-Nudeln
100 g TK-Edamame
150 g Zuckerschoten, geputzt
2 große Handvoll Bohnensprossen
Koriandergrün, zum Anrichten
1–2 Limetten, zum Anrichten
Meersalz

1. Das Sesamöl bei mittlerer Hitze in einer Pfanne erwärmen und die Schalotten darin etwa 2 Minuten anbraten, dann den Knoblauch und eine Prise Salz hinzufügen. Weitere 5 Minuten garen. Die Paste dazugeben und weitere 2 Minuten schmoren, um die Gewürze und die Schalotten durchzugaren.

2. Nun 200 ml kochendes Wasser dazugießen – um alles vom Boden der Pfanne zu lösen und damit sich die Aromen verbinden. Dann die Kokosmilch und den Kokosblütenzucker dazugeben.

3. Alles zum Kochen bringen, den Deckel aufsetzen und bei geringer Hitze 45 Minuten bis 1 Stunde köcheln lassen – je länger die Garzeit, desto intensiver der Geschmack.

4. Etwa 10 Minuten vor dem Servieren die Nudeln nach Packungsanweisung kochen. In den letzten 2 Minuten die Edamame, die Zuckerschoten und die Bohnensprossen mitgaren. Dann Nudeln und Gemüse durch ein Sieb abgießen und auf 4 Schälchen verteilen. Die Soße dazugießen, mit frischem Koriander bestreuen, großzügig mit Limettensaft beträufeln und mit etwas Salz abschmecken.

SÜSSKARTOFFEL-LINSEN-SUPPE

Probiert einmal dieses herrlich wärmende Wohlfühlgericht, das mit Limettensaft, Miso, der Goldenen Paste und roten Linsen und etwas Kokosjoghurt extracremig abgerundet wird. Zum Anrichten verwende ich noch zusätzlichen Kokosjoghurt und eine große Handvoll krosse Croûtons (siehe Seite 98).

FÜR 4 PERSONEN

1 TL Kokosöl
1 rote Zwiebel, geschält, gewürfelt
5 EL Goldene Paste (etwa halbe Menge; siehe Seite 122)
500 g Süßkartoffeln, geschält, in mundgerechte Stücke geschnitten
75 g rote Linsen, gespült
1 TL Kokosblütenzucker
1 TL Vollkornreis-Misopaste
2 EL Pflanzlicher Joghurt (Kokos, ungesüßt)
2 EL Tomatenmark
200 ml Mandeldrink (ungesüßt)
Saft von 1 Limette
Meersalz und schwarzer Pfeffer

ZUM ANRICHTEN
Krosse Croûtons (siehe Seite 98)
Pflanzlicher Joghurt (Kokos, ungesüßt)

1. Das Kokosöl in einem großen Topf (mit Deckel) bei mittlerer Hitze zerlassen. Wenn es geschmolzen ist, die rote Zwiebel mit einer Prise Salz darin etwa 5 Minuten anbraten, bis sie weich wird. Dann die Goldene Paste hinzufügen und weitere 3 Minuten schmoren.

2. Die Süßkartoffeln, die roten Linsen und den Kokosblütenzucker dazugeben und 1 bis 2 Minuten mit der Paste verrühren.

3. Nun 500 ml kochendes Wasser dazugießen. Die Hitze erhöhen, alles zum Kochen bringen, den Deckel aufsetzen und die Hitze wieder reduzieren. Die Suppe 20 Minuten köcheln lassen, bis die Süßkartoffeln gar sind.

4. Misopaste, Joghurt, Tomatenmark, Mandeldrink und Limettensaft hinzufügen. Den Topf von der Herdplatte nehmen und die Suppe mit einem Stabmixer so lange pürieren, bis sie glatt und cremig ist. Nach Geschmack würzen. Mit Krossen Croûtons und Kokosjoghurt servieren.

Gastrezept: Dr. Alan Desmond

ALANS SAUERKRAUT-GEMÜSE-SUPPE

Bei den meisten Suppen dieser Art werden das Gemüse und das Sauerkraut zusammen weich gekocht. Ich füge das fermentierte Sauerkraut erst zum Schluss hinzu, damit die Bakterien, die die Darmflora kräftig unterstützen, erhalten bleiben. Mit Hummus angerichtet und mit Vollkornbrot serviert hat diese Suppe nicht nur geschmacklich, sondern auch gesundheitlich eine Menge zu bieten.

FÜR 4 PERSONEN

1 Zwiebel, geschält, grob gehackt
1 TL natives Olivenöl extra (optional)
2 Knoblauchzehen, geschält, fein gehackt
160 g Brokkoli, in Röschen zerteilt
160 g Blumenkohl, in Röschen zerteilt
1 l Gemüsebrühe
2 Handvoll frischer Babyspinat
1 EL Nährhefe
1 EL gemischte Trockenkräuter
1 TL Dijon-Senf
250 g Pflanzlicher Joghurt (Soja, ungesüßt)
250–300 g Sauerkraut (gespült, abgetropft oder naturell für intensiveren Geschmack)
schwarzer Pfeffer

1. Die Zwiebeln mit Olivenöl und etwas Wasser in einen Topf geben und bei mittlerer bis geringer Hitze 3 Minuten schmoren. Dann den Knoblauch hinzufügen und nochmals 1 Minuten garen (mehr Wasser dazugeben, falls etwas anhaftet).

2. Die Brokkoli- und die Blumenkohlröschen dazugeben, dann die Gemüsebrühe dazugießen. Alles zum Kochen bringen und 15 bis 20 Minuten köcheln lassen.

3. Den Spinat, die Nährhefe, die Kräutermischung und den Dijon-Senf hinzufügen. Die Hitze reduzieren und die Suppe 1 Minute unter Rühren köcheln lassen.

4. Den Topf von der Herdplatte nehmen und die Suppe mit einem Stabmixer grob pürieren, sodass noch einige Röschen erhalten bleiben.

5. Den Joghurt sorgfältig unterrühren.

6. Die Suppe auf vier Schalen verteilen und das Sauerkraut unterheben. Mit schwarzem Pfeffer bestreuen und sofort servieren.

HERZHAFTE MINESTRONE

Diese bunte Gemüsesuppe kommt bei uns oft und gern auf den Tisch. Unsere jüngste Tochter May liebt sie über alles. Das Rezept lässt sich wunderbar variieren – je nachdem, was man gerade im Haus hat. Statt Zucchini kann man zum Beispiel grüne Bohnen verwenden und im Sommer die Dosentomaten durch frische Tomaten ersetzen.

FÜR 4 PERSONEN

1 EL Olivenöl
1 Zwiebel, geschält, fein gehackt (oder 1 große Stange Lauch, gewaschen, fein gehackt)
2 Karotten, geschält, fein gehackt
2 Stangensellerie, fein gehackt
1 kleiner Bund Basilikum, Stiele fein gehackt, Blätter separat
2 Knoblauchzehen, geschält, fein geschnitten
2 EL Tomatenmark
1 große Zucchini, grob gehackt
400 g Cannellini-Bohnen (Dose), abgegossen, gespült
400 g Tomaten (Dose), stückig
1 frisches Lorbeerblatt
1 l heiße Gemüsebrühe
100 g kurze Pasta (z. B. Makkaroni)
Meersalz und schwarzer Pfeffer

1. In einem großen Topf oder einer Kasserolle (mit Deckel) das Olivenöl bei hoher Hitze erwärmen und die Zwiebeln, die Karotten, den Sellerie und die Basilikumstiele hineingeben. Großzügig mit Salz und Pfeffer würzen.

2. Die Hitze etwas reduzieren, den Deckel aufsetzen und das Gemüse 10 Minuten anschwitzen, bis es weich ist.

3. Die Knoblauchscheiben hinzufügen und alles einige Minuten weiterschmoren.

4. Das Tomatenmark, die Zucchini, die Cannellini-Bohnen, die Dosentomaten, das Lorbeerblatt und 500 ml von der Gemüsebrühe dazugeben. Erneut würzen, die Hitze erhöhen, alles zum Kochen bringen und 10 Minuten köcheln lassen.

5. Die Pasta und die restliche Gemüsebrühe hinzufügen und weiterhin köcheln lassen, bis die Pasta gar ist – etwa 8 Minuten.

6. Die Basilikumblätter fein hacken und unterrühren. Falls die Suppe zu dick ist, noch etwas Wasser dazugießen.

TIPP

Als Topping sind die Krossen Croûtons von Seite 98 hervorragend geeignet.

AUS DEM OFEN

MEDITERRANES OFENGEMÜSE

Gerade an warmen Tagen ist dieses einfache Gericht ideal – es muss nicht lange vorbereitet werden, und danach ist nur ein geringer Abwasch fällig. Ich empfehle dazu einen schlichten Salat mit dem Knoblauch-Tahin-Dressing auf Seite 98 oder eine der Pesto-Variationen von Seite 112. Besonders gut passt das Rucola-Pistazien-Pesto dazu.

FÜR 4 PERSONEN

1 große oder 2 kleine rote Zwiebel(n), geschält, in schmale Spalten geschnitten
2 Knoblauchzehen, ungeschält, mit dem Messer flach gedrückt
400 g Kirschtomaten
2 rote Paprikaschoten, entkernt, fein geschnitten
400 g Kichererbsen (Dose), abgegossen, gespült
1 Aubergine, in 2 cm große Würfel geschnitten
2 Zweige Rosmarin
3 EL Olivenöl
1½ EL Balsamessig
150 g Sauerteigbrot, in mundgerechte Stücke gezupft
Meersalz und schwarzer Pfeffer

ZUM ANRICHTEN
1 Handvoll Basilikum, Blätter grob zerkleinert
etwas Pesto nach Wahl (siehe Seite 112)
grüner Salat mit Knoblauch-Tahin-Dressing (siehe Seite 98)

1. Den Backofen auf 200 °C (Umluft) vorheizen.

2. Die Zwiebeln, den Knoblauch, die Kirschtomaten und die Paprikastücke mit den Kichererbsen, den Auberginenwürfeln und den Rosmarinzweigen in eine große Auflaufform (ca. 30 x 25 cm) geben. Mit 2 EL Olivenöl beträufeln, nach Geschmack würzen und 20 Minuten im Backofen garen.

3. Das restliche Öl und den Balsamessig in eine große Rührschüssel geben und die Brotstücke in der Marinade wenden, bis sie gut damit getränkt sind.

4. Nach 20 Minuten das Gemüse aus dem Ofen nehmen, vorsichtig wenden und die Brotstücke darauf verteilen. Zurück in den Backofen schieben und weitere 10 Minuten garen, bis das Gemüse weich und gebräunt und das Brot knusprig ist. Die Rosmarinzweige entfernen und die Knoblauchzehen aus der Schale drücken, sobald er etwas abgekühlt ist.

5. Mit frischem Basilikum bestreuen, etwas Pesto darüberträufeln und dazu einen einfachen grünen Salat mit Knoblauch-Tahin-Dressing servieren.

AUBERGINEN-SÜSSKARTOFFEL-BLECH

Dieses farbenfrohe Gericht vereinigt die drei Lieblingszutaten unserer Deliciously-Ella-Community: Erdnussbutter, Auberginen und Süßkartoffeln – ein echter Favorit also, der mit reichlich frischen Kräutern, Chili und Frühlingszwiebeln serviert wird!

FÜR 4 PERSONEN

FÜR DAS BLECH
2 große Auberginen, längs in Spalten geschnitten (ca. 30 Stück)
2 große Süßkartoffeln, ebenfalls in Spalten geschnitten
1 EL Olivenöl
1 TL Ahornsirup
½ TL Zimt, gemahlen
½ TL Paprikapulver, geräuchert
¼ TL Cayennepfeffer
Meersalz

FÜR DAS DRESSING
Saft von 1 Limette
1 EL Ahornsirup
1 EL Sesamöl, geröstet
3 EL Erdnussbutter, cremig (siehe Tipp unten)
1 TL Tamari oder Sojasoße
½ Knoblauchzehe, geschält, zerdrückt

ZUM ANRICHTEN
1 Handvoll Minze, fein gehackt
1 Handvoll Koriandergrün, fein gehackt
1 Handvoll Dill, fein gehackt
1 rote Chilischote, fein geschnitten
3 Frühlingszwiebeln, fein geschnitten
2 EL Erdnüsse, geröstet
2 EL Sesamkörner
knackiger grüner Salat und/oder gedämpfter Jasminreis

1. Den Backofen auf 180 °C (Umluft) vorheizen.

2. Die Auberginen- und Süßkartoffelspalten in eine Schüssel geben und in Olivenöl, Ahornsirup, den Gewürzen und etwas Salz wenden, bis alles gleichmäßig damit überzogen ist.

3. Die Süßkartoffeln auf ein großes Backblech geben und 10 Minuten im Backofen garen.

4. Die Auberginen hinzufügen und gleichmäßig so auf dem Blech verteilen, dass sie nicht übereinanderliegen, sonst bleiben sie zu feucht. Das Gemüse 35 bis 40 Minuten garen, bis es weich und leicht gebräunt ist.

5. Während das Gemüse im Ofen ist, die Zutaten für das Dressing in einer Schüssel verrühren.

6. Das Gemüse aus dem Ofen nehmen und mit dem Dressing beträufeln. Mit den Kräutern, den Chilis, den Frühlingszwiebeln, den Erdnüssen und den Sesamkörnern bestreuen. Dazu einen grünen Salat und/oder gedämpften Jasminreis servieren.

TIPP
Falls die Erdnussbutter zu fest ist, lässt sie sich mit etwas heißem Wasser lösen, bevor man sie unter das Dressing rührt.

BLUMENKOHL-CASHEW-PILAW

Ingwer, Knoblauch, Lorbeer und die Gewürze verleihen diesem Ofenpilaf einen intensiven Geschmack und die grünen Bohnen bilden einen hübschen Farbtupfer darin. Ich mag es gern leicht scharf mit ein wenig Harissa.

FÜR 4 PERSONEN

1 Zwiebel, geschält, fein geschnitten
1 Blumenkohl, in Röschen zerteilt, Außenblätter entfernt
1 Stück Ingwer, daumengroß, geschält, fein gerieben
2 Knoblauchzehen, geschält, zerdrückt
1½ EL Kokosöl, zerlassen
1 Zimtstange
2 Lorbeerblätter
1 TL Kreuzkümmel, ganz
½ TL Kurkuma, gemahlen
1 TL Koriander, gemahlen
50 g Cashewkerne, grob gehackt
40 g Sultaninen
250 g weißer Basmatireis, gespült, abgegossen
200 g grüne Bohnen, geputzt, in 4–5 cm lange Stücke geschnitten
500 ml heiße Gemüsebrühe
Saft von ½ Zitrone
1 kleine Handvoll Koriander, grob gehackt
Harissa-Paste (siehe Seite 104), zum Anrichten (optional)

1. Den Backofen auf 180 °C (Umluft) vorheizen.

2. Die Zwiebeln, die Blumenkohlröschen mit dem Ingwer und den Knoblauchzehen in eine große Auflaufform geben. Das Kokosöl, Zimt, Lorbeerblätter, Kreuzkümmel, Kurkuma, Koriander und die Cashewkerne hinzufügen. Alles gut vermischen und gleichmäßig in der Form verteilen.

3. In den Backofen schieben und 10 Minuten garen, bis die Zwiebeln und der Blumenkohl etwas Farbe angenommen haben.

4. Die Form herausnehmen und die Sultaninen, den Reis und die grünen Bohnen hinzufügen. Gut verrühren und alles gleichmäßig verteilen. Mit der heißen Brühe übergießen.

5. Die Form mit Alufolie abdecken und Blumenkohl und Reis 25 bis 30 Minuten garen, bis sie weich sind. Alles würzen und mit etwas Zitronensaft abschmecken, dann großzügig mit Koriander bestreuen und nach Belieben etwas Harissa-Paste darübergeben.

TIPP

Statt Blumenkohl kann man auch Kürbis oder Süßkartoffeln verwenden. Einfach schälen, in mundgerechte Stücke schneiden und wie beschrieben hinzufügen.

TIPP FÜR DIE KLEINSTEN

Für sehr kleine Kinder die Cashewkerne zunächst weglassen und erst vor dem Servieren über die Portionen für die Erwachsenen streuen.

KARTOFFEL-MAIS-PIRI-PIRI

Dieses würzige Gericht aus Kartoffelspalten, Mais und roter Paprika steckt voller Aroma und lässt sich perfekt mit Harissa- oder Chermoula-Paste und einem grünen Salat kombinieren (siehe Seiten 104 und 110).

FÜR 4 PERSONEN

3 große Backkartoffeln, gebürstet, in Spalten geschnitten
4 EL Olivenöl
1 große rote Zwiebel, geschält, in schmale Spalten geschnitten
2 rote Paprikaschoten, entkernt, in Streifen geschnitten
4 Knoblauchzehen, geschält, grob gehackt
1 rote Chilischote, entkernt, grob gehackt (optional)
1 EL Paprikapulver, geräuchert
1 kleine Handvoll frische Oreganoblätter (ohne Stiele)
1 EL Rotwein- oder Apfelessig
4 ganze Maiskolben, quer halbiert
1 Bio-Zitrone, in Spalten geschnitten

ZUM ANRICHTEN
Chermoula-Paste, Harissa-Paste oder Mandel-Tomaten-Pesto (siehe Seiten 110, 104 und 112)
grüner Salat

1. Den Backofen auf 180 °C (Umluft) vorheizen.

2. Die Kartoffeln mit Küchenkrepp abtrocknen und in eine große Auflaufform geben (ca. 30 x 25 cm). Mit 2 EL Olivenöl beträufeln und nach Geschmack würzen. Die Kartoffeln gleichmäßig in einer Lage verteilen und 20 Minuten im Ofen garen.

3. Inzwischen für die Piri-Piri-Soße die Hälfte der Zwiebeln mit der Hälfte der Paprikaschoten, dem Knoblauch, den Chilistücken, dem Paprikapulver, den Oreganoblättern, dem Essig und den restlichen 2 EL Olivenöl im Mixer pürieren. Anschließend nach Geschmack würzen.

4. Die restlichen Paprikastreifen mit den Maiskolben in eine Schüssel geben und mit der Piri-Piri-Soße übergießen.

5. Die Kartoffeln nach 20 Minuten aus dem Ofen nehmen und wenden, damit sie gleichmäßig garen. Dann das mit der Piri-Piri-Soße überzogene Gemüse zu den Kartoffeln in die Form geben. Das Gemüse weitere 20 bis 25 Minuten goldbraun und al dente garen.

6. Aus dem Ofen nehmen und mit etwas Chermoula, Harissa oder Pesto beträufeln. Dazu einen einfachen grünen Salat servieren.

TIPP FÜR DIE KLEINSTEN

Die roten Chilischoten weglassen und statt Harissa oder Chermoula etwas Mandel-Tomaten-Pesto zum Anrichten verwenden.

KÜRBIS-DAL-AUFLAUF

Ein familienfreundliches Gericht ohne viel Aufwand, das bei uns regelmäßig auf den Tisch kommt. Genau das milde Wohlfühlessen, wie man es nach einem langen Tag braucht. Ich richte es meist mit Kokosjoghurt, frischem Koriander und Chiliflocken an.

FÜR 4 PERSONEN

1 rote Zwiebel, geschält, fein geschnitten
1 Butternut-Kürbis, entkernt, geschält, in 3 cm große Würfel geschnitten
1 Stück Ingwer, daumengroß, geschält, fein gerieben
2 Knoblauchzehen, geschält, zerdrückt
¼ TL Kurkuma, gemahlen
1 EL Currypulver, mild
1½ EL Olivenöl
200 g rote Linsen, gespült, abgegossen
400 g Tomaten (Dose), stückig
400 ml Kokosmilch (Dose)
250 ml heiße Gemüsebrühe
Saft von ½ Zitrone
Meersalz und schwarzer Pfeffer

ZUM ANRICHTEN
Pflanzlicher Joghurt (Kokos, ungesüßt)
1 kleine Handvoll Koriander, grob gehackt
1 Prise Chiliflocken, getrocknet (optional)

1. Den Backofen auf 180 °C (Umluft) vorheizen.

2. Die Zwiebeln, die Kürbiswürfel, den Ingwer und die Knoblauchzehen mit Kurkuma und Curry in eine große Auflaufform geben. Mit Olivenöl beträufeln sowie mit 1 TL Salz und reichlich schwarzem Pfeffer würzen. Alles sorgfältig vermischen und gleichmäßig in einer Lage in der Form verteilen.

3. Die Form in den Backofen schieben und den Kürbis und die Zwiebeln 10 bis 12 Minuten garen, bis sie leicht Farbe angenommen haben.

4. Aus dem Ofen nehmen und die Linsen, die Tomaten, die Kokosmilch und die Brühe hinzufügen. Das Ganze gut durchrühren und nochmals 20 Minuten im Ofen garen, bis der Kürbis al dente und die Linsen weich sind.

5. Den Auflauf würzen und mit etwas Zitronensaft abschmecken, dann mit etwas Kokosjoghurt anrichten und mit Koriandergrün und Chiliflocken (nach Belieben) bestreut servieren.

AUBERGINEN-KÜRBIS-BLECH

Diese Auberginen mit Ingwer, Koriander, Miso, Frühlingszwiebeln und Knoblauch sind ein regelrechtes Geschmacksfeuerwerk. Cremiger Knoblauch-Kokosjoghurt, mürbe gerösteter Kürbis und Babyspinat sorgen für die richtige Balance und ergeben zusammen ein köstliches Abendessen.

FÜR 4 PERSONEN

FÜR DAS BACKGEMÜSE

2 Auberginen, längs halbiert
1 große rote Zwiebel, geschält, in Spalten geschnitten
1 Butternut-Kürbis (ca. 800 g) mit Schale, entkernt, in ½ cm dicke Ringe (oder Scheiben) geschnitten
3 EL Olivenöl
2 Knoblauchzehen, geschält, grob gehackt
2 EL Vollkornreis-Misopaste
25 g Koriandergrün mit Stielen, grob gehackt
1 Stück Ingwer (2 cm), geschält, grob gehackt
4 Frühlingszwiebeln, grob gehackt
400 g grüne Linsen (Dose), abgegossen, gespült
200 g Babyspinat
Meersalz und schwarzer Pfeffer
Limettenscheiben, zum Anrichten

FÜR DEN KNOBLAUCH-JOGHURT

150 g Pflanzlicher Joghurt (Kokos, ungesüßt)
1 Knoblauchzehe, zerdrückt
1 EL natives Olivenöl extra
1 EL Tahin

1. Den Backofen auf 180 °C (Umluft) vorheizen.

2. Die Auberginen an den Schnittflächen kreuzweise einschneiden, mit etwas Salz bestreuen und für 15 Minuten beiseitestellen.

3. Die Zwiebeln und die Kürbisscheiben mit 2 EL Olivenöl in einer großen Schüssel mischen und mit Salz und Pfeffer würzen. In eine große, tiefe Auflaufform geben und im Backofen 15 Minuten garen.

4. Den Knoblauch mit Misopaste, Koriander, Ingwer, Frühlingszwiebeln, 1 EL Olivenöl und 1 EL Wasser in der Küchenmaschine einige Minuten zu einer glatten Paste pürieren.

5. Die Auberginen waschen und abtrocknen. Dann die Schnittseiten mit der Paste bestreichen und die Auberginen auf die Kürbisscheiben und Zwiebeln in der Form legen. Das Gemüse nochmals für 30 Minuten in den Backofen schieben.

6. Die Form herausnehmen, die Linsen über dem Gemüse verteilen, den Spinat unter die Auberginen geben und alles nochmals 5 Minuten im Backofen garen.

7. Inzwischen für den Knoblauch-Joghurt alle Zutaten in einer Schüssel verrühren und mit Salz abschmecken.

8. Das Auberginengemüse mit einem Löffel Knoblauch-Joghurt und einigen Limettenscheiben anrichten und servieren.

BOHNEN-NACHOS-BACKGEMÜSE

Ein Gericht perfekt für Filmabende oder entspannte Samstage, das bei allen immer gut ankommt und mit Tortillachips, Avocado, Cashewcreme und schwarzen Bohnen eine Menge Lieblingszutaten zu bieten hat.

FÜR 4 PERSONEN

1 große oder zwei kleine rote Zwiebel(n), geschält, in schmale Spalten geschnitten
2 Knoblauchzehen, geschält, zerdrückt
400 g Kirschtomaten
400 g schwarze Bohnen (Dose), abgegossen, gespült
1 TL Kreuzkümmel, gemahlen
1½ TL Paprikapulver, geräuchert
1½ EL Olivenöl
1 Packung (170 g) Tortillachips, leicht gesalzen
Cashewcreme (siehe Seite 107)
2 reife Avocados, geschält, halbiert, entsteint, in mundgerechte Scheiben geschnitten
1 Handvoll Koriandergrün, grob gehackt
1 rote Chilischote, fein geschnitten
Meersalz und schwarzer Pfeffer
1 Limette, zum Anrichten

1. Den Backofen auf 180 °C (Umluft) vorheizen.

2. Die Zwiebeln, den Knoblauch, die Tomaten und die Bohnen mit Kreuzkümmel und Räucherpaprika in eine Auflaufform (ca. 30 x 25 cm) geben. Mit Olivenöl beträufeln, leicht würzen (da die Tortillas bereits gesalzen sind). Alles vermischen, um Olivenöl und Gewürze überall zu verteilen.

3. Das Gemüse gleichmäßig in einer Lage ausbreiten. In den Backofen schieben und 30 bis 35 Minuten garen, bis die Tomaten aufzuplatzen beginnen.

4. Nach Belieben direkt in der Form servieren oder in eine flache Servierschale geben. Dann die Tortillachips an den Rändern verteilen und mit Cashewcreme (siehe Hinweis unten, dann wird es noch köstlicher), Avocadoscheiben, Koriandergrün und Chiliringen sowie etwas Limettensaft und einer Prise Salz servieren.

TIPP

Besonders lecker schmeckt die Cashewcreme, wenn man sie mit ¼ TL Räucherpaprika würzt. Probiert es aus!

GEBACKENES WURZELGEMÜSE

Besonders attraktiv und delikat ist dieses sättigende und gesunde Gericht mit Babygemüse, doch ihr könnt auch ganz normales Gemüse dafür verwenden und es längs vierteln. Wichtig ist dabei nur, dass die Steckrüben relativ klein geschnitten werden, damit sie die gleiche Garzeit benötigen wie die übrigen Zutaten.

FÜR 4 PERSONEN

300 g Baby-Pastinaken, gebürstet, längs halbiert
200 g Baby-Karotten, gebürstet, längs halbiert
250 g Steckrüben oder Kürbis, in 2 cm große Würfel geschnitten
275 g neue Kartoffeln, gebürstet, halbiert
1 rote Zwiebel, geschält, in schmale Spalten geschnitten
2 Knoblauchzehen, geschält
½ TL Zimt, gemahlen
1 TL Kreuzkümmel, gemahlen
3 EL Olivenöl
100 g Grünkohl, ohne Stiele, grob zerkleinert
1 EL Nährhefe
Kerne von ½ Granatapfel (ca. 75 g)
Meersalz und schwarzer Pfeffer

ZUM ANRICHTEN
Kräuterdressing (siehe Seite 94) oder Salsa Verde (siehe Seite 102)

1. Den Backofen auf 180 °C (Umluft) vorheizen.

2. Die Pastinaken, die Karotten, die Steckrüben, die Kartoffeln und die Zwiebeln mit Knoblauch, Zimt und Kreuzkümmel in eine große Auflaufform (ca. 30 x 25 cm) geben. Mit 2 EL Olivenöl beträufeln, nach Geschmack würzen und 30 Minuten im Backofen garen.

3. Die Hitze auf 160 °C (Umluft) reduzieren.

4. Den Grünkohl mit dem restlichen Öl (1 EL) und der Nährhefe in einer Schüssel vermischen. Das Gemüse aus dem Ofen nehmen und den Grünkohl darüber verteilen. Auflaufform wieder in den Ofen schieben und alles weitere 10 Minuten garen, bis das Gemüse al dente und der Grünkohl am Rand kross ist (dabei den Grünkohl gut im Auge behalten, da er im Backofen leicht verbrennt).

5. Das gebackene Gemüse aus dem Ofen nehmen, mit den Granatapfelkernen garnieren und mit Kräuterdressing oder Salsa Verde servieren.

ORZO-ZUCCHINI-BACKGEMÜSE

Eine leckere Gemüse-Mahlzeit, die sich denkbar einfach zubereiten lässt und die auch die Kleinsten lieben. Die Orzo-Nudeln werden mit Gemüsebrühe, Knoblauch, Frühlingszwiebeln, gerösteten Tomaten und Zucchini gegart und schmecken daher herrlich aromatisch. Besonders gut passt dazu unser Rucola-Pistazien-Pesto (siehe Seite 112).

FÜR 4 PERSONEN

500 g Zucchini, schräg in 1,5 cm dicke Scheiben geschnitten
250 g Kirschtomaten
1½ EL Olivenöl
4 Frühlingszwiebeln, geputzt, fein geschnitten
2 Knoblauchzehen, geschält, zerdrückt
300 g Orzo-Nudeln
600 ml Gemüsebrühe
1 EL Nährhefe
1 Handvoll glatte Petersilie, grob gehackt
Meersalz und schwarzer Pfeffer

ZUM ANRICHTEN
Rucola-Pistazien-Pesto (siehe Seite 112)
Basilikum, frisch

1. Den Backofen auf 200 °C (Umluft) vorheizen.

2. Die Zucchini und die Kirschtomaten in eine große Auflaufform (ca. 30 x 35 cm) geben. Mit Olivenöl beträufeln, nach Geschmack würzen und alles gut vermischen, sodass sich das Öl überall verteilt. Das Gemüse 10 Minuten im Backofen garen.

3. Die Frühlingszwiebeln und den Knoblauch hinzufügen und für weitere 2 Minuten in den Backofen schieben, bis es aromatisch duftet. Dann die Orzo-Nudeln, die Gemüsebrühe, die Nährhefe und die Petersilie dazugeben und alles vorsichtig durchrühren, damit die Orzo-Nudeln unter dem Gemüse liegen. Zurück in den Ofen schieben und nochmals 20 Minuten garen, bis die Orzo-Nudeln weich sind und die Flüssigkeit aufgenommen haben.

4. Mit etwas Pesto und frischem Basilikum anrichten und servieren.

GNOCCHI-BOHNEN-GRATIN

Diesen Auflauf gibt es bei mir häufig, wenn unter der Woche die Zeit knapp ist, ich aber Familie oder Freunden etwas Leckeres servieren möchte, das sättigt und keinen großen Aufwand erfordert. Die Cashewcreme sorgt für einen köstlichen Kontrast zur intensiven Tomatensoße.

FÜR 4–6 PERSONEN

1 rote Zwiebel, geschält, fein geschnitten
3 Knoblauchzehen, geschält, fein gehackt
400 g Kirschtomaten
1 EL Olivenöl
1 TL Basilikum, getrocknet
450 g Gnocchi
400 g Limabohnen (Dose), abgegossen, gespült
400 g Tomaten (Dose), passiert
100 g Cashewcreme (siehe Seite 107)
50 ml Haferdrink
2 EL Nährhefe
etwas frisches Basilikum
Meersalz und schwarzer Pfeffer

1. Den Backofen auf 180 °C (Umluft) vorheizen.

2. Die Zwiebeln, den Knoblauch und die Kirschtomaten in eine 25 x 30 cm große Auflaufform geben. Olivenöl, getrocknetes Basilikum sowie etwas Salz und Pfeffer hinzufügen und alles vermischen. Im Backofen etwa 20 Minuten garen, bis alles weich ist.

3. Die Form aus dem Backofen nehmen und Gnocchi, Limabohnen und passierte Tomaten dazugeben. Gut verrühren und nochmals 25 Minuten in den Backofen schieben.

4. Inzwischen die Cashewcreme, den Haferdrink und die Nährhefe in einer Schüssel verrühren. Die Form erneut aus dem Ofen nehmen und mit der cremigen Cashewsoße übergießen, dann zurück in den Ofen schieben und weitere 5 Minuten garen, bis alles gebräunt und die Soße reduziert ist und am Rand köchelt.

5. Den Auflauf aus dem Backofen nehmen und vor dem Servieren etwa 5 Minuten abkühlen lassen. Mit frischem Basilikum und Meersalzflocken nach Geschmack bestreuen.

PANIERTER BLUMENKOHL MIT KICHERERBSEN

Das cremige Kräuterdressing bildet das i-Tüpfelchen bei diesem Gericht. Es sorgt für kräftige Farbtupfer und harmoniert perfekt mit dem knackigen Kopfsalat, kross gerösteten Kichererbsen, Avocadostücken, roten Zwiebeln, Kirschtomaten und den knusprigen Blumenkohlröschen.

FÜR 4 PERSONEN

FÜR DEN BLUMENKOHL
200 g Mehl
250 ml Haferdrink
1 großer Blumenkohl (ca. 750 g), in mittelgroße Röschen zerteilt
Meersalz und schwarzer Pfeffer

FÜR DIE PANADE
200 g Mehl
2 TL Paprikapulver
2 TL Knoblauchpulver
1 TL Kreuzkümmel, gemahlen
1 TL Cayennepfeffer
½ TL Zimt, gemahlen

FÜR DIE KICHERERBSEN
400 g Kichererbsen (Dose), abgegossen, gespült
2 EL Olivenöl, plus mehr zum Beträufeln
2 TL Kreuzkümmel, gemahlen
1 TL Chiliflocken

ZUM ANRICHTEN
1 Kopfsalat
200 g Kirschtomaten, geviertelt
1 rote Zwiebel, geschält, dünn geschnitten
2 reife Avocados, in mundgerechte Stücke geschnitten
Kräuterdressing (siehe Seite 94)

1. Den Backofen auf 200 °C (Umluft) vorheizen.

2. Mehl und Haferdrink mit etwas Salz in einer großen Schüssel klümpchenfrei verrühren. Dann in einer weiteren Schüssel die Zutaten für die Panade mischen.

3. Die Blumenkohlröschen zuerst in den Teig tauchen, dabei den überschüssigen Teig abschütteln und anschließend in der Panade wälzen, sodass jedes Röschen vollständig damit umhüllt ist.

4. Die Röschen auf ein großes, mit Backpapier ausgelegtes Backblech legen und etwa 18 Minuten im Ofen rösten. Darauf achten, dass die Röschen genügend Abstand haben, da sie nicht knusprig werden, wenn sie übereinanderliegen.

5. Inzwischen die Kichererbsen mit Olivenöl, Kreuzkümmel und Chiliflocken in einer Schüssel vermischen. Den Blumenkohl aus dem Ofen nehmen, die Röschen wenden, die Kichererbsen ebenfalls auf das Blech geben und weitere 18 Minuten backen.

6. Etwa 5 Minuten vor dem Ende der Garzeit das Blech aus dem Ofen nehmen und den Blumenkohl mit Olivenöl beträufeln, dann noch einmal für 5 Minuten rösten, damit er knusprig wird. Dabei ist es kein Problem, wenn etwas Öl auf den Kichererbsen landet.

7. Sobald der Blumenkohl schön knusprig ist, das Blech aus dem Ofen nehmen und einige Minuten abkühlen lassen. Mit den Salatblättern, den Tomaten, den Zwiebeln und den Avocadostücken anrichten und alles (großzügig) mit Kräuterdressing beträufeln. Nach Geschmack würzen.

GEBACKENE RATATOUILLE

Für diese schlichte, aber köstliche Ratatouille braucht ihr nur einen großen Topf oder eine Kasserolle. Falls Reste davon übrigbleiben, könnt ihr sie einfach pürieren.
So erhaltet ihr eine wunderbare Soße, die ihr am nächsten Tag zum Beispiel zu Spaghetti servieren könnt.

FÜR 4 PERSONEN

1 große Aubergine, in runde Scheiben geschnitten (0,5 cm dick)
1 EL Olivenöl, plus mehr zum Beträufeln
1 rote Zwiebel, geschält, dünn geschnitten
2 Knoblauchzehen, geschält, dünn geschnitten
1 TL Thymian, getrocknet
500 g Tomaten (Dose), passiert
1 EL Balsamessig
1 gelbe Paprikaschote, entkernt, in Ringe geschnitten (0,5 cm dick)
2 mittelgroße Zucchini, in runde Scheiben geschnitten (0,5 cm dick)
Meersalz und schwarzer Pfeffer

1. Den Backofen auf 180 °C (Umluft) vorheizen.

2. Die Auberginen in ein Sieb geben und dieses über eine Schüssel setzen. Die Auberginen mit einem TL Salz bestreuen und beiseitestellen.

3. Inzwischen für die Soße in einer hitzebeständigen Kasserolle (Ø 25–30 cm und möglichst flach) das Olivenöl bei mittlerer Hitze erwärmen. Die Zwiebeln darin 5 bis 10 Minuten anbraten, bis sie weich sind. Mit Salz und Pfeffer würzen, dann den Knoblauch hinzufügen und nochmals einige Minuten braten.

4. Den Thymian, die passierten Tomaten sowie 50 ml Wasser (die Verpackung der Tomaten damit ausspülen) und den Balsamessig dazugeben, die Hitze erhöhen und alles zum Kochen bringen. Die Soße 2 bis 3 Minuten aufkochen, dann vom Herd nehmen.

5. Die Auberginenringe abspülen und mit Küchenkrepp abtrocknen.

6. Die Auberginen, die Paprika und die Zucchini abwechselnd spiralförmig und leicht überlappend auf die Tomatensoße schichten. Nochmals mit etwas Olivenöl beträufeln und mit Salz und Pfeffer würzen. Dann in den Backofen schieben und das Gemüse 30 Minuten garen, bis es leicht gebräunt und die Soße eingedickt ist. Sofort servieren.

TIPP FÜR DIE KLEINSTEN
Die Portionen für sehr kleine Kinder pürieren, sodass eine Gemüsesoße entsteht.

GEMÜSETARTE MIT MARINIERTEN ZWIEBELN

Diese attraktive Tarte kommt immer gut an, ist schnell gemacht und ein toller Blickfang. Dazu passt hervorragend ein Spinatsalat mit dem Knoblauch-Tahin-Dressing (siehe Seite 98).

FÜR 4 PERSONEN

FÜR DIE TARTE
- 300 g Babykarotten, geschält, längs halbiert
- 300 g Pastinaken, geschält, in 10 × 1 cm große Stücke geschnitten
- 1 EL Vollkornreis-Misopaste
- 2 EL Ahornsirup
- 1 EL Olivenöl
- 320 g veganer Blätterteig
- 150 g Walnuss-Paprika-Dip (siehe Seite 115)
- 1 kleiner Bund Petersilie, fein gehackt, zum Anrichten

FÜR DIE TEIGGLASUR
- 1 EL Haferdrink
- ¼ TL Ahornsirup

FÜR DIE MARINIERTEN ROTEN ZWIEBELN
- 2 EL Rotweinessig
- 1 TL Salz
- ½ TL Ahornsirup
- ½ rote Zwiebel, geschält, fein geschnitten

1. Den Backofen auf 180 °C (Umluft) vorheizen.

2. Die Karotten und die Pastinaken mit Misopaste, Ahornsirup und Olivenöl in einer Schüssel vermischen.

3. Eine tiefe Pfanne mit Deckel bei mittlerer Hitze erwärmen und die Karotten und die Pastinaken zusammen mit 4 EL Wasser hineingeben. Die Flüssigkeit zum Kochen bringen und das Gemüse mit aufgesetztem Deckel 5 Minuten dämpfen.

4. Den Blätterteig auf einem Backblech ausbreiten. Ringsum einen Rand von 2 cm leicht einritzen.

5. Den Walnuss-Paprika-Dip auf dem Teig verteilen, dabei den Rand aussparen. Für die Teigglasur Haferdrink und Ahornsirup in einer Schüssel verrühren und den Rand damit bestreichen.

6. Die Karotten und die Pastinaken mit einem Schaumlöffel aus der Pfanne nehmen und auf den Teig legen, das Kochwasser in der Pfanne zurückbehalten. Die Tarte 30 Minuten backen, bis die Kruste sich goldbraun färbt.

7. Während die Tarte im Backofen ist, in einer kleinen Schüssel Essig, Salz und Ahornsirup verrühren. Die Zwiebeln hinzufügen und zum Marinieren beiseitestellen.

8. Die Tarte aus dem Ofen nehmen. Das zurückbehaltene Kochwasser von den Möhren und Pastinaken in der Pfanne erhitzen und etwa 1 Minute aufkochen lassen, sodass eine dickflüssige Soße entsteht. Damit den Tartebelag bestreichen.

9. Mit den marinierten roten Zwiebeln belegen, gehackte Petersilie darüberstreuen und die Tarte sofort servieren.

KARTOFFEL-LAUCH-CRUMBLE

Dieses gehaltvolle Gericht eignet sich perfekt für große Tischrunden. Es ist cremig wie ein Nudelauflauf und hat eine knusprige Kruste wie ein Gratin.

FÜR 4 PERSONEN (ODER FÜR 8 ALS BEILAGE)

100 g Cashewkerne
400 ml heiße Gemüsebrühe
400 g Gourmetkartoffeln Maris Piper, geschält, in 2 cm große Würfel geschnitten
1 kleiner Blumenkohl, in kleine Röschen zerteilt, Blätter zerkleinert
1 EL Olivenöl
2 Zwiebeln, geschält, grob gehackt
500 g Lauch, fein geschnitten
2 Knoblauchzehen, geschält, fein gehackt oder zerdrückt
100 ml Haferdrink
400 g Cannellini-Bohnen (Dose), abgegossen, gespült
5 EL Nährhefe
1½ TL Dijon-Senf
Saft und Schale von 1 Bio-Zitrone
25 g Schnittlauch, fein gehackt
75 g Haferflocken, zart
2 Scheiben Sauerteigbrot (ca. 150 g), im Mixer zu Krumen zerkleinert
50 ml Kokosöl, zerlassen
4 EL gemischte Kerne
Meersalzflocken

1. Die Cashewkerne eine Stunde in der heißen Gemüsebrühe einweichen.

2. Den Backofen auf 220 °C (Umluft) vorheizen. Die Kartoffeln in einem großen Topf mit kaltem Salzwasser zum Kochen bringen, anschließend die Hitze reduzieren. 3 Minuten köcheln lassen, die Blumenkohlröschen hinzufügen und weitere 4 Minuten köcheln lassen, bis Kartoffeln und Blumenkohl weich werden. Dann durch ein Sieb abgießen.

3. Inzwischen das Olivenöl in einer Pfanne bei mittlerer Hitze erwärmen und Zwiebeln, Lauch und zerkleinerte Blumenkohlblätter 5 bis 8 Minuten darin braten. Den Knoblauch dazugeben und weitere 30 Sekunden braten. Die Cannellini-Bohnen unterrühren.

4. Ein Viertel der Cannellini-Mischung in einen Mixer geben und eingeweichte Cashewkerne, Haferdrink, Nährhefe, Senf, Zitrone und ein Viertel der Kartoffeln mit dem Blumenkohl hinzufügen und leicht würzen. Auf hoher Stufe zu einer sämigen Soße pürieren.

5. Die restliche Menge Blumenkohl, Kartoffeln und Cannellini-Mischung in eine große Auflaufform geben, die Soße und den Großteil des Schnittlauchs darüber verteilen (etwas davon zum Garnieren zurückbehalten) und glatt streichen.

6. Die Haferflocken, die Brotkrumen, das Kokosöl, die Kerne und eine reichliche Prise Salz mit 60 ml Wasser in einer Schüssel verrühren und anschließend mit den Händen daraus eine herzhafte Streuselmasse kneten. Diese auf das cremige Gemüse bröseln und das Gemüse 15 bis 20 Minuten backen, bis sich die Oberfläche goldbraun färbt. Mit dem restlichen Schnittlauch und den Meersalzflocken bestreut servieren.

GEFÜLLTE KRAUT-KARTOFFELN

Die Füllung für diese butterweichen Backkartoffeln ist in buchstäblich 5 bis 10 Minuten vorbereitet, denn sie wird nur kurz blanchiert und in Olivenöl und Salz gewendet. Etwas Dukkah darübergestreut sorgt für zusätzlichen Geschmack und sanften Biss.

FÜR 4 PERSONEN

4 Backkartoffeln
Olivenöl, zum Bestreichen der Kartoffeln
Salsa Verde (siehe Seite 102)
250 g violetter Spargelkohl, geputzt
500 g Frühkraut (Frühkohl), in Streifen geschnitten oder zerkleinert
2 EL natives Olivenöl extra
Meersalz
Dukkah-Gewürz (siehe Seite 101), zum Anrichten

1. Den Backofen auf 190 °C (Umluft) vorheizen. Die Kartoffeln rundum mit etwas Olivenöl und Meersalz einreiben und auf einem Backblech 60 bis 90 Minuten garen, bis sie außen kross und innen schön weich sind.

2. Die Salsa Verde wie auf Seite 102 beschrieben vorbereiten.

3. In einem großen Topf Wasser zum Kochen bringen und den Brokkoli darin 3 bis 4 Minuten blanchieren, dann das Frühkraut dazugeben und alles nochmals 1 Minute garen. Das Gemüse durch ein Sieb abgießen, zurück in den leeren Topf geben und in nativem Olivenöl und Meersalz wenden.

4. Die Backkartoffeln aus dem Ofen nehmen, jeweils mit reichlich Gemüse sowie einem großen Löffel Salsa Verde füllen und mit dem Dukkah-Gewürz bestreuen. Geht superschnell, ist einfach und doch so köstlich!

BACKKARTOFFELN MIT HARISSA-KICHERERBSEN

Hier kommt ein herzhaftes und sättigendes Werktagsessen, das sich schnell zubereiten lässt und enorm vielseitig ist. Die Harissa-Kichererbsen brauchen nur 15 Minuten und schmecken einfach köstlich mit etwas Dukkah oder gerösteten Kernen und einer Portion Knoblauch-Joghurt.

FÜR 4 PERSONEN

4 Backkartoffeln
1 EL Olivenöl, plus mehr für die Kartoffeln
1 rote Zwiebel, geschält, fein geschnitten
2 Knoblauchzehen, geschält, zerdrückt
1 kleiner Bund Koriander, Stiele und Blätter separat und fein gehackt
1 TL Kreuzkümmel
800 g Kichererbsen (Dose), abgegossen, gespült
1 TL Harissa-Paste (siehe Seite 104)
200 g Spinat, grob gehackt
Saft von ½ Zitrone
Meersalz und schwarzer Pfeffer

ZUM ANRICHTEN
Knoblauchjoghurt (siehe Seite 181)
natives Olivenöl extra
Dukkah-Gewürz (siehe Seite 101)

1. Den Backofen auf 190 °C (Umluft) vorheizen. Die Kartoffeln rundum mit etwas Olivenöl und Meersalz einreiben und auf einem Backblech 60 bis 90 Minuten garen, bis sie außen kross und innen weich sind.

2. Für die Kichererbsen, 15 Minuten bevor die Kartoffeln fertig sind, in einer großen Pfanne bei mittlerer Hitze das Olivenöl erwärmen und die Zwiebeln darin 5 bis 7 Minuten anbraten, bis sie weich sind und zu karamellisieren beginnen.

3. Den Knoblauch hinzufügen und nochmals 1 Minute braten, dann Korianderstiele und den Kreuzkümmel dazugeben. Erneut 1 Minute braten, dann Kichererbsen und Harissa unterrühren und mit reichlich Salz und Pfeffer würzen.

4. Etwas Wasser dazugießen und einen Teil der Kichererbsen mit einem Holzlöffel zerdrücken. Den Spinat unterheben und zusammenfallen lassen. Den Zitronensaft und die Korianderblätter unterrühren.

5. Die Backkartoffeln aus dem Ofen nehmen und mit der Kichererbsen-Mischung füllen. Etwas Knoblauchjoghurt und natives Olivenöl darüber verteilen, alles mit Dukkah bestreuen und sofort servieren.

OFENKARTOFFELN MIT KNUSPERMAIS

Ideales Gericht für warme Frühlingsabende und sommerliche Grillfeste. Der knusprig frittierte Mais sorgt für einen perfekten Kontrast zwischen Sourcream, weicher Avocado, saftig frischen Tomaten und scharfer Chilischote aus dem Linsensalat und den luftigen Ofenkartoffeln.

FÜR 4 PERSONEN

4 Backkartoffeln
Olivenöl, zum Bestreichen der Kartoffeln

FÜR DEN LINSENSALAT
400 g grüne Linsen (Dose)
250 g Kirschtomaten, geviertelt
1 Avocado, grob gehackt
1 scharfe rote Chilischote, entkernt, fein gehackt
25 g Kräuter nach Geschmack (Petersilie, Koriander, Minze, Dill)
1 EL natives Olivenöl extra
Saft von 1 Limette
Meersalz und schwarzer Pfeffer

FÜR DIE SOURCREAM
200 g Pflanzlicher Joghurt (Kokos, ungesüßt)
Saft von ½ Zitrone
1 Knoblauchzehe, geschält, zerdrückt
½ TL Salz

FÜR DEN MAIS
325 g Mais (Dose), abgegossen, gespült
3 EL Mais- oder Speisestärke
300 ml Sonnenblumenöl

1. Den Backofen auf 190 °C (Umluft) vorheizen. Die Kartoffeln rundum mit etwas Olivenöl und Meersalz einreiben und auf einem Backblech 60 bis 90 Minuten garen, bis sie außen kross und innen weich sind.

2. Inzwischen in einer großen Schüssel alle Zutaten für den Linsensalat mischen und beiseitestellen. Dann in einer kleinen Schüssel die Zutaten für die Sourcream verrühren und beiseitestellen.

3. Ein Sieb über eine Schüssel hängen, den abgegossenen Mais auf einem Teller in dem Maismehl wenden und dann in das Sieb geben. Dadurch ist der Mais nicht mehr so nass, dass er beim Braten gefährlich spritzt.

4. In einem tiefen Topf das Sonnenblumenöl auf 180 °C erhitzen. Mit einem Schaumlöffel den Mais nach und nach jeweils 3 bis 4 Minuten goldbraun und knusprig frittieren. Danach auf einem mit Küchenkrepp oder einem sauberen Tuch ausgelegten Backblech abtropfen lassen.

5. Die Backkartoffeln aus dem Ofen nehmen und mit dem Linsensalat, je einem Löffel Sourcream und dem krossen Mais gefüllt servieren.

BOHNEN-BACKKARTOFFELN

Die Zutaten für dieses herzhafte Wohlfühlgericht hat man eigentlich immer im Haus. Die mit Kirschtomaten, Knoblauch, Koriander, Chili und roten Zwiebeln in Gemüsebrühe geschmorten schwarzen Bohnen stecken Bissen für Bissen voller Aroma.

FÜR 4 PERSONEN

4 Backkartoffeln
1 EL Olivenöl, plus mehr für die Kartoffeln
1 rote Zwiebel, geschält, fein gehackt
2 Knoblauchzehen, geschält, fein gehackt
200 g Kirschtomaten, halbiert
2 TL Koriander, gemahlen
1 Prise Chiliflocken, getrocknet
800 g schwarze Bohnen (Dose), abgegossen, gespült
200 ml heiße Gemüsebrühe
10 g Koriander, Blätter und Stiele fein gehackt
Meersalz
Limettenspalten, zum Anrichten

1. Den Backofen auf 190 °C (Umluft) vorheizen. Die Kartoffeln rundum mit etwas Olivenöl und Meersalz einreiben und auf einem Backblech 60 bis 90 Minuten garen, bis sie außen kross und innen weich sind.

2. Für die Bohnen, 25 Minuten bevor die Kartoffeln gar sind, das Olivenöl bei hoher Hitze in einer großen Pfanne erwärmen und die Zwiebeln darin 5 bis 7 Minuten anbraten, bis sie weich sind und zu karamellisieren beginnen.

3. Den Knoblauch und die Kirschtomaten hinzufügen und nochmals einige Minuten schmoren. Korianderpulver und Chiliflocken unterrühren, dann die schwarzen Bohnen und die heiße Brühe dazugeben.

4. Die Bohnen zum Kochen bringen und 15 Minuten köcheln lassen, bis die Brühe fast vollständig reduziert ist. Das gehackte Koriandergrün unterrühren.

5. Die Kartoffeln aus dem Ofen nehmen und mit den Bohnen füllen. Mit Limettenspalten anrichten und servieren.

TIPP FÜR DIE KLEINSTEN

Die Chiliflocken weglassen und stattdessen separat für die Erwachsenen bereitstellen.

SCHNELLES ABENDESSEN

CHAMPIGNON-TOMATEN-SANDWICH

Kein Wunder: Köstliche Balsamico-Champignons, saftige, süße Tomatenscheiben, Cashewcreme, etwas rote Zwiebel und Butterkopfsalat machen dieses Sandwich zu meinem absoluten Favoriten.

FÜR 2 PERSONEN

Olivenöl zum Anbraten
3 Riesenchampignons, in Scheiben geschnitten
Cashewcreme (siehe Seite 107) oder Zitronen-Mandel-Hummus (siehe Seite 108)
4 Scheiben Sauerteigbrot, getoastet (nach Belieben ein anderes Brot)
1 große Strauchtomate, in Scheiben geschnitten
½ kleine rote Zwiebel, geschält, in sehr dünne Scheiben geschnitten
4 Kopfsalatblätter (z. B. Buttersalat)
Meersalz

FÜR DIE SOSSE
2½ EL Balsamico-Creme
1 TL Ahornsirup
1 Knoblauchzehe, geschält, zerdrückt
1 TL Olivenöl

1. Bei mittlerer Hitze einen Spritzer Olivenöl und eine Prise Salz in einer großen Pfanne erwärmen. Sobald die Pfanne heiß ist, die Champignons hinzufügen und gleichmäßig in der Pfanne verteilen. 3 bis 4 Minuten von allen Seiten goldbraun anbraten.

2. Inzwischen die Zutaten für die Soße in einer kleinen Schüssel verrühren.

3. Sobald die Champignons goldbraun sind, die Hitze etwas erhöhen und die Soße dazugeben. Etwa 1 Minute lang einkochen und eindicken lassen, die Pilze sollten rundum bedeckt sein. Dann von der Herdplatte nehmen.

4. Auf eine Scheibe getoastetes Brot 1 gehäuften Esslöffel Cashewcreme streichen, dann die Pilze (eine Hälfte auf jedes Sandwich), gefolgt von einer Schicht Tomaten, roten Zwiebeln und 2 Kopfsalatblättern.

5. Dann 1 Teelöffel Cashewcreme auf die zweite Brotscheibe streichen und diese auf das belegte Brot setzen. Mit dem zweiten Sandwich ebenso verfahren.

HARISSA-TOFU-WRAP

Die Einfachheit und die Geschmacksvielfalt dieses Rezepts werden euch begeistern. Der Joghurt mit frischer Minze ist leicht und cremig und der gebratene Tofu mit Harissa macht diesen Wrap wunderbar würzig. Abgerundet wird er mit einem Spritzer Zitrone.

FÜR 2 PERSONEN

300 g fester Tofu
Olivenöl zum Braten
1 Bio-Zitrone
3 EL Harissa-Paste (siehe Seite 104)
2 EL Ahornsirup
2 EL frische Minze, fein gehackt
100 g Pflanzlicher Joghurt (Kokos, ungesüßt)
2 große Handvoll Spinat, fein geschnitten
2 Wraps oder Fladenbrote
Meersalz und schwarzer Pfeffer

1. Den Tofu in sechs lange, etwa 1 cm dicke Scheiben schneiden und mit Küchenpapier abtrocknen.

2. Etwas Olivenöl in einer beschichteten Pfanne erhitzen und die Tofuscheiben darin auf jeder Seite etwa 4 Minuten goldbraun braten.

3. Inzwischen eine halbe Zitrone auspressen und den Saft in einer kleinen Schüssel mit Harissa-Paste und Ahornsirup verrühren. Die andere Zitronenhälfte in Spalte schneiden.

4. Die Minze mit dem Joghurt in einer Schüssel vermischen und mit Salz und Pfeffer abschmecken.

5. Drei Viertel der Harissa-Ahornsirup-Soße in die Pfanne geben und die Tofustreifen darin ½ bis 1 Minute köcheln lassen, bis alles gleichmäßig damit bedeckt ist.

6. Die Hälfte der Minz-Joghurt-Mischung auf die Mitte jedes Wraps streichen, dann den Spinat und die glasierten Tofustreifen darüberschichten. Den Bratensaft aus Pfanne und die Soße aus der Schüssel darüberträufeln.

7. Die Wraps aufrollen und sofort mit Zitronenspalten servieren. Schmeckt besonders frisch mit einem Extraspritzer Zitrone.

ERBSEN-BOHNEN-TOASTS

Hier bekommt ihr den idealen 15-Minuten-Lunch – perfekt für hektische Tage serviert auf einem Toast oder einer Reiswaffel für die Kleinsten. Die Mischung aus Erbsen und dicken Bohnen schmeckt mindestens so gut wie der übliche Avocadotoast, liefert aber mehr Eiweiß.

FÜR 4 PERSONEN

200 g TK-Erbsen
250 g TK-Dicke Bohnen
1 kleiner Bund Minzblätter, fein gehackt
Schale von 1 Bio-Zitrone, abgerieben
Saft von 1 Zitrone
2 EL natives Olivenöl extra, plus etwas zum Beträufeln
2 Knoblauchzehen, geschält, zerdrückt
2 EL Pflanzlicher Joghurt (Kokos, ungesüßt)
4 Scheiben Sauerteigbrot, getoastet
Meersalz und schwarzer Pfeffer

1. Erbsen und Dicke Bohnen jeweils in eine Schüssel geben, mit kochendem Wasser bedecken und 5 bis 10 Minuten beiseitestellen, bis sie aufgetaut sind.

2. Die Bohnen durch ein Sieb abgießen, die Häute, falls noch vorhanden, entfernen und die Bohnen in die Küchenmaschine geben.

3. Die Erbsen durch ein Sieb abgießen und zusammen mit Minze, Zitronenschale und Zitronensaft, nativem Olivenöl, Knoblauch und dem Joghurt ebenfalls in die Küchenmaschine geben. Mit Salz und Pfeffer kräftig würzen.

4. Ein paar Minuten lang alles zu einer stückigen Masse pürieren. Auf den Toastscheiben verteilen und mit etwas nativem Olivenöl beträufelt servieren.

TIPP
Wer wenig Zeit hat, kann die Dicken Bohnen auch durch 200 g TK-Edamame ersetzen.

SCHWARZE-BOHNEN-TOASTS

Probiert auch mal diese Variante des Bohnentoasts, die nur so strotzt vor Geschmack und Nährstoffen. Das Dukkah-Gewürz von Seite 101 eignet sich hervorragend als Topping.

FÜR 4 PERSONEN

1 EL Olivenöl
1 rote Zwiebel, geschält, fein gehackt
1 rote Chilischote, fein gehackt
1 kleiner Bund Koriander, Blätter und Stiele separat fein hacken
1 TL schwarze Knoblauchpaste
1 TL Kreuzkümmel, gemahlen
½ TL Paprikapulver, geräuchert
800 g schwarze Bohnen (Dose), abgegossen, gespült
1 Spritzer Limettensaft
4 Scheiben Sauerteigbrot, getoastet
Meersalz und schwarzer Pfeffer

ZUM ANRICHTEN
Pflanzlicher Joghurt (Kokos, ungesüßt)
1–2 Limetten, in Spalten geschnitten
Dukkah-Gewürz (siehe Seite 101, optional)

1. Das Olivenöl bei mittlerer Hitze in einer großen Pfanne erwärmen. Die Zwiebeln, die Chilistücke und die Korianderstiele hinzufügen. Alles kräftig würzen und 5 bis 6 Minuten anschwitzen, bis die Zwiebeln glasig sind und leicht karamellisieren.

2. Die Knoblauchpaste, den Kreuzkümmel und das Paprikapulver einrühren und 1 weitere Minute braten. Dann die Bohnen und einen guten Schuss Wasser hinzufügen. Noch ein paar Minuten erhitzen, dann die Korianderblätter und einen kräftigen Spritzer Limettensaft unterrühren.

3. Die Bohnen auf die Toastscheiben häufeln und mit etwas Kokosjoghurt und einer Limettenspalte anrichten. Und nach Belieben mit etwas Dukkah bestreut servieren.

MISO-CHAMPIGNON-BROT

Einfaches, aber perfektes Lunch-Rezept: Riesenchampignons werden in Miso, Thymian, Knoblauch, Frühlingszwiebeln und Olivenöl mariniert, mit Babyspinat überbacken und dann auf Sauerteigbrot gehäufelt.

FÜR 4 PERSONEN

4 Knoblauchzehen, geschält, in feine Scheiben geschnitten
2 Frühlingszwiebeln, fein geschnitten
1 TL frischer Thymian (oder Zitronenthymian)
1 EL Vollkornreis-Misopaste
4 EL natives Olivenöl extra, plus etwas zum Anrichten
8 Riesenchampignons, in dicke Scheiben geschnitten
100 g Babyblattspinat, gewaschen, abgetropft
4 Scheiben Sauerteigbrot, getoastet
1 Spritzer Zitronensaft
1 kleiner Bund Petersilie, fein gehackt
Meersalz und schwarzer Pfeffer

1. Den Backofen auf 180 °C (Umluft) vorheizen. Ein großes Backblech mit Backpapier auslegen.

2. Den Knoblauch und die Frühlingszwiebeln mit Thymian, Misopaste und Olivenöl in einer Schüssel vermischen. Mit Salz und Pfeffer kräftig würzen.

3. Die Champignons und den Spinat auf dem Backblech verteilen, mit der Miso-Mischung übergießen und alles mit den Händen gut durchmischen. Etwa 15 Minuten backen und nach der Hälfte der Zeit alles durchrühren.

4. Die getoasteten Brotscheiben mit etwas nativem Olivenöl beträufeln und mit der Champignon-Spinat-Mischung aus dem Ofen belegen. Unbedingt auch etwas vom Bratensaft darüberträufeln. Etwas Zitronensaft darüber auspressen und mit der gehackten Petersilie bestreut sofort servieren.

CHAMPIGNON-KNOBLAUCH-AUFSTRICH

Meine ganze Familie liebt diesen Aufstrich. Er ist etwas einfacher als der Limabohnen-Kräuter-Dip, der Zitronen-Mandel-Hummus oder der Erbsen-Minze-Dip (siehe Seiten 121, 118 und 116), aber ebenso lecker, vor allem mit einer Handvoll Rucola, einem Spritzer Olivenöl und frischen Chilis darauf.

ERGIBT 1 KLEINE SCHALE

2–3 EL Olivenöl
400 g braune Champignons, in dünne Scheiben geschnitten
2 Knoblauchzehen, geschält, fein geschnitten
½ TL Thymianblätter
Saft von ½ Zitrone
1 EL Tahin
Meersalz und schwarzer Pfeffer

1. In einer großen Pfanne 1 Esslöffel Öl erwärmen und die Champignons bei starker Hitze 4 bis 5 Minuten braten, bis sie etwas Farbe annehmen. Vorsicht, nicht zu viele Pilze auf einmal in die Pfanne geben, da sie sonst Wasser ziehen! Also lieber portionsweise braten und jedes Mal etwas Olivenöl nachgießen.

2. Bei der letzten Portion den Knoblauch mitschmoren, dann alles zusammen mit Thymian, Zitronensaft und Tahin in die Küchenmaschine geben. Mit Salz und Pfeffer würzen. Ein paar Minuten lang auf hoher Stufe zu einer cremigen Masse pürieren.

BUNTER ALLROUND-SALAT

Nach einem hektischen Tag kommt ein solcher Salat gerade recht. Krosse Croûtons, saftige gegrillte Tomaten, Paprika, Knoblauch, pikante Salatsorten, würziger Senf und etwas Joghurt für die Cremigkeit ergeben eine wunderbare Mischung von verschiedenen Texturen und Aromen.

FÜR 4 PERSONEN

FÜR DEN SALAT

250 g Kirschtomaten vom Strauch

1 rote, gelbe oder orangefarbene Paprikaschote, entkernt, in schmale Streifen geschnitten

1 Knoblauchzehe, geschält, in feine Scheiben geschnitten

2 EL Olivenöl

1 großer Kopf- oder Romanasalat (oder 2 kleine Salatherzen), zerpflückt

50 g pikante Salatblätter (Brunnenkresse, Rucola, Blattsenf)

1 Avocado, grob gewürfelt

400 g Linsen (Dose), abgegossen, gespült

1 Handvoll Krosse Croûtons (siehe Seite 98)

1 kleine Handvoll Salatsprossen (oder Kresse)

Meersalz und schwarzer Pfeffer

FÜR DAS DRESSING

6 EL natives Olivenöl extra

2 EL Zitronensaft oder Apfelessig

1 EL Pflanzlicher Joghurt (Kokos, ungesüßt, optional)

1 TL Dijon-Senf

1. Den Backofen auf 190 °C (Umluft) vorheizen.

2. Die Kirschtomaten, die Paprikastreifen und den Knoblauch auf ein Backblech legen, mit Öl beträufeln und mit Salz und Pfeffer würzen. Ungefähr 20 Minuten lang schmoren, bis die Tomaten etwas weich geworden sind und die Schale aufgeplatzt ist.

3. Die Salatblätter, die Avocadowürfel und die Linsen in eine Schüssel geben. Für das Dressing Öl, Zitronensaft, Pflanzlichen Joghurt und Senf in einem Krug verquirlen, über den Salat gießen. Gut durchmischen, damit alles mit dem Dressing bedeckt ist.

4. Die Tomaten und die Paprikastreifen samt Knoblauch aus dem Ofen nehmen und in die Salatschüssel geben und den Bratensaft darüberträufeln. Mit Croûtons und Sprossen bestreut servieren.

TIPP

Das Rezept könnt ihr als Grundlage für verschiedene Salatvarianten nehmen. Ihr könnt die Zutaten nach Lust und Laune zusammenstellen, je nachdem, was im Kühlschrank gerade vorrätig ist.

10-MINUTEN-ERBSEN-ORZO

Dieses schnelle Abendessen habe ich meinen Mädchen schon sehr oft zubereitet. Indem man hier dem Pesto noch Bohnen hinzufügt, wird dieses Gericht zu einer vollwertigen Mahlzeit, denn sie enthalten viel pflanzliches Eiweiß. Statt unter die kleinen Orzo-Nudeln kann man das Pesto auch unter Pasta oder Reis rühren.

FÜR 4 PERSONEN

400 g Orzo-Nudeln (oder andere kurze Nudeln)
400 g TK-Erbsen
100 g Pinienkerne (optional)
Pinienkerne, geröstet für die Garnierung
50 g Basilikum, Blätter und Stiele grob gehackt
2 Knoblauchzehen, geschält, fein gehackt
100 ml natives Olivenöl extra
400 g Cannellini- oder Limabohnen (Dose), abgegossen, gespült
1 EL Nährhefe
Meersalz und schwarzer Pfeffer

1. Wasser mit reichlich Salz in einem großen Topf zum Kochen bringen. Orzo zugeben und 5 Minuten kochen lassen, dann die Erbsen hinzugeben und weitere 2 bis 3 Minuten kochen, bis die Nudeln weich und die Erbsen gar sind.

2. Inzwischen die Pinienkerne in einer Pfanne ohne Fett bei starker Hitze etwa 1 Minute goldgelb rösten. Umrühren und schwenken, damit sie nicht anbrennen.

3. Die gerösteten Pinienkerne mit Basilikum, Knoblauch, nativem Olivenöl, Bohnen und Nährhefe in die Küchenmaschine geben und in wenigen Minuten zu einem dicken Pesto pürieren.

4. Die Orzo-Nudeln und die Erbsen durch ein Sieb abgießen und etwa 200 ml des Kochwassers aufbewahren. Die fertigen Nudeln und Erbsen wieder in den Topf zurückgeben.

5. Das Nudelwasser bei laufendem Motor nach und nach in die Küchenmaschine gießen und das Pesto zu einer sämigen Soße mixen. Achtung, langsam gießen, denn möglicherweise braucht ihr nicht das gesamte Wasser!

6. Die Soße über die Erbsen-Orzo-Mischung geben und alles gut vermischen. Sofort servieren und nach Belieben mit gerösteten Pinienkernen bestreuen.

TIPP FÜR DIE KLEINSTEN

Auf das Topping mit den gerösteten Pinienkernen verzichten.

SHIITAKE-NUDEL-TOPF

Zum Lunch ist diese reichhaltige Brühe mit Chili, Miso, Reisessig und Limette einfach wunderbar. Pilze, Nudeln, Pak Choi und Frühlingszwiebeln verleihen dem Gericht eine tolle Textur und machen es gleichzeitig schön sättigend und herzhaft.

FÜR 4 PERSONEN

1 Gemüsebrühwürfel
2 EL Vollkornreis-Misopaste
2 TL geröstetes Sesamöl
150 g Shiitake-Pilze, in feine Scheiben geschnitten
1–2 TL Tamari (oder dunkle Sojasoße)
1 rote Chilischote, entkernt, fein gehackt
2 Knoblauchzehen, geschält, zerdrückt
2 Portionen Nudeln (à 100 g)
2 Köpfe Pak Choi, geviertelt (optional)
Saft von ½–1 Limette
½ TL Reisessig
1 Frühlingszwiebel, fein geschnitten
Meersalz (optional)

1. In einem Gefäß den Brühwürfel und das Miso in 1 Liter kochendem Wasser auflösen. Gut umrühren und beiseitestellen.

2. Bei mittlerer Hitze einen Teelöffel Sesamöl in einem Topf (mit Deckel) erwärmen. Dann die Pilze und Tamari hinzufügen und 5 Minuten weich schmoren.

3. Die Pilze herausnehmen und in einer Schüssel beiseitestellen, während die Brühe zubereitet wird.

4. Den Topf wieder auf die Herdplatte stellen (aber vorher nicht abspülen, wir wollen das Pilzaroma erhalten) und den zweiten Teelöffel Sesamöl mit Knoblauch, dem größten Teil der Chilischote und je nach Geschmack einer Prise Salz hinzufügen. Ungefähr 30 Sekunden lang anbraten, bis der Knoblauch duftet, dann mit der Gemüsebrühe aufgießen.

5. Kurz aufkochen, dann die Hitze reduzieren und die Brühe weiter köcheln lassen. Nudeln und Pak Choi (falls verwendet) hinzugeben und den Deckel auf die Topf setzen. So lange köcheln lassen, bis die Nudeln nach Packungsanweisung gar sind.

6. Sobald die Nudeln weich sind, Limettensaft, Reisessig und die geschmorten Pilze hinzufügen. Abschmecken und nach Belieben mit einem weiteren Teelöffel Tamari würzen.

7. Die Pilz-Nudeln auf Schüsseln verteilen und mit Frühlingszwiebeln und dem Rest der Chilischote garniert servieren.

EDAMAME-ERDNUSS-NUDELN

FÜR 4 PERSONEN

300 g Reisbandnudeln
300 g TK-Edamame
1 EL geröstetes Sesamöl
4 Frühlingszwiebeln, fein geschnitten
1 große Knoblauchzehe, geschält, fein gerieben
2 cm Ingwer, geschält, fein gerieben
1 TL Chiliflocken
2 TL Ahornsirup
4 TL Sojasoße
Saft von 1–2 Limetten
4 EL Erdnussbutter, crunchy
1 kleiner Bund Koriander, Blätter und Stiele fein gehackt
1 kleiner Bund Minze, Blätter grob gehackt
Limettenspalten zum Anrichten

1. In einem großen Topf Wasser zum Kochen bringen und die Reisnudeln nach Packungsanweisung kochen, die Edamame in den letzten 2 Minuten hinzugeben, dann alles durch ein Sieb abgießen und beiseitestellen.

2. Das Sesamöl in einem großen Wok oder einer Bratpfanne stark erhitzen. Die Frühlingszwiebeln, den Knoblauch, den Ingwer und die Chiliflocken dazugeben und etwa 1 Minute anbraten.

3. Die Hitze reduzieren und den Ahornsirup, die Sojasoße, den Limettensaft und die Erdnussbutter mit 5 bis 6 Esslöffeln Wasser unterrühren.

4. Nun die Nudeln und die Edamame mit Koriander und Minze in den Wok geben und alles gut durchmischen. Ich nehme dafür zwei Holzlöffel, damit die zarten Nudeln nicht brechen. Falls die Soße zu dick ist, noch etwas Wasser hinzufügen.

5. Sobald die Nudeln mit der Soße vermengt sind, auf Teller verteilen und mit Limettenspalten sofort servieren.

TIPP FÜR DIE KLEINSTEN

Das Essen ist bei unseren Kindern sehr beliebt. Man sollte nur die Chiliflocken weglassen statt der crunchy Erdnussbutter cremige Erdnussbutter verwenden sowie die Edamame halbieren oder zerdrücken.

LIEBLINGS-
GERICHTE

TOFU-BRATREIS

FÜR 4 PERSONEN

3 EL geröstetes Sesamöl
4 cm Ingwer, geschält, fein gehackt
4 Frühlingszwiebeln, fein geschnitten
1 mittelgroßer Bund Koriander, Stiele fein gehackt, Blätter zum Garnieren
1 rote Chilischote, entkernt, fein gehackt (optional)
3 Karotten, geschält, fein gehackt
150 g Zuckerschoten (oder grüne Bohnen), in Scheiben geschnitten
100 g Babymais, in Scheiben geschnitten
200 g TK-Edamame (oder Erbsen)
400 g gekochter Basmati-Reis (oder Beutel mit vorgekochtem Reis)
600 g fester Tofu, abgetropft, abgetrocknet
3 EL Tamari
1 Limette, zum Anrichten
Meersalz und schwarzer Pfeffer

1. In einem großen Wok oder einer Bratpfanne das Sesamöl bei starker Hitze erwärmen. Ingwer, Frühlingszwiebeln, Korianderstiele, Chilistücke (falls verwendet), Karotten, Zuckerschoten und Babymais hinzufügen und unter Rühren ein paar Minuten braten, bis das Gemüse etwas Farbe annimmt und weich wird.

2. Die Edamame und den Basmatireis hinzufügen und den Tofu hineinbröckeln. Weiter unter Rühren ein paar Minuten anbraten, bis die Edamame aufgetaut sind, dann Tamari und einen Teil der Korianderblätter unterrühren.

3. Den Tofu-Bratreis abschmecken und nach Belieben nachwürzen, vor dem Servieren die Limette über dem Gericht auspressen und mit den restlichen Korianderblättern bestreut servieren.

TIPP FÜR DIE KLEINSTEN

Die Edamame halbieren oder zerdrücken und die Chilischote weglassen – oder diese erst kurz vor dem Anrichten über die Erwachsenenportionen streuen.

KRÄUTER-BOHNEN-CHAMPIGNONS

Obwohl die Zutatenliste lang erscheint, braucht ihr immer wieder die gleichen Zutaten für die drei Komponenten des Gerichts, das in allen Familien sehr beliebt ist. Essen die Kleinsten mit, verwendet nur die Hälfte des Knoblauchs.

FÜR 4 PERSONEN

FÜR DIE PILZE

10 Knoblauchzehen, geschält, zerdrückt
1 TL Balsamessig
1 TL Ahornsirup
2 EL Olivenöl
12–16 Riesenchampignons (3–4 pro Person, je nach Größe)
Meersalz

FÜR DAS KRÄUTER-DRESSING

50 g glatte Petersilie
1 Knoblauchzehe, geschält
Schale von 1 Bio-Zitrone
Saft von ½ Zitrone
100 ml natives Olivenöl extra
1 TL Ahornsirup

FÜR DAS BOHNENPÜREE

50 ml Olivenöl
6 Knoblauchzehen
800 g Limabohnen (Dose), abgetropft, gespült
2 große Handvoll Spinat
25 ml Mandeldrink
10 g glatte Petersilie
10 g Koriander
Saft von ½ Zitrone

1. Den Backofen auf 180 °C (Umluft) vorheizen.

2. Den Knoblauch mit Balsamessig, Ahornsirup und Olivenöl in einer kleinen Schüssel vermischen und gut salzen. Die Stiele der Champignons abschneiden und die Köpfe mit der runden Seite nach oben auf ein großes Backblech legen. Die Oberseite der Champignons leicht mit der Knoblauchmischung bestreichen, dann die Pilze umdrehen und die flache Seite bestreichen – sie sollen rundum mit der Knoblauchsoße bedeckt sein. Anschließend 25 Minuten lang backen.

3. Inzwischen für das Kräuterdressing alle Zutaten in der Küchenmaschine ein paar Sekunden lang zerkleinern. Wer keine Küchenmaschine besitzt, kann Petersilie und Knoblauch fein hacken und mit den restlichen Zutaten mischen.

4. Für das Bohnenpüree das Olivenöl in einer mittelgroßen Pfanne mit Knoblauch und einer Prise Salz etwa 2 Minuten lang anbraten, dann die Limabohnen hinzufügen. 5 bis 10 Minuten kochen lassen, bis die Bohnen schön weich sind.

5. Nun die gekochten Bohnen in die Küchenmaschine geben (sie muss nach der Zubereitung des Dressings nicht gereinigt werden) und mit Spinat, Mandeldrink, Petersilie, Koriander und Zitronensaft glatt und cremig pürieren (man kann auch einen Pürierstab benutzen, aber dann wird es nicht ganz so cremig).

6. Das Bohnenpüree auf Teller verteilen, die Pilze daraufsetzen und mit dem Kräuterdressing beträufelt servieren.

TOFU-TACOS MIT MARINIERTEN ZWIEBELN

Wenn Freunde zu Besuch kommen, sind diese Tacos ein ideales Gericht. Jeder kann sich seine eigene Mahlzeit aus den vielen Schüsseln zusammenstellen. Das lieben auch Kinder sehr. Besonders herzhaft wird das Gericht mit der Bohnenfüllung für die Backkartoffeln (siehe Seite 204).

FÜR 4 PERSONEN

FÜR DIE MARINIERTEN ZWIEBELN

½ rote Zwiebel, in feine Scheiben geschnitten
2 EL Rotweinessig
1 EL Ahornsirup
1 TL Meersalz

FÜR DIE TOFUFÜLLUNG

1 EL Olivenöl
½ rote Zwiebel, geschält, fein geschnitten
150 g braune Champignons, in feine Scheiben geschnitten
1 Knoblauchzehe, geschält, fein geschnitten
1 TL Kreuzkümmel, gemahlen
1 TL getrockneter Thymian
225 g fester Räuchertofu, abgetropft, zerkrümelt
150 g Kirschtomaten, halbiert
1 kleiner Bund Koriander, Blätter und Stiele fein gehackt
Meersalz und schwarzer Pfeffer

ZUM ANRICHTEN

12 Tacoschalen
1 Avocado, in dünne Scheiben geschnitten
½ Eisbergsalat, zerpflückt
2 Limetten, halbiert

1. Für die marinierten Zwiebeln alle Zutaten in einer Schüssel vermischen und marinieren lassen.

2. Für die Tofufüllung das Olivenöl in einer großen Pfanne bei starker Hitze erwärmen, dann die roten Zwiebeln dazugeben und 3 bis 4 Minuten braten, dabei gelegentlich umrühren, damit sie nicht anbrennen. Die Champignons hinzufügen, kräftig mit Salz und Pfeffer würzen und weitere 3 bis 4 Minuten braten, bis sie etwas Farbe angenommen haben.

3. Knoblauch, Kreuzkümmel und Thymian unterrühren und 1 weitere Minute braten, dann den zerbröckelten Tofu und die Kirschtomaten unterheben. Unter Rühren 4 bis 5 Minuten braten, bis die Tomaten ein wenig weich geworden sind, dann die Herdplatte ausschalten und den gehackten Koriander untermischen.

4. Die Tacoschalen mit der Tofufüllung, den Avocadoscheiben und etwas zerpflücktem Salat füllen. Mit den eingelegten roten Zwiebeln belegen und mit Limettensaft beträufelt servieren.

TIPP FÜR DIE KLEINSTEN

Wenn die Kinder für harte Tacoschalen noch zu klein sind, einfach weiche Tortillas nehmen.

PAPRIKA-PILZ-FAJITAS

Als Skye etwa zehn Monate alt war, saßen wir schon gemeinsam am Tisch und aßen eine Variante dieses Rezepts. Seitdem habe ich diese Fajitas immer wieder gemacht. Die Austernpilze verleihen dem Gericht einen gewissen »Fleischcharakter« und lassen sich wunderbar anbraten. Da man sie aber nicht immer bekommt, können sie auch durch andere Pilze ersetzt werden.

FÜR 4 PERSONEN

2 rote Zwiebeln, 1 in dünne Spalten geschnitten, 1 fein gehackt
2 rote Paprikaschoten, halbiert, entkernt, in Streifen geschnitten
400 g Pinto- oder schwarze Bohnen (Dose), abgegossen, gespült
150 g Austernpilze, geputzt, große Exemplare halbiert (oder Champignons, falls keine Austernpilze verfügbar)
3 Knoblauchzehen, geschält, zerdrückt
1½ TL Kreuzkümmel, gemahlen
1½ TL Paprikapulver, geräuchert
1 TL Koriander, gemahlen
1 TL Chipotle-Paste zum Abschmecken
2 EL Olivenöl
2 Avocados, halbiert, entsteint
Saft von 2 Limetten
250 g Kirschtomaten, geviertelt
1 Handvoll Koriander, grob gehackt

ZUM ANRICHTEN
8 Maistortillas
Cashewcreme (siehe Seite 107)

1. Den Backofen auf 200 °C (Umluft) vorheizen.

2. Die Zwiebelspalten, die Paprikastreifen, die Bohnen und die Pilze auf ein großes Backblech geben.

3. In einer kleinen Schüssel 2 zerdrückte Knoblauchzehen mit Kreuzkümmel, Paprikapulver, gemahlenem Koriander, Chipotle-Paste und Olivenöl vermischen. Die Gewürzmischung über das Gemüse gießen, noch einmal abschmecken und durchmischen, damit das Gemüse ganz mit der Gewürzmischung bedeckt ist. Das Gemüse gleichmäßig auf dem Blech verteilen und 20 bis 25 Minuten backen, bis es goldbraun ist, aber noch Biss hat.

4. Inzwischen die Avocado pürieren und mit der Hälfte der gehackten Zwiebel und einer halben Knoblauchzehe vermischen. Würzen und mit etwas Limettensaft abschmecken.

5. In einer weiteren Schüssel die Tomaten mit den restlichen gehackten Zwiebeln und dem restlichen Knoblauch vermischen. Abschmecken und nach Belieben etwas Limettensaft und Koriander hinzufügen.

6. Die Tortillas erwärmen und mit dem Gemüse, der Avocadocreme, der Tomatensalsa und der Cashewcreme anrichten.

TIPP FÜR DIE KLEINSTEN
Die Chipotle-Paste weglassen.

WURZELGEMÜSE-GRATIN

Falls auch die Kleinsten mitessen, empfehle ich, die Misopaste wegzulassen, weil sie sehr viel Salz enthält.

FÜR 4–6 PERSONEN

5 g getrocknete Champignons
3 EL Olivenöl
1 Zwiebel, fein gewürfelt
1 Stangensellerie, geputzt und fein gehackt
1 große Karotte, geschält, geraspelt
4 Zweige Thymian
250 g braune Champignons, geputzt, fein gehackt
4 getrocknete Tomaten, fein gehackt
400 g Tomaten (Dose), stückig
400 g schwarze Bohnen (Dose), abgegossen, gespült
150 ml Gemüsebrühe
250 g Süßkartoffeln, geschält, grob gewürfelt
500 g mehlig kochende Kartoffeln, geschält, grob gewürfelt
250 g Knollensellerie, geschält, grob gewürfelt
1 EL Nährhefe
1 Spritzer Haferdrink
1 TL Vollkornreis-Misopaste

1. Die getrockneten Pilze in eine kleine Schüssel geben, mit 100 ml kochendem Wasser bedecken und beiseitestellen.

2. Die Hälfte des Olivenöls (1½ EL) in einer großen Pfanne (mit Deckel) erwärmen, Zwiebeln, Sellerie, Karottenraspel und Thymianzweige dazugeben und zugedeckt 10 Minuten darin andünsten. Ab und zu umrühren und bei Bedarf etwas Wasser hinzugießen, damit nichts ansetzt.

3. Sobald die Gemüsemischung weich geworden ist, aus der Pfanne nehmen und in einer Schüssel beiseitestellen. Nun etwas Öl (½ EL) in die Pfanne geben, die Champignons hinzufügen und bei mittlerer Hitze 6 bis 8 Minuten braten, bis die Pilze gebräunt sind und die Flüssigkeit verdampft ist.

4. Den Backofen auf 180 °C (Umluft) vorheizen.

5. Das gegarte Gemüse zu den Champignons in die Pfanne geben und die getrockneten Tomaten, die stückigen Tomaten, die Bohnen und die Gemüsebrühe unterrühren. Die eingeweichten Pilze abgießen, das Einweichwasser aufbewahren und durchseihen, damit Schmutzteile entfernt werden. Die Pilze und das Einweichwasser in die Pfanne zum Gemüse geben, das Ganze kurz aufkochen, die Hitze reduzieren und alles 25 bis 30 Minuten leicht köcheln lassen, bis die Flüssigkeit eingedickt ist.

6. Währenddessen die Kartoffeln und den Sellerie in einem großen Topf mit kaltem Wasser bedecken, aufkochen und 12 bis 15 Minuten bissfest garen. Durch ein Sieb abgießen und mit dem restlichen Olivenöl (1 EL) und der Nährhefe pürieren. Ist das Püree zu dick, einfach etwas Haferdrink dazugießen. Nach Geschmack würzen.

7. Die Gemüsemischung abschmecken, die Misopaste unterrühren und die Thymianzweige entfernen. Dann in eine große Auflaufform (ca. 30 × 25 cm) geben, das Püree darüber verteilen und den Gratin 20 bis 25 Minuten lang goldgelb überbacken, bis er Blasen wirft. Vor dem Anrichten ein paar Minuten ruhen lassen.

Gastrezept: Paula Hallam

PAULAS LINSEN-TOMATEN-PIE

Das vielseitige Linsen-Tomaten-Ragout kann auch für Nudeln oder als Topping für Pellkartoffeln verwendet werden. Ich koche daher vom Ragout meist eine richtig große Portion, das ergibt dann zwei schnelle Familienmahlzeiten unter der Woche.

FÜR 4 PERSONEN

FÜR DEN PIE
Olivenöl
1 weiße Zwiebel (ca. 150 g), geschält, fein gehackt
2 Knoblauchzehen, geschält, fein gehackt
1 TL Kreuzkümmel, gemahlen
1 TL Paprikapulver
800 g Tomaten (Dose), stückig
800 g braune Linsen (Dose), abgegossen, gespült
Meersalz und schwarzer Pfeffer

FÜR DEN BELAG
4 Kartoffeln (etwa 800 g)
225 ml Haferdrink
2 EL Olivenöl
2 EL Nährhefe
Meersalz (z. B. ¼ Teelöffel feines Meersalz)

1. Den Backofen auf 160 °C (Umluft) vorheizen.

2. Die Zwiebeln und den Knoblauch in etwas Olivenöl in einem großen Topf mit schwerem Boden bei mittlerer Hitze glasig dünsten. Die Gewürze hinzufügen und alles weitere 2 Minuten schmoren.

3. Die gehackten Tomaten hinzufügen. Unter gelegentlichem Rühren 15 Minuten köcheln lassen, bis die Tomaten eine dunklere Farbe angenommen haben. Abschmecken (Salz weglassen, wenn das Essen für ein Baby unter 12 Monaten gedacht ist). Dann die Linsen unterrühren.

4. Inzwischen für den Belag die Kartoffeln in 2,5 cm große Stücke schneiden, gerne auch mit Schale. Mit kaltem Wasser bedecken und in einem großen Kochtopf zum Kochen bringen, ungefähr 25 Minuten köcheln lassen, bis sie beginnen, ihre Form zu verlieren. Die Kartoffeln durch ein Sieb abgießen und gut abtropfen lassen (sind sie zu feucht, wird das Püree nicht glatt).

5. Den Haferdrink mit Olivenöl und Nährhefe im Kartoffeltopf erhitzen (gibt man heiße Kartoffeln in kalte Milch, wird das Püree leicht klebrig). Sobald die Kartoffeln abgetrocknet sind und an den Rändern weiß werden, ins warme Haferdrink-Gemisch geben und zerstampfen. Mit Salz abschmecken.

6. Nun das Linsen-Tomaten-Ragout in eine Auflaufform (ca. 24 x 32 cm) geben und das Kartoffelpüree nach Belieben mit einer Gabel gleichmäßig verstreichen. Mit etwas zusätzlichem Olivenöl beträufeln, dann wird der Belag schön golden und knusprig. Den Pie 40 bis 45 Minuten goldbraun backen, bis er Blasen wirft.

7. Den Linsen-Tomaten-Pie aus dem Ofen nehmen und vor dem Anrichten 10 Minuten abkühlen lassen.

GEMÜSE-CHAMPIGNON-LASAGNE

Wenn wir Gäste erwarten, dann ist diese sättigende Lasagne immer ein Hit. Sie lässt sich leicht im Voraus zubereiten und auch sehr gut einfrieren.

FÜR 6 PERSONEN

FÜR DIE LASAGNE
1½ EL Olivenöl
1 Zwiebel, geschält, halbiert, fein gewürfelt
2 Stangensellerie, geschält, fein gehackt
2 Karotten, geschält, grob geraspelt
250 g braune Champignons, geputzt, fein gehackt
4 Knoblauchzehen, geschält, zerdrückt
4 Zweige Thymian
100 ml Rotwein (alternativ 100 ml Gemüsebrühe)
2 EL Tomatenmark
400 g grüne Linsen (Dose), abgegossen, gespült
800 g Tomaten (Dose), stückig
250 ml Gemüsebrühe
12 Dinkel-Lasagneblätter

FÜR DIE HELLE SOSSE
4 EL Olivenöl
80 g Mehl
700 ml Haferdrink
2 Lorbeerblätter
1 Prise Muskatnuss, frisch gemahlen
2 EL Nährhefe
Meersalz und schwarzer Pfeffer

1. Das Öl in einem großen Topf (mit Deckel) erhitzen und die Zwiebeln, die Selleriewürfel und die Karottenraspel hinzufügen. Den Deckel aufsetzen und das Gemüse 8 bis 10 Minuten schmoren. Dabei ab und zu umrühren und bei Bedarf etwas Wasser hinzugeben, damit nichts ansetzt.

2. Die Hitze etwas erhöhen und die Champignons hinzufügen. 5 bis 6 Minuten braten, bis die Pilze braun sind und das Wasser verdampft ist. Den Knoblauch dazugeben und 1 Minute mitschmoren, dann Thymian und Rotwein hinzufügen. Den Wein kurz aufkochen lassen, dann das Tomatenmark, die Linsen, die Tomaten und die Gemüsebrühe dazugeben. Alles kurz aufkochen, dann die Hitze reduzieren und die Soße 20 bis 25 Minuten eindicken lassen.

3. Den Backofen auf 160 °C (Umluft) vorheizen.

4. Für die helle Soße das Öl in einem großen Topf erwärmen. Das Mehl 1 bis 2 Minuten einrühren, bis ein biskuitartiger Duft aufsteigt. Von der Herdplatte nehmen. Unter ständigem Rühren nach und nach den Haferdrink hinzufügen, bis eine glatte Masse entsteht. Wieder auf die Herdplatte stellen, Lorbeerblätter und Muskatnuss hinzufügen und weiterrühren, bis die Soße Blasen schlägt und eindickt. Jetzt die Nährhefe einrühren.

5. Das Ragout und die helle Soße abschmecken, den Thymian und die Lorbeerblätter entfernen.

6. Die Hälfte des Gemüseragouts in eine große Auflaufform (ca. 23 x 30 cm) geben und 4 Lasagneblätter darüberlegen. Mit der Hälfte der weißen Soße bedecken, dann eine weitere Schicht Lasagneblätter und wieder eine Lage Gemüseragout darauf verteilen. Die restlichen 4 Lasagneblätter auflegen und die restliche weiße Soße darübergeben. Die Lasagne 40 bis 45 Minuten im Ofen goldbraun backen, bis sie Blasen wirft. Aus dem Ofen nehmen, 5 Minuten ruhen lassen, dann in Portionen teilen und servieren.

VEGGIEDELLEN MIT TOMATENSOSSE

Dieses Familien-Lieblingsgericht mit den schmackhaften Bällchen kommt immer gut an. Wer die Soße etwas schärfer mag, kann das Tomatenmark einfach durch die gleiche Menge Harissa ersetzen.

FÜR 4 PERSONEN

5 g getrocknete Champignons
2 EL Olivenöl, plus noch etwas zum Anbraten
1 große Zwiebel, geschält, halbiert, fein gewürfelt
1 mittelgroße Karotte, geschält, grob geraspelt
2 große Knoblauchzehen, geschält, zerdrückt
2 EL Tomatenmark
400 g Cannellini-Bohnen (Dose), abgegossen, gespült
1 kleine Handvoll Basilikumblätter, grob gehackt (plus mehr zum Garnieren)
1½ EL Nährhefe
¼ TL getrockneter Oregano
2 TL Tamari
75 g Semmelbrösel, frisch gerieben
1 TL Paprikapulver, geräuchert
400 g Tomaten (Dose), stückig
½ EL Balsamessig
4 Portionen Spaghetti (oder andere lange Nudeln, 75 g pro Person)

1. Den Backofen auf 180 °C (Umluft) vorheizen und ein Backblech leicht einölen. Die Champignons in einer kleinen Schüssel mit kochendem Wasser bedeckt einweichen und beiseitestellen.

2. Das Öl in einem großen Topf erwärmen, die Zwiebeln und die Karottenraspel bei sehr geringer Hitze 8 bis 10 Minuten darin andünsten. Gelegentlich umrühren und bei Bedarf etwas Wasser dazugeben, damit nichts ansetzt.

3. Sobald das Gemüse weich ist, den Knoblauch hinzufügen und 1 weitere Minute köcheln lassen, dann das Tomatenmark unterrühren und das Gemüse von der Herdplatte nehmen.

4. Die Pilze durch ein Sieb gießen und grob hacken. In einer Küchenmaschine mit der Hälfte des gekochten Gemüses, den Bohnen, dem Basilikum, der Nährhefe sowie mit Oregano, Tamari und den Semmelbröseln zu einer dicken Paste mixen.

5. Den Teig mit feuchten Händen zu 16 Kugeln formen, auf das Backblech setzen und die Veggiedellen 18 bis 20 Minuten goldgelb backen, bis sie an den Rändern fest sind.

6. Währenddessen den Topf wieder auf den Herd stellen, das Paprikapulver hinzufügen. Nach 1 Minute die stückigen Tomaten, eine halbe Dose Wasser und den Essig dazugeben. Die Soße 10 bis 12 Minuten köcheln lassen, bis die Flüssigkeit eingedickt ist. Nach Geschmack würzen.

7. Inzwischen die Spaghetti nach Packungsanweisung kochen und durch ein Sieb abgießen. Die Spaghetti in der Soße schwenken, auf tiefe Teller verteilen und die Veggiedellen darübergeben. Mit Basilikum bestreut servieren.

TIPP FÜR DIE KLEINSTEN

Am besten Tamari weglassen, weil es viel Salz enthält.

SPARGEL-SPINAT-BOLOGNESE

Spargel, eines meiner Lieblingsgemüse, kommt in diesem herzhaften Frühlingsgericht richtig groß raus. Ich koche ihn mit Linsen, Spinat, Zwiebeln, passierten Tomaten und Sellerie, dann wird alles mit frischem Basilikum und Spaghetti vermischt.

FÜR 4 PERSONEN

2 EL Olivenöl
1 Zwiebel, geschält, fein gewürfelt
1 Stangensellerie, fein gehackt
400 g braune Linsen (Dose), abgegossen, gespült
200 g grüner Spargel (oder violette Sprossen oder Spargelbrokkoli), geputzt, grob zerkleinert
200 g TK-Spinat (oder Babyblattspinat)
300 ml heiße Gemüsebrühe
500 g Tomaten (Dose), passiert
4 Portionen Spaghetti (75 g pro Person)
20 g Basilikum, Stiele und Blätter fein gehackt
Meersalz und schwarzer Pfeffer

1. Das Öl in einem Kochtopf oder einer Kasserolle erwärmen, die Zwiebelwürfel und die Selleriestücke hinzufügen. Salzen, pfeffern und bei mittlerer Hitze 5 bis 7 Minuten weich schmoren.

2. Die Linsen, die Spargelstücke und den Spinat hinzufügen (frischen Spinat portionsweise zubereiten: die erste Portion zusammenfallen lassen, dann erst die nächste dazugeben). Alles gut umrühren und mit der heißen Brühe kurz aufkochen, dann ein paar Minuten köcheln lassen.

3. Die passierten Tomaten dazugeben, wieder aufkochen und 10 bis 15 Minuten köcheln lassen, bis der Spargel gar ist.

4. Inzwischen die Nudeln nach Packungsanweisung kochen, durch ein Sieb abgießen und gut abtropfen lassen.

5. Das Basilikum in die Soße einrühren und die Bolognese-Soße unter die Spaghetti mischen.

TOMATEN-KNOBLAUCH-BOLOGNESE

Sobald die wunderbar aromatischen Sommertomaten erhältlich sind, ist dieses einfache Gericht angesagt. Dabei ist jede Tomatensorte willkommen – ich nehme gerne alte, regionale Sorten, aber ihr könnt natürlich auch ein paar Kirsch-, Salat- oder Fleischtomaten verwenden.

FÜR 4 PERSONEN

6 EL Olivenöl
6 Knoblauchzehen, geschält, in feine Scheiben geschnitten
6 getrocknete Tomaten, fein gehackt
1,2 kg Tomaten nach Wahl, grob gewürfelt
200 g Cashewkerne
Schale von 1 Bio-Zitrone, abgerieben
1 kleiner Bund Basilikum, Blätter und Stiele fein gehackt
4 Portionen Spaghetti (oder lange Nudeln, 75 g pro Person)
Meersalz und schwarzer Pfeffer

1. Das Olivenöl in einer Kasserolle oder einem Topf (mit Deckel) leicht erwärmen und den Knoblauch darin 2 bis 3 Minuten goldbraun schmoren.

2. Die getrockneten Tomaten unterrühren und 1 weitere Minute schmoren, dann die frischen Tomaten dazugeben und mit reichlich Salz und schwarzem Pfeffer würzen.

3. Alles gut umrühren, kurz aufkochen lassen, den Deckel aufsetzen und 20 Minuten köcheln lassen.

4. Inzwischen die Cashewkerne in einer trockenen Pfanne bei mittlerer Hitze goldgelb rösten, dann in der Küchenmaschine krümelig hacken (dauert ungefähr 30 Sekunden). Beiseitestellen.

5. Die Tomatensoße kontrollieren: Nach 20 Minuten sollten die Tomaten weich geworden und zerfallen sein. Die Herdplatte ausschalten und Cashewkerne, Zitronenschale und Basilikum unterrühren.

6. Die Nudeln nach Packungsanweisung kochen, durch ein Sieb abgießen und gut abtropfen lassen.

7. Die Soße unter die Spaghetti rühren und sofort servieren.

TIPP

Da mich die Tomatenhaut nicht stört, schäle ich die Tomaten nicht. Denn ich möchte lieber die ganze Frucht verwenden als etwas davon wegzuwerfen. Wer eine sämigere Soße mag, kann die Tomatenmischung in einem Mixer pürieren und dann erst die Cashewkerne hinzufügen.

LINSEN-CHAMPIGNON-BOLOGNESE

Dieses herbstliche Nudelgericht hat eine wunderbare Tiefe, die von den intensiven Geschmacksnuancen von Pilzen und Tamari, der Frische der Petersilie und der perfekt stückigen Textur durch die Linsen herrührt. Ein fantastisches Rezept und eine deftige, sättigende Mahlzeit, die man gut auf Vorrat kochen kann.

FÜR 4 PERSONEN (PLUS REST ZUM EINFRIEREN)

20 g getrocknete Steinpilze
300 ml heiße Gemüsebrühe
1 EL Olivenöl, plus etwas zum Braten
1 Zwiebel, geschält, fein gehackt
1 Stangensellerie, fein gehackt
1 Karotte, fein gehackt
2 EL Tomatenmark
1 EL Tamari (oder helle Sojasoße)
500 g Tomaten (Dose), passiert
400 g grüne Linsen (Dose), abgegossen, gespült
400 g braune Champignons, in feine Scheiben geschnitten
4 Portionen Spaghetti (75 g pro Person)
20 g glatte Petersilie, Blätter und Stängel fein gehackt
Meersalz und schwarzer Pfeffer

1. Die getrockneten Steinpilze in einer Schüssel mit der heißen Gemüsebrühe übergießen und beiseitestellen.

2. Das Öl in einer großen Kasserolle erwärmen, die Zwiebeln, den Sellerie und die Karotte hinzufügen. Mit Salz und Pfeffer würzen und bei mittlerer Hitze 10 Minuten schmoren, bis das Gemüse weich und leicht karamellisiert ist.

3. Die eingeweichten Steinpilze mit der gesamten Brühe dazugeben und Tomatenmark und Tamari unterrühren. Ein paar Minuten köcheln lassen, dann die passierten Tomaten und die grünen Linsen hinzufügen. Die Soße weiter köcheln lassen, während die braunen Champignons zubereitet werden.

4. Etwas Öl in einer beschichteten Pfanne erwärmen und die Champignons portionsweise bei großer Hitze anbraten. Jede Portion mit Salz und Pfeffer würzen und in die brodelnde Soße einrühren, während die restlichen Pilze gebraten werden.

5. Die Nudeln nach Packungsanweisung kochen und durch ein Sieb abgießen und gut abtropfen lassen.

6. Die Petersilie in die Soße rühren und abschmecken. Die abgetropften Spaghetti unterheben und sofort servieren.

TIPP

Das Rezept reicht in der Regel für vier Personen. Da die Zubereitung so schnell geht, lohnt es sich, das Gericht auf Vorrat zu kochen und Reste davon für eine spätere Mahlzeit einzufrieren. Diese Bolognese schmeckt auch hervorragend mit Reis oder Pellkartoffeln.

TIPP FÜR DIE KLEINSTEN

Tamari weglassen, weil es viel Salz enthält.

TOFU-GEMÜSE-BOLOGNESE

Diese Gemüsebolognese wird mit Tofu anstelle der üblichen Linsen zubereitet. Das gibt ihr eine schöne, stückige Textur, die etwas herzhafter und dicker ist. Rosmarin, Thymian, Knollensellerie und Lauch sorgen für einen wunderbar würzigen Geschmack, und Tamari rundet das Gericht ab.

FÜR 4 PERSONEN, REICHLICH BEMESSEN

1 EL Olivenöl
3 Lauchstangen, gewaschen, geputzt, in feine Ringe geschnitten
2 Karotten, geschält, fein gewürfelt
400 g Knollensellerie, geschält, fein gewürfelt
2 Zweige Rosmarin, Blätter entfernt, fein gehackt
3–4 Zweige Thymian, Blätter entfernt, fein gehackt
2 EL Tomatenmark
1 EL Tamari (oder dunkle Sojasoße)
450 g fester Tofu, abgetropft, zerbröselt
300 ml heiße Gemüsebrühe
500 g Tomaten (Dose), passiert
4 Portionen Spaghetti (oder andere lange Nudeln, 75 g pro Person)

1. Das Öl in einem großen Topf (mit Deckel) erwärmen und Lauch, Karotten, Knollensellerie, Rosmarin und Thymian einrühren. Gut würzen und bei geringer Hitze 15 bis 20 Minuten weich dünsten.

2. Tomatenmark und Tamari hinzugeben und die Tofubrösel einrühren. Alles gut durchmischen.

3. Mit der heißen Brühe aufgießen, zum Kochen bringen und alles 5 Minuten köcheln lassen.

4. Die passierten Tomaten dazugeben, erneut aufkochen und weitere 15 Minuten bei aufgesetztem Deckel köcheln lassen.

5. Die Nudeln nach Packungsanweisung kochen und durch ein Sieb abgießen.

6. Die Spaghetti mit der Bolognese gut vermengen und sofort servieren.

TIPP
Man kann diese Bolognese-Soße auch in großer Menge zubereiten. Die Reste lassen sich mehrere Tage im Kühlschrank aufbewahren. Oder man friert sie für eine weitere Mahlzeit ein.

TIPP FÜR DIE KLEINSTEN
Tamari weglassen, weil es viel Salz enthält.

Gastrezept: Dr. Gemma Newman

GEMMAS MAKKARONI-AUFLAUF

Dieser sättigende Auflauf ist nicht nur wunderbar cremig und nussig, sondern enthält auch Nährhefe, die viele B-Vitamine und ein hochwertiges Eiweiß liefert.

FÜR 4–6 PERSONEN

FÜR DIE SOSSE
100 g Cashewkerne
750 ml Wasser
1 große Karotte, geschält, gewürfelt
1 mittelgroße Kartoffel, geschält, gewürfelt
1 mittelgroße weiße Zwiebel, geschält, grob gehackt
1 Stangensellerie, grob gehackt
3 Knoblauchzehen, geschält, grob gehackt
1 TL glatter Dijon-Senf
8 EL Nährhefe
200 ml Haferdrink

FÜR DEN AUFLAUF
400 g Makkaroni
250 g Baby-Blattspinat
25 g frisches Basilikum, grob gehackt, plus ein paar Blätter zum Anrichten
150 g TK-Erbsen
Meersalz

FÜR DEN BELAG
80 g Vollkornbrotbrösel
2 TL Olivenöl
1 EL Nährhefe

1. Den Backofen auf 160 °C (Umluft) vorheizen.

2. Für die Soße die Cashewkerne und das Wasser in einen Topf geben und zum Kochen bringen. 5 Minuten lang kräftig kochen, dann Karotten, Kartoffeln, Zwiebeln und Sellerie hinzufügen. Ungefähr 10 Minuten weiterköcheln lassen, bis das Gemüse weich ist.

3. Die Cashew-Gemüse-Mischung durch ein Sieb abgießen und in einen Mixer geben. Nun Knoblauch, Senf, Nährhefe und Haferdrink hinzufügen und mit Salz würzen. Zu einer glatten Soße pürieren.

4. Einen großen Topf mit Wasser und einer Prise Salz zum Kochen bringen. Die Makkaroni darin nach Packungsanweisung kochen. Den Spinat in ein Sieb geben, die Makkaroni darübergeben, damit der Spinat zusammenfällt. Gut abtropfen lassen und in eine Schüssel geben. Die Soße, das Basilikum und die Erbsen hinzufügen, alles gut durchmischen und die Masse in eine große Auflaufform (ca. 25 × 19 cm) gießen.

5. Für den Belag die Brotbrösel mit Olivenöl und Nährhefe in einer Schüssel vermischen. Die Brotbrösel sollten gleichmäßig mit Öl bedeckt sein, damit der Belag schön knusprig wird. Den Belag über den Nudeln verteilen.

6. Den Auflauf im vorgeheizten Ofen 35 bis 40 Minuten goldbraun backen. Vor dem Servieren mit den restlichen Basilikumblättern garnieren.

SCHNELLE LIEBLINGSPIZZA

Diese Pizzen sind ideal, wenn man etwas Einfaches braucht, das alle gern essen und das sich rasch zubereiten lässt. Wir machen diese Pizzen sehr oft und die Mädchen lieben sie immer sehr.

ERGIBT 4 PIZZEN (Ø ca. 20 cm)

FÜR DEN TEIG:
280 g Mehl, plus etwas zum Bestäuben
½ TL Backpulver
280 g Pflanzlicher Joghurt (Kokos, ungesüßt)
2 EL Olivenöl, plus extra zum Beträufeln
1 Prise Meersalz
8 EL Tomaten (Dose), passiert

IDEEN FÜR DEN BELAG:
Tomaten, in Scheiben geschnitten
rote Zwiebeln, in feine Ringe geschnitten
Champignons, fein geschnitten
Paprikaschoten, fein geschnitten
Brokkoli-Röschen, blanchiert
Kürbisstücke, gebraten
Mais aus der Dose, abgetropft
Oliven
Champignon-Knoblauch-Aufstrich (siehe Seite 218, nach Belieben anstelle von passierten Tomaten oder zusammen mit Tomaten),
Limabohnen-Kräuter-Dip (siehe Seite 121, nach Belieben anstelle von oder passierten Tomaten)
Spinat, blanchiert, abgetropft, klein geschnitten
Basilikumblätter

1. Den Backofen auf 200 °C (Umluft) vorheizen.

2. Für den Teig in einer großen Schüssel das Mehl mit Joghurt, Öl und Salz mit einem Holzlöffel vermischen.

3. Den Teig auf eine gut bemehlte Arbeitsfläche geben und zu einer homogenen Masse kneten. Macht nichts, wenn er etwas klebrig ist.

4. Den Teig in 4 gleich große Kugeln teilen. Die Arbeitsfläche und jede Kugel noch einmal mit Mehl bestäuben und zu etwa 20 cm breiten Fladen ausrollen.

5. Die Teigfladen auf ein Backblech legen und im Ofen ungefähr 3 bis 4 Minuten lang backen.

6. Gebackene Fladen aus dem Ofen nehmen, 2 Esslöffel passierte Tomaten darauf verteilen, nach Belieben belegen (siehe oben) und mit reichlich Öl beträufeln. Wieder in den Ofen schieben und weitere 8 bis 10 Minuten fertig backen.

TIPP FÜR DIE KLEINSTEN

Die Mädchen haben einen Riesenspaß, beim Auswählen und Belegen der Pizzen zu helfen.

LINSEN-PILZ-SCHNECKEN

Die Blätterteigschnecken mit den verschiedenen Gemüsesorten und dem Basilikumpesto sind nicht nur schnell zubereitet, sondern auch ein beliebter und leckerer Snack für Kinder wie für Erwachsene.

ERGIBT 12 SCHNECKEN

320 g veganer Blätterteig
Olivenöl zum Braten
½ kleine Zwiebel, geschält, fein gehackt
2 Knoblauchzehen, geschält, fein gehackt
150 g Champignons, sehr fein gewürfelt (die Stücke sollten etwa so groß wie Linsen sein)
400 g grüne Linsen (Dose), abgegossen, gespült
100 g Basilikumpesto (siehe Seite 112 oder fertiges Pesto)
1 große Handvoll Babyspinat, fein gehackt
1 TL Haferdrink

1. Den Backofen auf 200 °C (Umluft) vorheizen. Ein Backblech mit Backpapier auslegen.

2. Den Teig auf dem Papier ausrollen und beiseitestellen.

3. Etwas Olivenöl in eine große Pfanne geben und die Zwiebeln darin bei mittlerer Hitze etwa 5 Minuten glasig dünsten. Dann den Knoblauch 1 Minute lang mitschmoren, danach die Champignons hinzufügen und weitere 5 Minuten schmoren.

4. Die Linsen, das Pesto und den Spinat hinzufügen und etwa 1 Minute lang kochen, bis der Spinat zerfällt. Dann die Mischung auf einen Teller geben und etwa 10 Minuten abkühlen lassen.

5. Die Gemüse-Mischung gleichmäßig auf dem Teig verteilen, dabei am oberen Rand einen Streifen von 2,5 cm frei lassen. Vorsichtig andrücken, den Teigrand leicht mit Haferdrink bestreichen.

6. Den Teig von der Längsseite her aufrollen (der obere freie Streifen ist das Ende). Beim Aufrollen gut festhalten, damit eine enge Spirale entsteht. Den oberen Streifen fest andrücken, damit die Rolle gut verschlossen ist.

7. Nun die Rolle mit einem gezackten Messer in 12 gleich große, etwa 3 cm breite Stücke schneiden.

8. Die Stücke mit der flachen Seite auf das Backblech legen. Zwischen den einzelnen Stücken 4 bis 5 cm Platz lassen, da sie beim Backen aufgehen.

9. Die Schnecken 20 bis 25 Minuten im Ofen goldgelb backen.

BOHNEN-PAPRIKA-SCHNECKEN

Diese Schnecken sind unser ursprüngliches Rezept und wurden schnell zu einem Lieblingsessen der ganzen Familie. Die Limabohnen geben der Füllung Biss und peppen sie mit pflanzlichem Eiweiß auf, was die Schnecken zu einer einfachen und köstlichen Mahlzeit macht.

ERGIBT 12 SCHNECKEN

320 g veganer Blätterteig
Olivenöl zum Braten
½ rote Zwiebel, geschält, fein gewürfelt
2 Knoblauchzehen, geschält, zerdrückt
1 große süße Spitzpaprika, gewürfelt
400 g Butterbohnen (Dose), abgegossen, gespült
100 g Mandel-Tomaten-Pesto (siehe Seite 112 oder fertiges Pesto)
1 TL Haferdrink

1. Den Backofen auf 200 °C (Umluft) vorheizen. Ein Backblech mit Backpapier auslegen.

2. Den Teig auf dem Papier ausrollen und beiseitestellen.

3. Etwas Olivenöl in eine große Pfanne geben und die Zwiebeln darin bei mittlerer Hitze etwa 5 Minuten lang glasig dünsten. Dann den Knoblauch 1 Minute lang mitschmoren, danach die Paprikawürfel hinzufügen und weitere 5 Minuten schmoren.

4. Die Limabohnen entweder in der Küchenmaschine pürieren oder mit einer Gabel zerdrücken und dann zusammen mit dem Pesto in die Pfanne geben.

5. Unter Rühren weitere 2 Minuten kochen, dann die Gemüse-Mischung auf einen Teller geben und etwa 10 Minuten abkühlen lassen.

6. Die Mischung gleichmäßig auf dem Teig verteilen, dabei am oberen Rand einen Streifen von 2,5 cm frei lassen. Vorsichtig andrücken und den Teigrand leicht mit Hafermilch bestreichen.

7. Den Teig von der Längsseite her aufrollen (der obere freie Streifen ist das Ende). Beim Aufrollen gut festhalten, damit eine enge Spirale entsteht. Den oberen Streifen fest andrücken, damit die Rolle gut verschlossen ist. Nun die Rolle mit einem gezackten Messer in 12 gleich große, etwa 3 cm breite Stücke schneiden.

8. Die Stücke mit der flachen Seite auf das Backblech legen. Zwischen den einzelnen Stücken 4 bis 5 cm Platz lassen, da sie beim Backen aufgehen.

9. Die Schnecken 20 bis 25 Minuten im Ofen goldgelb backen.

ETWAS SÜSSES

KIRSCH-MANDEL-RIEGEL

Meine beiden Mädchen lieben diese nicht allzu süßen Riegel. Sie liefern eine Menge Ballaststoffe und lassen sich gut mit verschiedenen Nüssen und Trockenfrüchten variieren – auch mit Erdnussbutter sind sie absolut köstlich!

ERGIBT 12 STÜCK

15 g Chiasamen
70 g Mandeln
130 g Datteln (Gewicht mit Kern)
20 g Kokosöl
40 ml brauner Reissirup
80 g Mandelmus
1 TL Vanillepaste
1 Prise Meersalz
70 g Jumbo-Haferflocken
70 g zarte Haferflocken
60 g getrocknete Kirschen, halbiert
ein paar Tropfen Mandelextrakt (optional, sehr lecker!)

1. Den Backofen auf 175 °C (Umluft) vorheizen. Eine große Backform (20 x 20 cm) mit Backpapier auslegen.

2. Die Chiasamen in einer kleinen Schüssel mit 2 Esslöffeln Wasser mischen und 10 Minuten quellen lassen.

3. Die Mandeln auf ein Backblech legen und 7 bis 8 Minuten lang rösten, dann herausnehmen und abkühlen lassen.

4. Die Datteln in kochendem Wasser 5 Minuten lang einweichen. Dann abgießen, einen Teil des Wassers aufbewahren und die Steine entfernen.

5. Die abgekühlten Mandeln in eine kleine Küchenmaschine geben und in kleine Stücke hacken. Herausnehmen und beiseitestellen, dann die Datteln in der Küchenmaschine zu einer Paste pürieren – eventuell 1 oder 2 Teelöffel vom Einweichwasser dazugeben.

6. Das Kokosöl in einem kleinen Topf bei schwacher Hitze zerlassen. Den Reissirup und das Mandelmus hinzufügen und zu einer glatten, cremigen Masse verrühren. Vom Herd nehmen und die Vanillepaste und das Salz einrühren.

7. Die Mandeln, die Haferflocken, die Kirschen und den Mandelextrakt in einer Schüssel verrühren. Die Dattelmischung, die eingeweichten Chiasamen und die geschmolzene Kokosölmischung unterrühren.

8. Die Masse mit einem Löffel auf dem Backblech verteilen und mit einem Pfannenwender gut festdrücken. Die Masse 20 Minuten backen, dann aus dem Ofen nehmen, kurz abkühlen lassen, dann in 12 Riegel schneiden.

9. Die Kirsch-Mandel-Riegel werden beim vollständigen Abkühlen fest. Sie können bei Raumtemperatur in einem luftdichten Behälter bis zu 5 Tage aufbewahrt werden.

BUNTE BEERENMUFFINS

Diese Leckerei mögen alle bei uns. Die Banane verleiht den Muffins einen schönen Hauch von Süße, der durch die Vanillepaste noch verstärkt wird. Und durch die verschiedenen Beeren werden sie herrlich saftig.

ERGIBT 12 STÜCK

150 g Dinkelmehl
250 g Weizenmehl
150 g Kokosblütenzucker
2 TL Backpulver
1 TL Natron
1 Prise Meersalz
5 EL Olivenöl
1 reife Banane (ca. 85 g), püriert
275 ml Haferdrink
2 TL Vanillepaste
Schale von 1 Bio-Zitrone
Saft von 1 Zitrone
125 g Heidelbeeren
100 g Beeren nach Wahl

1. Den Backofen auf 160 °C (Umluft) vorheizen und Papierförmchen in ein Muffinform mit 12 Mulden setzen. Das Dinkelmehl, das Weizenmehl und den Kokosblütenzucker mit Backpulver, Natron und Salz in einer großen Rührschüssel mit dem Schneebesen vermischen.

2. In einem hohen Rührgefäß das Öl, die Banane und den Haferdrink mit Vanillemark, Zitronenschale und Zitronensaft verquirlen. Nach und nach die feuchten Zutaten zu den trockenen Zutaten in die Rührschüssel geben und zu einem glatten Teig verrühren.

3. Nun 150 g der Beeren vorsichtig unter den Teig heben, dann den Teig auf die Muffinförmchen verteilen. Die restlichen Beeren auf dem Teig verteilen und leicht andrücken, sodass sie noch zu sehen sind.

4. Die Muffins 20 bis 25 Minuten lang backen, bis sie goldgelb sind. Garprobe machen: Mit einem Holzstäbchen in einen Muffin stechen – wenn beim Herausziehen kein Teig mehr daran klebt, ist der Muffin fertig. Noch warm oder abgekühlt genießen.

BANANEN-PFLAUMEN-BROT (OHNE ZUCKER)

Dieses geniale Kuchenbrot ist locker und weich, und die Pflaumen oder Datteln geben ihm eine angenehme Süße – man vermisst den Zucker überhaupt nicht. Es schmeckt pur einfach wunderbar, aber auch als Dessert köstlich mit Kokosjoghurt.

ERGIBT 1 BROTLAIB

200 g Mehl, gesiebt
2–3 TL Backpulver
3 sehr reife Bananen, püriert
4 EL Pflanzlicher Joghurt (Kokos, ungesüßt)
75 ml Olivenöl, plus extra zum Einfetten
1 TL Vanillemark
100 g Pflaumen (oder Medjool-Datteln), gehackt
1 EL Leinsamen, geschrotet
75 g Sultaninen oder Rosinen

1. Den Backofen auf 160 °C (Umluft) vorheizen.

2. Eine Kastenform (900 g) einfetten und mit Backpapier auslegen.

3. In einer großen Schüssel das Mehl mit dem Backpulver vermischen.

4. In einer weiteren Schüssel die Bananen, den Joghurt, das Olivenöl, das Vanillemark, die Pflaumen und die Leinsamen vermischen. Die Rosinen unterrühren.

5. Die Bananenmischung zum Mehl geben und gut unterrühren, dabei dauert es eine Weile, bis sich alles gut miteinander verbunden hat.

6. Den Teig in die Kastenform füllen, glatt streichen, in den vorgeheizten Ofen schieben und 50 bis 60 Minuten backen, bis das Brot aufgegangen und goldgelb ist. Mit einem Holzstäbchen in das Brot stechen – wenn beim Herausziehen kein Teig mehr daran klebt, ist es fertig.

7. Das Brot 15 Minuten abkühlen lassen, anschließend aus der Form stürzen.

KOKOS-VANILLE-CUPCAKES

Diese einfachen Cupcakes mit dem frischen Zitronenguss werden schnell zu Lieblingsküchlein, versprochen. Der Teig ist in fünf Minuten fertig!

ERGIBT 12 STÜCK

FÜR DIE CUPCAKES
165 g Mehl
100 g Kokosblütenzucker
40 g Kokosraspeln
1 TL Backpulver
½ TL Natron
1 TL Apfelessig
65 ml Kokosöl, zerlassen
130 ml Haferdrink
4 TL Vanillepaste

FÜR DIE GLASUR
400 g Pflanzliche Schlagcreme (ungesüßt, z. B. von bedda)
3 EL Ahornsirup
Schale von ½ Bio-Zitrone, abgerieben
2 EL Kokosflocken, geröstet

1. Den Backofen auf 160 °C (Umluft) vorheizen und Papierförmchen in eine Muffinform mit 12 Mulden setzen.

2. In einer großen Rührschüssel das Mehl, den Kokosblütenzucker, die Kokosraspeln mit Backpulver und Natron vermischen.

3. In einem hohen Rührgefäß den Essig, das Kokosöl mit dem Haferdrink und 2 Teelöffeln Vanillepaste verquirlen.

4. Nach und nach die feuchten Zutaten mit den trockenen vermischen, bis ein glatter Teig entsteht.

5. Die Muffinförmchen zu je drei Vierteln befüllen, in den vorgeheizten Ofen schieben und 15 bis 20 Minuten goldgelb backen. Mit einem Holzstäbchen in ein Cupcake stechen – wenn beim Herausziehen kein Teig mehr daran klebt, ist es fertig. Auf einem Kuchengitter abkühlen lassen.

6. Inzwischen für die Glasur in einer großen Schüssel die Schlagcreme mit einem Standmixer oder dem elektrischen Handrührgerät nach Packungsanweisung aufschlagen, bis sie in Form bleibt. Ahornsirup, Zitronenschale und restliche Vanille unterrühren. Die Glasur entweder mit einer Spritztülle oder einem Spachtel auf die Cupcakes auftragen. Mit gerösteten Kokosflocken bestreuen.

SCHOKO- ODER ZIMT-ROSINEN-COOKIES

Auf diese klassischen Cookies wird man immer gern zugreifen. Außen sind sie knusprig, innen weich. Achtung: Sie machen absolut süchtig. Hier findet ihr zwei Varianten: eine mit dunkler Schokolade und Meersalz, die andere mit Zimt und Rosinen.

ERGIBT 15 STÜCK

200 g Mehl
70 g Mandeln, gerieben
200 g Kokosblütenzucker
1 TL Backpulver
1 Prise Meersalz
60 g Kokosöl, zerlassen
90 ml Haferdrink
1 TL Vanillepaste

FÜR DIE SCHOKO-COOKIES
70 g dunkle Schokolade (70–80 % Kakaoanteil), in kleine Stücke geschnitten
Meersalzflocken

FÜR DIE ZIMT-ROSINEN-COOKIES
70 g Rosinen
1 TL Zimt, gemahlen

1. Den Backofen auf 180 °C (Umluft) vorheizen und 2 Backbleche mit Backpapier auslegen.

2. In einer großen Schüssel das Mehl, die Mandeln, den Zucker mit Backpulver und Salz vermischen. Dann das zerlassene Kokosöl, den Haferdrink und die Vanillepaste hinzufügen und alles zu einem Teig rühren.

3. Nun entweder die Schokoladenstücke oder die Rosinen und den Zimt unterheben (siehe auch Tipp unten). Die Cookies leicht flach drücken.

5. Bei der Schoko-Salz-Variante etwas Salz darüberstreuen.

6. Die Cookies 10 Minuten backen. Aus dem Ofen nehmen und auf dem Blech auskühlen und fest werden lassen. Nach etwa einer Stunde sind sie außen knusprig und innen weich.

7. Nach dem Auskühlen in einem luftdichten Behälter bei Raumtemperatur bis zu 5 Tage haltbar.

TIPP
Man kann die Teigmenge auch in zwei Hälften teilen und beide Varianten herstellen. In diesem Fall die Menge an Schokolade beziehungsweise Rosinen und Zimt entsprechend halbieren.

SCHOKOLADEN-KOKOS-TORTE

Für dieses Rezept brauchen wir die Flüssigkeit aus einer Dose Kichererbsen. Kichererbsenwasser kann anstelle von Eiweiß verwendet werden, denn es lässt sich wie Eiweiß zu einem steifen Schnee aufschlagen. Das gelingt allerdings nur mit dem Wasser aus der Dose. Wenn man das Wasser aus selbst gekochten, trockenen Kichererbsen verwendet, funktioniert der Trick leider nicht.

FÜR 12 PERSONEN

FÜR DIE TORTE
400 g Mehl
60 g Kartoffelstärke
2 TL Backpulver
1 TL Natron
½ TL feines Meersalz
50 g Kakaopulver
275 g Kokosblütenzucker
115 ml Flüssigkeit aus 1 Dose Kichererbsen (400 g)
¼ TL Weinsteinbackpulver
3 TL Apfelessig
300 ml Haferdrink
2 TL Vanillepaste
200 ml Pflanzenöl

FÜR DIE FÜLLUNG UND DIE GLASUR
600 g Pflanzliche Schlagcreme (ungesüßt, z. B. von bedda)
4 EL Kakaopulver, plus extra zum Bestäuben
4 EL Ahornsirup
1 TL Vanillepaste

1. Den Backofen auf 160 °C (Umluft) vorheizen und zwei runde Kuchenformen mit je 20 cm Durchmesser mit Backpapier auslegen. In einer großen Schüssel Mehl, Kartoffelstärke mit Backpulver, Natron, Salz, Kakao und Zucker vermischen.

2. In einer weiteren Schüssel das Kichererbsenwasser und das Weinsteinbackpulver mit dem Handrührgerät 8 bis 10 Minuten auf mittlerer Stufe schlagen, bis eine feste, schaumige, baiserartige Masse entsteht.

3. In einem hohen Rührgefäß Apfelessig, Haferdrink und Vanillepaste mit dem Öl verquirlen. Diese flüssige Mischung nach und nach unter die trockene Mehlmischung rühren und zum Auflockern der Masse schon ein Drittel des Kichererbsenschnees unterheben. Dann erst den restlichen Schnee unterheben und gut mischen.

4. Den Teig gleichmäßig auf die beiden Kuchenformen verteilen und glatt streichen. In den Ofen schieben und 35 Minuten backen. Mit einem Holzstäbchen in den Teig stechen – wenn beim Herausziehen nichts mehr daran klebt, ist der Tortenboden fertig. Herausnehmen und 5 Minuten abkühlen lassen, dann auf ein Kuchengitter stürzen, sodass die Oberseite des Bodens nach unten zeigt (dann wird der Tortenboden glatter), und vollständig auskühlen lassen.

5. Inzwischen für die Glasur in einer großen Schüssel die Pflanzliche Schlagcreme mit einem Standmixer oder elektrischen Handrührgerät schlagen, bis sie dickflüssig ist und ihre Form behält. Kakaopulver, Ahornsirup und Vanillepaste hinzufügen und 1 weitere Minute schlagen.

6. Wenn die Tortenböden abgekühlt sind, die Oberseiten, wenn nötig, mit einem gezackten Messer glätten. Die Hälfte der Glasur auf einen der Tortenböden streichen und den anderen Tortenboden daraufsetzen. Die restliche Glasur mit einem Palettenmesser, falls vorhanden, auf dem oben liegenden Tortenboden gleichmäßig verstreichen. Zum Schluss mit etwas Kakao überpudern.

APFEL-BEEREN-KUCHEN

Ein wunderbarer Kuchen, der nicht nur köstlich schmeckt, sondern auch fantastisch aussieht, wenn sich seine tiefroten Farbtöne auf dem Teller ausbreiten.

FÜR 4–8 PERSONEN

Kokosöl, zum Einfetten der Form
2 Kochäpfel (etwa 500 g), geschält, entkernt, grob zerkleinert
1 TL Vanillepaste
Schale von 1 Bio-Zitrone
Saft von 1 Zitrone
500 g TK-Beeren
120 g Kokosblütenzucker
¼ TL Kardamom, gemahlen (oder ¼ TL Pimentpulver)
1 EL Speisestärke
Mehl zum Bestäuben
500 g veganer Mürbteig, backfertig
Hafer- oder Mandeldrink zum Bestreichen der Teigränder
Pflanzliche Schlagcreme oder Eis zum Anrichten

1. Den Backofen auf 180 °C (Umluft) vorheizen. Eine Springform (ca. Ø 20 cm) oder eine Kuchenform leicht mit Kokosöl einfetten.

2. In einem Kochtopf die Äpfel mit Vanillepaste, Zitronenschale und Zitronensaft und 2 Esslöffeln Wasser gut verrühren. Zum Kochen bringen, den Deckel aufsetzen und die Hitze reduzieren. 10 Minuten köcheln lassen, bis die Äpfel größtenteils zerfallen sind.

3. Den Deckel abnehmen, die Hitze erhöhen und die gefrorenen Beeren, den Kokosblütenzucker, Kardamom oder Piment sowie die Speisestärke einrühren. Aufkochen und 1 Minute köcheln lassen, damit die Fruchtsoße durch die Speisestärke eindicken kann. Zum Abkühlen beiseitestellen, während der Teig vorbereitet wird.

4. Auf einer bemehlten Fläche zwei Drittel des Teigs auswellen, bis er groß genug für die Kuchenform ist. Die Kuchenform vorsichtig mit dem Teig auslegen und den überschüssigen Teig über die Seitenränder hängen lassen. Im Kühlschrank kalt werden lassen und inzwischen den Kuchendeckel machen.

5. Das restliche Drittel des Teigs so ausrollen, dass er 2 cm breiter ist als der Durchmesser der Kuchenform.

6. Die Füllung in die Kuchenform gießen. Den Rand mit etwas Hafer- oder Mandeldrink bestreichen und den Teigdeckel auflegen. Teigdeckel und Seitenränder zusammendrücken und dann den gesamten Deckel mit dem Drink bestreichen.

7. Ein kleines Loch in den Deckel schneiden, damit der Dampf entweichen kann, dann den Kuchen 25 bis 30 Minuten goldgelb backen.

8. Den Kuchen aus dem Ofen nehmen und 10 Minuten lang in der Form ruhen lassen. Große Stücke aufschneiden und mit Schlagcreme oder Eis anrichten.

TIPP

Statt gemahlenem Kardamom könnt ihr 5 Kardamom-Kapseln mahlen oder durch Pimentpulver ersetzen. Der Kuchen schmeckt warm am besten, kann aber auch kalt gegessen werden.

BANANENEIS MIT PEKANNUSS-KROKANT

ERGIBT ETWA 600 g

3 Bananen (ca. 300 g), in dünne Scheiben geschnitten
70 g Kokosblütenzucker
70 g Pekannüsse
150 ml Hafer- oder Mandeldrink
1 TL Vanilleextrakt
1 EL Ahornsirup, plus extra zum Beträufeln
1 Prise Salz
60 g dunkle Schokoladenstückchen

1. Die Bananenscheiben in einer Schicht auslegen und ungefähr 1,5 bis 2 Stunden lang tiefgefrieren, bis sie hart sind.

2. In einem kleinen Kochtopf den Kokoszucker mit 1 Esslöffel heißen Wassers bei geringer bis mittlerer Hitze 1 Minute lang auflösen, dabei den Topf hin und her schwenken (aber nicht umrühren). Darauf achten, dass der Zucker vollständig aufgelöst ist. Die Pekannüsse hinzufügen und rühren, bis sie mit dem geschmolzenen Zucker ganz überzogen sind.

3. Auf eine Backmatte oder ein Backpapier gießen und abkühlen lassen. Anschließend in Stücke brechen und in der Küchenmaschine stückig zerkleinern. Beiseitestellen.

4. Die gefrorenen Bananen und den Pflanzendrink mit Vanilleextrakt, Ahornsirup und Salz in der Küchenmaschine zu einer glatten Masse pürieren, dabei gelegentlich unterbrechen, um Klumpen aufzulösen.

5. Die Eiscreme in einen Behälter füllen und das Pekannuss-Krokant und die Schokoladenstückchen unterrühren. Nochmals für ein paar Stunden in das Tiefkühlfach stellen. Das Eis in großen Portionen mit einem Spritzer Ahornsirup anrichten.

TIPP

Kokoszucker ist dunkler als weißer Zucker, entsprechend ist auch das Karamell etwas dunkler. Wenn sich die Pfanne nach der Zubereitung des Krokants nur schwer reinigen lässt, gebt einfach zimmerwarmes Wasser in die Pfanne und bringt es zum Kochen. Auf diese Weise lösen sich die klebrigen Teile.

QUELLENHINWEISE

Einleitung

1 www.bda.uk.com/resource/are-we-achieving-5-a-day.html, abgerufen am 14. Februar 2022.

2 academic.oup.com/ije/article/46/3/1029/3039477, abgerufen am 14. Februar 2022.

3 bmjopen.bmj.com/content/9/10/e027546; bmjopen.bmj.com/content/6/3/e009892, abgerufen am 14. Februar 2022.

4 www.who.int/news-room/fact-sheets/detail/non communicable-diseases, abgerufen am 14. Februar 2022.

5 doi.org/10.3390/nu6062131, abgerufen am 14. Februar 2022.

6 doi.org/10.1080/10408398.2016.1138447, abgerufen am 14. Februar 2022.

7 www.ahajournals.org/doi/10.1161/JAHA.119.012865, abgerufen am 16. Mai 2022.

8 academic.oup.com/ajcn/article/89/5/1627S/4596952, abgerufen am 16. Mai 2022.

9 www.cambridge.org/core/journals/proceedings-of-the-nutrition-society/article/longterm-health-of-vegetarians-and-vegans/263822873377096A7BAC4F887D42A4CA, abgerufen am 16. Mai 2022.

10 doi.org/10.3390/su11154110, abgerufen am 16. Mai 2022.

11 doi.org/10.1093/advances/nmz019doi.org/10.1126/science. aaq0216, abgerufen am 16. Mai 2022

12 https://de.statista.com/infografik/20492/co2-ausstoss-verschiedener-ernaehrungsweisen/

13 www.nature.com/articles/s41586-018–0594-0, abgerufen am 16. Mai 2022.

Die Top Ten der Fragen und Antworten

1 Allès, B., Baudry, J., Méjean, C., Touvier, M., Péneau, S., Hercberg, S. & Kesse-Guyot, E. (2017). Comparison of sociodemographic and nutritional characteristics between self-reported vegetarians, vegans, and meat-eaters from the nutrinet-santé study. Nutrients, 9(9), 1023. doi: 10.3390/ nu9091023.; Clarys, P., Deliens, T., Huybrechts, I., Deriemaeker, P., Vanaelst, B., & De Keyzer, W., et al. (2014). Comparison of nutritional quality of the vegan, vegetarian, semi-vegetarian, pesco-vegetarian, and omnivorous diet. Nutrients, 6(3), 1318–1332. doi.org/10.3390/nu6031318; Sobiecki, J., Appleby, P., Bradbury, K. & Key, T. (2016). High compliance with dietary recommendations in a cohort of meat eaters, fish eaters, vegetarians, and vegans: results from the European prospective investigation into cancer and nutrition–oxford study. Nutrition Research, 36(5), 464–477. doi.org/10.1016/j.nutres.2015.12.016

2 www.ncbi.nlm.nih.gov/pmc/articles/PMC6899614/, abgerufen am 25. Februar 2022; www.nature.com/articles/s41598-018–36890-3, abgerufen am 25. Februar 2022

Was sich in Zukunft ändern muss

1 pubmed.ncbi.nlm.nih.gov/28523941/, abgerufen am 25. Februar 2022.

2 lifestylemedicine.org/What-is-Lifestyle-Medicine, abgerufen am 16. Mai 2022.

Was bedeutet gesunde Ernährung?

1 www.who.int/news-room/fact-sheets/detail/non communicable-diseases, abgerufen am 25. Februar 2022.

2 Katz, D. L. et al. 2018, ›Lifestyle as Medicine: The Case for a True Health Initiative‹, *American Journal of Health Promotion*. doi: 10.1177/0890117117705949.

3 GBD 2017 Diet Collaborators, 2019, ›Health effects of dietary risks in 195 countries, 1990–2017: a systematic analysis for the Global Burden of Disease Study 2017‹, *Lancet*. Onlinepublikation, 3. April 2019. https://doi.org/10.1016/S0140-6736(19)30041-8

4 Li, Y. et al. 2018, ›Impact of Healthy Lifestyle Factors on Life Expectancies in the US Population‹, *Circulation*. doi: 10.1007/ s00402-002–0412-9.

5 Kvaavik, E. et al. 2010, ›Influence of individual and combined health behaviours on total and cause-specific mortality in men and women: The United Kingdom Health and Lifestyle Survey‹, *Archives of Internal Medicine*. doi: 10.1001/archinternmed.2010.76.

Aufbau einer pflanzenbasierten Kost

1 National Institute for Health and Care Excellence (NICE), Polycystic Ovary Syndrome Causes [Internet]. 2018 [zitiert am 4. November 2024]. Verfügbar unter: cks.nice.org.uk/topics/polycystic-ovarysyndrome/background-information/causes/

2 Royal College of Obstetricians and Gynaecologists, Long-Term Consequences of Polycystic ovary syndrome. 2014 [zitiert 4. November 2021]. Verfügbar unter: www.rcog.org.uk/globalassets/documents/guidelines/gtg_33.pdf

3 Monash University MA. PCOS Evidence-Based guidelines [Internet], 2018, [zitiert 4. November 2021]. Verfügbar unter: www.monash.edu/__data/assets/pdf_file/0004/1412644/PCOS_Evidence-Based-Guidelines_20181009.pdf

4 Lim, SS., Hutchison, SK., van Ryswyk, E., Norman, RJ., Teede, H. J., Moran, L. J., 2019, Lifestyle

changes in women with polycystic ovary syndrome. *Cochrane Database of Systematic Reviews*, 28. März 2019 (3).

5 Who.int., 2022, The top 10 causes of death. [online] Verfügbar unter: www.who.int/news-room/fact-sheets/detail/the-top-10-causes-of-death, abgerufen am 15. Februar 2022.

6 Rock, C. L. et al., American Cancer Society guideline for diet and physical activity for cancer prevention. *CA. Cancer J. Clin.*, 2020, doi:10.3322/caac.21591

7 www.lifestylemedicine.org/ACLM/About/What_is_Lifestyle_Medicine/ACLM/About/What_is_Lifestyle_Medicine_/Lifestyle_Medicine.aspx?hkey=26f3eb6b-8294-4a63-83de-35d429c3bb88, abgerufen am 15. Februar 2022.

8 GBD Diet Collaborators, 2019, Health effects of dietary risks in 195 countries, 1990–2017: a systematic analysis for the Global Burden of Disease Study 2017. Lancet Published.

9 Satija, A., Bhupathiraju, S. N., Spiegelman, D., Chiuve, S. E., Manson, J. E., Willett, W., Rexrode, K. M., Rimm, E. B., & Hu, F. B., 2017, Healthful and Unhealthful Plant-Based Diets and the Risk of Coronary Heart Disease in U.S. Adults. *Journal of the American College of Cardiology, 70(4), 411–422*, doi: org/10.1016/j.jacc.2017.05.047, abgerufen am 16. Mai 2022.

10 Barnard, N. D., Cohen, J., Jenkins, D. J., Turner-McGrievy, G., Gloede, L., Green, A., & Ferdowsian, H., 2009, A low-fat vegan diet and a conventional diabetes diet in the treatment of type 2 diabetes: a randomized, controlled, 74-wk clinical trial, *The American journal of clinical nutrition, 89(5), 1588S–1596S*, doi: org/10.3945/ajcn.2009.26736H

11 Rock, C. L., Thomson, C., Gansler, T., Gapstur, S. M., McCullough, M. L., Patel, A. V., Andrews, K. S., Bandera, E. V., Spees, C. K., Robien, K., Hartman, S., Sullivan, K., Grant, B. L., Hamilton, K. K., Kushi, L. H., Caan, B. J., Kibbe, D., Black, J. D., Wiedt, T. L., McMahon, C., Sloan, K. and Doyle, C., 2020, *American Cancer Society guideline for diet and physical activity for cancer prevention.* CA A Cancer J Clin, 70: 245–271, doi:.org/10.3322/caac.21591, abgerufen am 16. Mai 2022.

12 UK Chief Medical Officers' Physical Activity Guidelines, 2019, [online], verfügbar unter: https://assets.publishing.service.gov.uk/government/uploads/system/uploads/attachment_data/file/832868/uk-chief-medical-officers-physical-activity-guidelines.pdf, abgerufen am 15. Februar 2022.

13 Wen, C. P., Wai, J. P., Tsai, M. K., Yang, Y. C., Cheng, T. Y., Lee, M. C., Chan, H. T., Tsao, C. K., Tsai, S. P., & Wu, X., 2011, Minimum amount of physical activity for reduced mortality and extended life expectancy: a prospective cohort study. Lancet, London, England, 378(9798), 1244–1253, doi: org/10.1016/S0140-6736(11)60749–6.

14 Mental health Foundation UK. Stress and Coping. 2021 [zitiert 7. November 2021], www.mentalhealth.org.uk/news/stressed-nation-74-uk-overwhelmed-or-unable-cope-some-point-past-year

15 Bagnardi, V., Rota, M., Botteri, E., Tramacere, I., Islami, F., Fedirko, V., Scotti, L., Jenab, M., Turati, F., Pasquali, E., Pelucchi, C., Galeone, C., Bellocco, R., Negri, E., Corrao, G., Boffetta, P., & La Vecchia, C., 2015, Alcohol consumption and site-specific cancer risk: a comprehensive dose-response meta-analysis. *British journal of cancer, 112(3), 580593*, doi: org/10.1038/bjc.2014.579, abgerufen am 16. Mai 2022.

16 Alcohol Change UK. Alcohol in the UK. 2021 [zitiert 7. November 2021]; Verfügbar unter: https://www.nature.com/articles/bjc2014579

17 National Institute for Health and Care Excellence (NICE). Insomnia [Internet]. 2021 [zitiert 7. November 2021. Verfügbar unter: cks.nice.org.uk/topics/insomnia/references/

Kinder pflanzenbasiert ernähren

1 The Vegan Society UK, https://www.vegansociety.com/news/media/statistics/worldwide, abgerufen am 18. März 2022.

2 Die British Dietetic Association bestätigt, dass eine sorgfältig geplante vegane Ernährung für Menschen aller Altersgruppen gesundheitsfördernd sein kann. British Dietetic Association, 7. August 2017. Verfügbar unter: https://www.bda.uk.com/resource/vegetarian-vegan-plant-based-diet.html, abgerufen am 16. Mai 2022.

3 Nourish: The Definitive Plant-Based Nutrition Guide for Families. Reshma Shah und Brenda Davis, 2020

4 Melina V., Craig W., Levin S., Positionspapier der Academy of Nutrition and Dietetics: Vegetarian Diets. J Acad Nutr Diet. 2016; 116: 1970–1980.

5 Renda M., Fischer P., Vegetarian diets in children and adolescents, Pediatr Rev. 2009; 30(1): e1-e8

6 Health Canada *Eating well with Canada's Food Guide*, www.hc-sc.gc.ca/fn-an/food-guide-aliment/index-eng.php, abgerufen am 16. Mai 2022.

7 Dietitians of Canada *Healthy Eating Guidelines for Vegans*, www.dietitians.ca/Downloads/Factsheets/Guidlines-for-Vegans.aspx, abgerufen am 16. Mai 2022.

8 Keller et al. 2019, *Energy, Macronutrient Intake, and Anthropometrics of Vegetarian, Vegan, and Omnivorous Children (1–3 Years) in Germany* (VeChi Diet Study), Nutrients 2019, 11, 832; doi: 10.3390/nu11040832

9 Keller et al 2021, Nutrient Intake and Status of German Children and Adolescents Consuming Vegetarian, Vegan or Omnivore Diets: Results of the VeChi Youth Study Nutrients 2021, 13, 1707. pubmed.ncbi.nlm.nih.gov/34069944/, abgerufen am 16. Mai 2022.

10 www.bda.uk.com/resource/iodine.html, abgerufen am 18. März 2022.

11 www.vegansociety.com/resources/nutrition-and-health/life-stages/under-fives, abgerufen am 18. März 2022.

12 Nancy F. Butte und Janet C. King 2005, *Energy requirements during pregnancy and lactation*, Public Health Nutrition: 8(7A), 1010–1027.

13 Dietary Reference Values: A Guide. Department of Health 1991. assets.publishing.service.gov.uk/government/uploads/system/uploads/attachment_data/file/743790/Dietary_Reference_Values_-_A_Guide__1991_.pdf, abgerufen am 16. Mai 2022.

14 https://www.biodidoo.com/epicerie/bebe-enfant/laits-infantiles-c257.html, abgerufen am 16. Mai 2022.

15 Testa et al 2018 Soy-based infant formula: Are phytoestrogens still in doubt? Frontiers in Nutrition 5:110 www.ncbi.nlm.nih.gov/pmc/articles/PMC6265372/

16 Vandenplas et al. Safety of soya-based infant formulas in children. Br J Nutr. 2014; 111: 1340–60.

17 www.smahcp.co.uk/formula-milk/soya-infant-formula, abgerufen am 16. Mai 2022.

18 Plant Based Nutrition course, University of Winchester, Vortrag über »Plant-based diets for babies and children« von Dr. Miriam Martinez-Biarge, Kinderärztin.

19 Agostoni C. et al (2006): Soy protein infant formulae and follow-on formulae: a commentary by the ESPGHAN Committee on Nutrition. J Pediatr Gastroenterol Nutr, 42(4): 352–361.

20 www.nhs.uk/start4life/baby/baby-vitamins/, abgerufen am 16. Mai 2022.

21 www.nhs.uk/conditions/baby/breastfeeding-and-bottle-feeding/breastfeeding-and-lifestyle/diet/, abgerufen am 16. Mai 2022.

22 *Feeding your Vegan Baby: The First Year* von Dr. Miriam Martinez-Biarge, Kinderärztin, Informationsblatt von Plant Based Health Professionals UK, plantbasedhealthprofessionals.com/factsheets

23 kidshealth.org/en/parents/growth-6mos.html#catgrowth, abgerufen am 16. Mai 2022.

24 Great Ormond Street Hospital for Children NHS Foundation Trust. Nutritional requirements for children in health and disease, 2014.

25 Shashiraj, Faridi, M., Singh, O. et al. Mother's iron status, breastmilk iron and lactoferrin – are they related? Eur J Clin Nutr 60, 903–908 (2006). doi.org/10.1038/sj.ejcn.1602398, abgerufen am 16. Mai 2022.

26 Hallberg et al 1989, The role of vitamin C in iron absorption. Int J Vitam Nutr Res Suppl 1989; 30: 103–108.

27 Higher Bioaccessibility of Iron and Zinc from Food Grains in the Presence of Garlic and Onion. Smita Gautam, Kalpana Platel, and Krishnapura Srinivasan. Journal of Agricultural and Food Chemistry 2010 58 (14), 8426–8429.

28 *Feeding your Vegan Baby: The Second Year* von Dr. Miriam Martinez-Biarge, Kinderärztin, Informationsblatt von Plant Based Health Professionals UK, plantbasedhealthprofessionals.com/factsheets, abgerufen am 16. Mai 2022.

29 kidshealth.org/en/parents/grow12yr.html#catgrowth, abgerufen am 16. Mai 2022.

30 Das et al, Nutrition in adolescents: physiology, metabolism, and nutritional needs. Ann N Y Acad Sci 2017; 1393(1): 21–23)

31 www.nhs.uk/conditions/vitamins-and-minerals/vitamin-d/, abgerufen am 16. Mai 2022.

32 The UK Iodine Group www.ukiodine.org/iodine-food-fact-sheet/, abgerufen am 16. Mai 2022.

33 www.bda.uk.com/resource/iodine.html, abgerufen am 16. Mai 2022.

34 The Relationship of Docosahexaenoic Acid (DHA) with Learning and Behavior in Healthy Children: A Review Connye N. Kuratko, Erin Cernkovich Barrett, Edward B. Nelson 1 and Norman Salem, Jr. Nutrients 2013, 5, 2777–2810.

35 Maternal DHA Status during Pregnancy Has a Positive Impact on Infant Problem Solving: A Norwegian Prospective Observation Study, KM Stormark et al., Nutrients 2018, 10, 529; doi:10.3390/nu10050529

36 Plant Based Health Professionals UK plantbasedhealthprofessionals.com/vegan-supplements-for-children, abgerufen am 16. Mai 2022.

37 Picky eating during childhood: A longitudinal study to age 11- years, Mascola et al., Eat Behav. 2010 December; 11(4): 253–257. doi:10.1016/ j.eatbeh. 2010.05.006.

38 Picky/fussy eating in children: Review of definitions, assessment, prevalence and dietary intakes. Emmett PM et al. Appetite 95 (2015) 349e359.

39 Essential Nutrients for Bone Health and a Review of their Availability in the Average North American Diet, CT Price et al., The Open Orthopaedics Journal, 2012, 6, 143–149.

40 Soy food Intake during Adolescence and Subsequent Risk of Breast Cancer among Chinese Women, Xiao Ou Shu et al., Cancer Epidemiology, Biomarkers & Prevention Vol. 10, 483–488, Mai 2001.

41 Repeated exposure and conditioning strategies for increasing vegetable liking and intake: systematic review and meta-analyses of the published literature, KM Appleton et al., The American Journal of Clinical Nutrition, Bd. 108, Ausg. 4, Oktober 2018, Seiten 842–856.

REGISTER

Abstillen 55
ALA (Alpha-Linolensäure) 58–59
Alkohol 47
Aminosäuren 39–40
Antibiotika 33
Äpfel: Apfel-Beeren-Kuchen 277
– Drei Kompott-Varianten 76
Auberginen: Auberginen-Knoblauch-Ragout 126
– Auberginen-Kürbis-Blech 181
– Auberginen-Süßkartoffel-Blech 173
– Gebackene Ratatouille 192
– Mediterranes Ofengemüse 170
Avocado: Bunter Allround-Salat 221
– Bohnen-Nachos-Backgemüse 182

Babys 53–55, 58–59, 61
Ballaststoffe 33, 38–39, 52
Bananen: Bananen-Pflaumen-Brot (ohne Zucker) 269
– Bananeneis mit Pekannuss-Krokant 278
– Bunte Beerenmuffins 266
– Dattel-Bananen-Pancakes 82
– Rosies grüner Smoothie 81
Basilikum: Drei Lieblingspestos 112
– 10-Minuten-Erbsen-Orzo 222
Beeren: Apfel-Beeren-Kuchen 277
– Bunte Beerenmuffins 266
– Drei Kompott-Varianten 76
– Gebackener Beeren-Porridge 74
Beziehungen 47
Blähungen/Völlegefühl 32, 43
Blumenkohl: Alans Sauerkraut-Gemüse-Suppe 164
– Blumenkohl-Cashew-Pilaw 174
– Panierter Blumenkohl mit Kichererbsen 190
Bohnen 43
Bohnen: Baked Beans 86
– Bohnen-Backkartoffeln 204
– Bohnen-Nachos-Backgemüse 182
– Bohnen-Paprika-Schnecken 260
– Gnocchi-Bohnen-Gratin 189
– Kräuter-Bohnen-Champignons 233
– Limabohnen-Kräuter-Dip 121
– Orzo-Bohnen-Pfanne 128
– Rote-Bete-Walnuss-Pasta 132
– Schwarze-Bohnen-Toasts 215
– Warmer Wildreis-Bohnen-Salat 145
– Wurzelgemüse-Gratin 239
Bolognese 247–252
Brokkoli: Alans Sauerkraut-Gemüse-Suppe 164
– Brokkoli-Pistazien-Pasta 137
– Gefüllte Kraut-Kartoffeln 199
Brot: Bananen-Pflaumen-Brot 269
– Champignon-Tomaten-Sandwich 209
– Erbsen-Bohnen-Toasts 212
– Krosse Croûtons 98
– Miso-Champignon-Brot 216
– Schwarze-Bohnen-Toasts 215
– Vanille-French-Toasts 85
Brühe 122

Cannellini-Bohnen: 10-Minuten-Erbsen-Orzo 222
– Herzhafte Minestrone 166
– Veggiedellen mit Tomatensoße 244
Cashewkerne: Blumenkohl-Cashew-Pilaw 174
– Cashew-Rührtofu 90
– Cashewcreme 107
– Erbsen-Minze-Dip 116
– Gemmas Makkaroni-Auflauf 255
– Kartoffel-Lauch-Crumble 197
– Kräuterdressing 94
– Tomaten-Knoblauch-Bolognese 249
Champignons: Champignon-Knoblauch-Aufstrich 218
– Champignon-Tomaten-Sandwich 209
– Gemüse-Champignon-Lasagne 242
– Kräuter-Bohnen-Champignons 233
– Linsen-Champignon-Bolognese 250
– Linsen-Pilz-Schnecken 259
– Miso-Champignon-Brot 216
Chilischoten: Brokkoli-Pistazien-Pasta 137
– Erdnuss-Chili-Nudeln 141
– Goldene Paste mit Kokosbrühe 122
– Harissa-Paste 104
Cholesterin 40
Chronische Erkrankungen 21–23, 27, 30, 45

Dal: Kürbis-Dal-Auflauf 178
– Rohinis Mung Dal 154
Datteln (Medjool): Dattel-Bananen-Pancakes 82
– Drei Kompott-Varianten 76
– Kirsch-Mandel-Riegel 264
– Darmflora/Mikrobiom 30–33, 43
DHA (Docosahexaensäure) 41, 43, 54, 58–59, 60
Dips: Erbsen-Minze-Dip, 116
– Limabohnen-Kräuter-Dip 121
– Walnuss-Paprika-Dip 115
Dressings: Knoblauch-Tahin-Dressing 98
– Kräuterdressing 94

Edamame: Edamame-Erdnuss-Nudeln 227
– Goldene Soba-Nudeln 161
– Tofu-Bratreis 230
Eis: Bananeneis mit Pekannuss-Krokant 278
Eisen 38, 41–42, 55, 56, 57
Eiweiß/Protein 16, 37, 39–40, 44, 57, 61
EPA (Eicosapentaensäure) 41, 43, 54, 58–59, 60
Erbsen: 10-Minuten-Erbsen-Orzo 222
– Erbsen-Bohnen-Toasts 212
– Erbsen-Minze-Dip 116
– Gemmas Makkaroni-Auflauf 255
– Rosies grüner Smoothie 81
Erdnussbutter: Auberginen-Süßkartoffel-Blech 173
– Edamame-Erdnuss-Nudeln 227
– Erdnuss-Chili-Nudeln 141
Erdnüsse: Erdnuss-Chili-Nudeln 141
– Dukkah-Gewürz 101
Ernährungsumstellung 64–69

Fermentierte Lebensmittel 31–32
Fleischersatz 17
Flexitarische Ernährung 15–16

Gemüse 37
Gesättigte Fettsäuren 40
Gurke: Minze-Gurken-Raita 109
– Perlgraupen-Sellerie-Taboulé 146

Haferflocken: Gebackener Beeren-Porridge 74
– Kirsch-Mandel-Riegel 264
Haselnüsse: Schoko-Haselnuss-Aufstrich 78
Harissa: Backkartoffeln mit Harissa-Kichererbsen 200
Harissa-Paste 104
Harissa-Tofu-Wrap 210
Heikles Essverhalten 59
Hülsenfrüchte 32

Immunsystem 31
Ingwer: Goldene Paste mit Kokosbrühe 122

Jod 38, 42–43, 53, 54, 58, 60
Jugendliche 57
Junk Food/ungesundes Essen 31

Kalzium 38, 41, 52, 53, 56, 57, 60–61
Kapern: Salsa Verde 102
Karotten: Gemüsetarte mit marinierten Zwiebeln 195
– Krosse Karottenpuffer 150
– Tofu-Bratreis 230
Kartoffeln: Backkartoffeln mit Harissa-Kichererbsen 200
– Bohnen-Backkartoffeln 204
– Gefüllte Kraut-Kartoffeln 199
– Kartoffel-Lauch-Crumble 197
– Kartoffel-Mais-Piri-Piri 177
– Mini-Kartoffelpuffer 89
– Ofenkartoffeln mit Knuspermais 203
– Paulas Linsen-Tomaten-Pie 240
– Shireens Chana Bateta 157
– Wurzelgemüse-Gratin 239
Kichererbsen: Backkartoffeln mit Harissa-Kichererbsen 200
– Knusper-Kichererbsen 94
– Mediterranes Ofengemüse 170
– Panierter Blumenkohl mit Kichererbsen 190
– Shireens Chana Bateta 157
– Zitronen-Mandel-Hummus 118
Kinder 16–17, 49–61
Kleinkinder 56–57, 59, 61

Knoblauch: Auberginen-Knoblauch-Ragout 126
– Auberginen-Kürbis-Blech 181
– Knoblauch-Tahin-Dressing 98
– Kräuter-Bohnen-Champignons 233
Kohlenhydrate 37, 38–39
Kokos: 30-Minuten-Kokos-Curry 158
– Goldene Paste mit Kokosbrühe 122
– Kokos-Gemüse-Reis 142
– Kokos-Vanille-Cupcakes 271
Kokosmilch: Goldene Paste mit Kokosbrühe 122
– Kokos-Gemüse-Reis 142
Koriander: Chermoula-Paste 110
Kuchen: Bananen-Pflaumen-Brot 269
– Schokoladen-Kokos-Torte 274
Kürbis: Auberginen-Kürbis-Blech 181
– Kürbis-Dal-Auflauf 178
– Kürbis-Salbei-Pappardelle 134

Lauch: Kartoffel-Lauch-Crumble 197
– Tofu-Gemüse-Bolognese 252
Linsen: Auberginen-Knoblauch-Ragout 126
– Auberginen-Kürbis-Blech 181
– Bunter Allround-Salat 221
– Gemüse-Champignon-Lasagne 242
– Kürbis-Dal-Auflauf 178
– Linsen-Champignon-Bolognese 250
– Linsen-Pilz-Schnecken 259
– Ofenkartoffeln mit Knuspermais 203
– Paulas Linsen-Tomaten-Pie 240
– Rohinis Mung Dal 154
– Spargel-Spinat-Bolognese 247
– Süßkartoffel-Linsen-Suppe 163

Mahlzeiten 59
Mais(kolben): 30-Minuten-Kokos-Curry 158
– Gebackenes Wurzelgemüse 185
– Kartoffel-Mais-Piri-Piri 177
– Maispuffer mit Frühlingszwiebeln 149
– Ofenkartoffeln mit Knuspermais 203
– Tofu-Bratreis 230
– Zucchini-Kräuter-Puffer 153
Makronährstoffe 37–41
Mandeln: Kirsch-Mandel-Riegel 264
– Schoko- oder Zimt-Rosinen-Cookies 272
– Zitronen-Mandel-Hummus 118

Mikronährstoffe 41–43
Milch 59, 60
Milchalternativen 61
Milchpulver für Säuglinge 54
Mineralstoffe 16, 38, 41–43, 52, 53
Minze: Erbsen-Minze-Dip 116
– Minze-Gurken-Raita 109
Misopaste: Auberginen-Kürbis-Blech 181
– Miso-Champignon-Brot 216

Nährhefe: Gemmas Makkaroni-Auflauf 255
– Walnuss-Parmesan 97
Nahrungsergänzung 16, 38, 42–43, 52, 54–59, 60
Nudeln: Edamame-Erdnuss-Nudeln 227
– Erdnuss-Chili-Nudeln 141
– Goldene Soba-Nudeln 161
– Shiitake-Nudel-Topf 224

Omega-3-Fettsäuren 38, 41, 43, 58–59
Orzo: 10-Minuten-Erbsen-Orzo 222
– Orzo-Bohnen-Pfanne 128
– Orzo-Zucchini-Backgemüse 186

Paprikaschoten: Bohnen-Paprika-Schnecken 260
– Bunter Allround-Salat 221
– Gebackene Ratatouille 192
– Kartoffel-Mais-Piri-Piri 177
– Paprika-Pilz-Fajitas 237
– Tomaten-Farfalle-Pfanne 138
– Walnuss-Paprika-Dip 115
Pasta: 10-Minuten-Erbsen-Orzo 222
– Auberginen-Knoblauch-Ragout 126
– Brokkoli-Pistazien-Pasta 137
– Edamame-Erdnuss-Nudeln 227
– Erdnuss-Chili-Nudeln 141
– Gemmas Makkaroni-Auflauf 255
– Gemüse-Champignon-Lasagne 242
– Goldene Soba-Nudeln 161
– Herzhafte Minestrone 166
– Kürbis-Salbei-Pappardelle 134
– Linsen-Champignon-Bolognese 250
– Orzo-Bohnen-Pfanne 128
– Orzo-Zucchini-Backgemüse 186
– Rote-Bete-Walnuss-Pasta 132
– Schwarzkohl-Spinat-Spaghetti 131

– Spargel-Spinat-Bolognese 247
– Tofu-Gemüse-Bolognese 252
– Tomaten-Farfalle-Pfanne 138
– Tomaten-Knoblauch-Bolognese 249
Petersilie: Chermoula-Paste 110
– Salsa Verde 102
Pesto: 10-Minuten-Erbsen-Orzo 222
– Bohnen-Paprika-Schnecken 260
– Drei Lieblingspestos 112
– Linsen-Pilz-Schnecken 259
Pflanzlicher Joghurt (Kokos): Auberginen-Kürbis-Blech 181
– Minze-Gurken-Raita 109
– Ofenkartoffeln mit Knuspermais 203
Pflanzliche Schlagcreme: Kokos-Vanille-Cupcakes 271
– Schokoladen-Kokos-Torte 274
– Vanille-French-Toasts 85
Pinienkerne: 10-Minuten-Erbsen-Orzo 222
– Drei Lieblingspestos 112
– Schwarzkohl-Spinat-Spaghetti 131
Pistazien: Brokkoli-Pistazien-Pasta 137
– Drei Lieblingspestos 112
Polyzystisches Ovarialsyndrom (PCOS) 45
Posturales Tachykardiesyndrom (POTS) 7

Quinoa: Warmer Wildreis-Bohnen-Salat 145

Rauchen 47
Reis: Blumenkohl-Cashew-Pilaw 174
– Kokos-Gemüse-Reis 142
– Tofu-Bratreis 230
– Warmer Wildreis-Bohnen-Salat 145
Reizdarm 43
Rosinen: Schoko- oder Zimt-Rosinen-Cookies 272
Rote Bete: Rote-Bete-Walnuss-Pasta 132
Salate: Bunter Allround-Salat 221
– Ofenkartoffeln mit Knuspermais 203
– Perlgraupen-Sellerie-Taboulé 146
– Warmer Wildreis-Bohnen-Salat 145

Schlaf 33, 47
Schokolade: Bananeneis mit Pekannuss-Krokant 278
– Schoko- oder Zimt-Rosinen-Cookies 272
– Schoko-Haselnuss-Aufstrich 78
– Schokoladen-Kokos-Torte 274
Selen 38, 42–43
Sellerie: Tofu-Gemüse-Bolognese 252
– Wurzelgemüse-Gratin 239
Sicherheit/Unbedenklichkeit 51–52
Snacks 59
Soja 44, 61
Sozialleben 17
Spargel: Spargel-Spinat-Bolognese 247
Spinat: Gemmas Makkaroni-Auflauf 255
– Kürbis-Salbei-Pappardelle 134
– Rosies grüner Smoothie 81
– Schwarzkohl-Spinat-Spaghetti 131
– Spargel-Spinat-Bolognese 247
Sport 22, 43–33, 46
Stillen 53–54, 61
Stressbewältigung 46
Suppen: Alans Sauerkraut-Gemüse-Suppe 164
– Herzhafte Minestrone 166
– Süßkartoffel-Linsen-Suppe 163
Süßkartoffeln: Auberginen-Süßkartoffel-Blech 173
Süßkartoffel-Linsen-Suppe 163
Wurzelgemüse-Gratin 239

Teenager 57
Tod, vorzeitiger 27–28, 45–46
Tofu: 30-Minuten-Kokos-Curry 158
– Cashew-Rührtofu 90
– Erdnuss-Chili-Nudeln 141
– Harissa-Tofu-Wrap 210
– Tofu-Bratreis 230
– Tofu-Gemüse-Bolognese 252
– Tofu-Tacos mit marinierten Zwiebeln 234
Tomaten: Auberginen-Knoblauch-Ragout 126
– Baked Beans 86
– Bohnen-Nachos-Backgemüse 182
– Bunter Allround-Salat 221
– Champignon-Tomaten-Sandwich 209
– Drei Lieblingspestos 112
– Gebackene Ratatouille 192
– Gemüse-Champignon-Lasagne 242
– Gnocchi-Bohnen-Gratin 189
– Herzhafte Minestrone 166
– Kürbis-Dal-Auflauf 178
– Linsen-Champignon-Bolognese 250
– Mediterranes Ofengemüse 170
– Paulas Linsen-Tomaten-Pie 240
– Shireens Chana Bateta 157
– Spargel-Spinat-Bolognese 247
– Tofu-Gemüse-Bolognese 252
– Tofu-Tacos mit marinierten Zwiebeln 234
– Tomaten-Farfalle-Pfanne 138
– Tomaten-Knoblauch-Bolognese 249
– Veggiedellen mit Tomatensoße 244
– Wurzelgemüse-Gratin 239
Transfettsäuren 40

Ungesättigte Fettsäuren 37, 40

Vegane Ernährung 15, 51
Vegetarische Ernährung 15
Verdauung, gesunde 29–33
Vitamin A 54
Vitamin B12 42, 52, 54, 58, 60
Vitamin D 42, 57
Vitamine 16, 38, 41, 42, 52
Vorteile pflanzenbasierter Kost 28–30

Walnusskerne: Dukkah-Gewürz 101
– Rote-Bete-Walnuss-Pasta 132
– Walnuss-Paprika-Dip 115
– Walnuss-Parmesan 97
Wraps: Harissa-Tofu-Wrap 210
– Paprika-Pilz-Fajitas 237
Wurzelgemüse: Gebackenes Wurzelgemüse 185
– Gemüsetarte mit marinierten Zwiebeln 195
– Wurzelgemüse-Gratin 239

Zink 38, 42
Zöliakie 36
Zucchini: Gebackenes Wurzelgemüse 185
– Zucchini-Kräuter-Puffer 153
Zucker 39
Zuckerschoten: Goldene Soba-Nudeln 161
– 30-Minuten-Kokos-Curry 158
Zwiebeln: Gemüsetarte mit marinierten Zwiebeln 195
– Kartoffel-Mais-Piri-Piri 177
– Mediterranes Ofengemüse 170
– Mini-Kartoffelpuffer 89
– Paprika-Pilz-Fajitas 237
– Tofu-Tacos mit marinierten Zwiebeln 234

ÜBER DIE AUTORIN

Ella Mills ist die Gründerin von *deliciously ella*, einer Plattform für pflanzenbasierte Ernährung und Gesundheit, die darüber informiert, wie man ganzheitlich sein Wohlbefinden verbessern kann. Die preisgekrönte Autorin setzt sich leidenschaftlich für einen gesunden, pflanzenbasierten Lebensstil ein.

Aufgrund ihrer Erkrankung im Jahr 2011 rief die Autorin die Website deliciouslyella.com ins Leben, auf der sie berichtete, wie sie auf eine natürliche, pflanzenbasierte Kost umgestiegen ist und was sie bei deren Zubereitung alles erfahren und gelernt hat. Da sie von Anfang an ihre Begeisterung für diese neue Ernährungsweise anderen Menschen vermitteln wollte, initiierte sie im Jahr darauf eine Reihe von Kochkursen und Supper Clubs (private Kochrunden). Als ihre Website immer beliebter wurde, startete Ella zusätzlich eine Rezepte-App und veröffentlichte Anfang 2015 ihr erstes Kochbuch mit dem Titel *Deliciously Ella*. Das Buch schaffte es umgehend auf die Bestellerliste der *New York Times*, belegte Platz 1 der Bestellerliste der britischen *Sunday Times* und wurde in fast 30 Sprachen übersetzt. Seitdem hat sie fünf weitere Kochbücher herausgebracht, die ebenfalls alle zu Bestsellern wurden und sich allein in Großbritannien millionenfach verkauften. In den sozialen Medien erreicht Ella Mills ein Publikum von mehr als drei Millionen Menschen und ihr beliebter Podcast wurde bereits 25 Millionen Mal heruntergeladen.

Kurz nach Erscheinen ihres ersten Buches gründete die Autorin zusammen mit ihrem Ehemann Matthew eine gemeinsame Firma, bei der Ella die Markenchefin und Matthew der CEO des Unternehmens ist. Inzwischen ist diese Firma, deren Büro sich im Stadtzentrum von London befindet, auf ein Team von 50 Beschäftigten angewachsen. Ebenfalls in London haben die beiden ein Restaurant namens *Plants* eröffnet. Dort bieten sie pflanzenbasierte Küche in ihrer ganzen Vielfalt an und servieren zum Beispiel selbst hergestellte vegane Butter, gebratene Austernpilz-Muscheln mit Möhrengelee, Confi vom grünen Hokkaido mit Cashew-Schlagcreme sowie Schokoladen-Babka mit Chocolate-Chip-Eis aus eigener Herstellung.

Darüber hinaus wird in ihrem Unternehmen ein reichhaltiges Sortiment an natürlichen, pflanzenbasierten Produkten entwickelt, etwa süße und herzhafte Snacks, Müslis, Gemüsechips und Suppen, die in zahlreichen britischen Geschäften angeboten werden. Die Marke wird von Millionen Haushalten in Großbritannien gekauft, in Europa und den USA ist die Markteinführung für 2022 bzw. 2023 geplant.

Ella und Matthew betreiben eine App für ganzheitliches Wohlbefinden, die den Namen *feel better* trägt und fast tausend Rezepte, Meditationskurse, Schlafempfehlungen und Sportangebote von Yoga über Cardio bis zu Pilates und Ballett umfasst.

Ella lebt mit ihrem Ehemann Matthew, ihren Töchtern Skye und May sowie ihrem Hund Austin in London.

DANKSAGUNG

Vor zehn Jahren fungierte *deliciously ella* in vielerlei Hinsicht als Pseudonym, wobei die Grenzen zwischen Person und Marke unscharf und diese daher oft schwer voneinander zu unterscheiden waren. Dies blieb in den ersten Jahren und bei den ersten Kochbüchern zunächst weiterhin so. Seit ein paar Jahren jedoch ist die Abgrenzung deutlicher, da *deliciously ella* längst viel mehr ist als meine Person und somit kein Pseudonym mehr darstellt, sondern ein Kollektiv beschreibt. Anfangs bestand es außer mir nur aus ein bis zwei Teammitgliedern, wovon eine inzwischen meine enge Freundin und Mays Taufpatin geworden ist. Darüber hinaus existierte eine relativ kleine Online-Community. Dann kam mein Ehemann Matthew als Mitgründer und CEO dazu (obwohl er viel zu bescheiden ist, um sich so bezeichnen zu lassen), unsere Community wuchs – weltweit und offline, indem wir Cafés eröffneten und unsere eigene Produktlinie ins Leben riefen. Mittlerweile hat *deliciously ella* mehr als 50 Beschäftigte sowie eine Reihe von wunderbaren freien Mitarbeiterinnen und Mitarbeitern, dazu Expertinnen und Experten, die an unserem Projekt mitwirkten und dieses Buch gemeinsam zum Leben erweckten. Ihnen allen gebührt mein Dank, auch wenn eine einzige Seite bei Weitem nicht ausreicht, um ihr Tun angemessen zu würdigen.

Ich danke Shireen, Gemma, Alan, Rosie, Rohini, Paula und Shahroo, dass sie durch ihre hervorragenden Beiträge ihre Kompetenz und ihr umfassendes Wissen mit uns teilen. Unsere begnadete Designerin Louise sorgt nun schon seit Jahren für die tolle Optik von *deliciously ella* und hat auch dieses Buch wundervoll gestaltet. Mit jedem Buch, das wir gemeinsam entwickelt haben, hast du dich immer wieder selbst übertroffen. Louise, Emily, Orfhlaith, Ananda und Liberty haben daran mitgewirkt, die Rezepte zusammenzutragen, gründlich zu testen und dafür zu sorgen, dass ihr sie hier genau so vorfindet, wie sie sein sollen – ihre geballte Kreativität war unverzichtbar für dieses Projekt. Imogen, die zuverlässigste und erfahrenste Lektorin, die man sich nur wünschen kann, hat schließlich alles zu einem einheitlichen Ganzen zusammengefügt. Für die hervorragende Fotografie geht mein Dank an Frankie, Hannah und Clare, die bei den Shootings alle Gerichte und Motive optimal ins Bild gesetzt haben.

Liz und Cathryn danke ich für ihr Vertrauen vom ersten Tag an. Mit großem Stolz kann ich sagen, dass ich dieses Buch von den sechs Titeln, die wir veröffentlicht haben, für das beste halte – was zweifellos daran liegt, dass dieses Dreamteam wieder vereint ist.

Mein größter Dank gilt jedoch meiner Familie – Matthew, Skye und May – ihr seid mein Ein und Alles, meine ganze Welt. Danke, dass ihr das Fundament meines Lebens seid und mich immer wieder ermutigt und unterstützt. Das Zuhause, das ihr mir mit all seiner Stabilität und Liebe schenkt, verleiht mir die Zuversicht, Träume zu verfolgen, zu denen mir sonst der Mut fehlen würde. Ich danke euch sehr.

Die Empfehlungen in diesem Buch ersetzen weder den Rat von professionellen Gesundheitsexpertinnen und -experten noch von Ärztinnen und Ärzten. Bei allen gesundheitlichen Fragen und insbesondere in Fällen, die eine Diagnose oder medizinische Behandlung erfordern könnten, sollte unbedingt ärztlicher Rat eingeholt werden.

1. Auflage 2022
Die Originalausgabe erschien 2022 unter dem Titel *How to go plant-based. A definitive guide for you and your family* bei Yellow Kite Books, einem Imprint von Hodder & Stoughton, Hachette UK.

Food-Fotografie: Claire Winfield

Lektorat: Julei M. Habisreutinger, München
Einbandgestaltung: zero-media.net, München unter Verwendung der Originalgestaltung von deliciously ella
Satz: psb, Berlin
Druck und Bindung: Pustet, Regensburg
Printed in Germany
ISBN 978-3-8270-1475-7

www.berlinverlag.de